Jury Trial and
the Adversary System

陪审团审判与
对抗式诉讼

易延友 / 著

著作权合同登记号　图字：01-2020-4954
图书在版编目(CIP)数据

陪审团审判与对抗式诉讼/易延友著.—北京：北京大学出版社，2022.6
ISBN 978-7-301-32896-5

Ⅰ.①陪… Ⅱ.①易… Ⅲ.①陪审制度—研究 ②诉讼—制度—研究 Ⅳ.①D915.04

中国版本图书馆 CIP 数据核字（2022）第 037991 号

著作财产权人：© 三民书局股份有限公司
本著作中文简体字版由三民书局股份有限公司许可北京大学出版社有限公司在中国大陆发行、散布与贩售。
版权所有，未经著作财产权人书面许可，禁止对本著作之任何部分以电子、机械、影印、录音或任何其他方式复制、转载或散播。

书　　　名	陪审团审判与对抗式诉讼 PEISHENTUAN SHENPAN YU DUIKANG SHI SUSONG
著作责任者	易延友　著
责任编辑	杨玉洁　方尔埼
标准书号	ISBN 978-7-301-32896-5
出版发行	北京大学出版社
地　　　址	北京市海淀区成府路 205 号　100871
网　　　址	http://www.pup.cn　http://www.yandayuanzhao.com
电子信箱	yandayuanzhao@163.com
新浪微博	@北京大学出版社　@北大出版社燕大元照法律图书
电　　　话	邮购部 010-62752015　发行部 010-62750672　编辑部 010-62117788
印　刷　者	北京中科印刷有限公司
经　销　者	新华书店
	650 毫米×980 毫米　16 开本　22.5 印张　280 千字 2022 年 6 月第 1 版　2022 年 6 月第 1 次印刷
定　　　价	89.00 元

未经许可，不得以任何方式复制或抄袭本书之部分或全部内容。
版权所有，侵权必究
举报电话：010-62752024　电子信箱：fd@pup.pku.edu.cn
图书如有印装质量问题，请与出版部联系，电话：010-62756370

简体字版序

《陪审团审判与对抗式诉讼》一书是我的博士论文。该书在我博士毕业两年后于2004年由台北三民书局出版。当年之所以选择三民书局这家出版社,主要是因为三民书局在台湾地区久享盛名,在大陆也颇有声誉。另外,用繁体字出版自己的博士论文,也显得好像更有文化。最后但并非最不重要的是,三民书局给了很优厚的稿酬。尽管现在看来也许不算多,但在当时来看,远远超过大陆所有出版社所能给予一本学术专著的惠助。

这本书在台湾地区出版后,获得一致好评。几经重印。台湾地区与大陆一样,之前也是实行陪审员与法官共同决定案件事实与法律适用的参审制。2012年试图引入由五名陪审员组成的观审制,由于观审制观而不审,实践中效果不佳,民间有团体强烈呼吁实行陪审团审判制度,不过官方并未采纳,而是在2020年又回到之前的参审制。我的著作,在台湾地区有关陪审团审判制度引进的讨论中,既是理论家们争执的依据,也是立法机构研习的对象。对于究竟是否应当引进陪审团审判制度,争论的双方都引用我著作中的论述以论证自己的观点。有的台湾地区学者在写作有关陪审制度的论文时,甚至整段整段地引用我这本专著中的一些论述。可见其影响力之一斑。

眨眼间,十七年过去。无论是在大陆还是在台湾地区,《陪审团审判与对抗式诉讼》都仍然是唯一一本以陪审团制度为专门研究对象的专著。大陆虽然迄今没有实行陪审团审判制度,而且在可预见的将来估计也不会实行;但是,作为一种独特的法治现象,陪审团审判制度仍然有其魅力。作为一种法学知识,本书也仍然有不可替代的作用。因此,经与三民书局商议,并获得北京大学出版社的支持,在大陆出版简体字版,供学子研读,供后浪批评。

是为序。

易延友
2021 年 8 月 10 日

自 序

本书系在我博士论文的基础上改写而成。博士论文写作历时一年半,通过答辩后即将其束之高阁,一年之后重新审视,发现其生命力似乎尚在,遂开始修订。历半年光阴,终有小成。

写作本书之目的,乃是对英美法系这一最具特色之法律制度进行客观之观察与描述。本此目的,本书既无力于创造任何深涩高妙之理论,亦无意于在中国引进某种制度或主义。事实上,我们引进的制度已经不在少数,然而真正能够发挥作用的却十分稀罕。而这主要是由于大家对这些东西还完全不了解或不完全了解的时候就接受并引进了它们。因此,了解是接受与引进的前提。古人云:三思而后行;西谚曰:看完了之后再跳(Look before you leap)。对于外国的主义与制度,自然必须反复研究、反复了解,并在理解的基础上进行评判。

为了使自己的观察与理解尽可能准确,本书引述的几乎全部都是英文资料。在能够找到原始资料的情况下,我当然要尽量找到并使用原始资料。套用英美法系证据法的一条规则,就是"最佳证据规则"。实在没有原始资料的时候,才使用第二手的资料。在中国,不是没有人对陪审团做过研究,也不是没有人对诉讼模式做过论述。但是,就其资料属性而言,实非上上之选。所以,能够不引用的,我尽量不予引用,甚至也不看。虽然也许会有个别极优秀的文章可能因此遗漏,从而产生瀚海遗珠之恨,那也只好如此了。

我经常将学术的研究比喻为探矿与采矿。一个题目是否蕴含学术之富矿，端赖学者之经验与眼光；对蕴含富矿之题目如何进行开采，则须具备相关学术之涵养。就我而言，探矿本身乃是十分艰苦之事业；然而一旦认定一个地方有矿，就当矢志不渝、坚定不移地挖下去，而不是像有些人那样，这里挖一下，那里挖一下；飘然而至，又悠然而去，带走了几粒漂亮的顽石，然后像孙猴子那样，刻下"齐天大圣到此一游"之类字样，到处招摇撞骗。我知道他们不是在探矿，他们是在圈地盘。毕竟，在一个日趋浮躁的社会，浮光掠影、蜻蜓点水、沽名钓誉比较正常，穷鉴隐伏、潜心钻研、探求真知则比较边缘。人各有志，何必相强；因此，他圈他的地，我探我的矿。

探矿既已十分辛苦，采矿自亦更加艰难。虽然明知自己资质驽钝，甚无可能以一普通学者身份而获万世流芳之英名，然而总是期望以呕心沥血之作，成就文章千古之盛事。李白有诗云："人攀明月不可得，月行却与人相随。"正因为有了这样一点点狂妄，所以才通常会对一个问题做很多年的研究。本书就是三年多来努力采矿的结果，是无数个不眠之夜苦思冥想的结晶。

本书研究的题目本来是大家都不怎么关注的问题，但是在学术研究似乎日趋产业化的时代，我相信这个问题不久就会"热门"起来。三年来，我一直在这条寂静荒僻的道路上踽踽独行，期望在人潮涌至之前发现几颗值钱的宝贝。我将我的发现呈现于本书，是否宝贝，敬请读者明鉴。

易延友
农历甲申八月记

致　谢

本书写作与出版得到很多方面之惠助。

我在中国政法大学之导师陈光中教授推荐我于英国华威大学学习一年，英国大使馆文化教育处慷慨提供了奖学金，使我有机会充分利用该大学图书馆之资料；陈光中教授还对我的论文写作给予了悉心的指导。这些对于本书的写作起着十分关键的作用。我在中国政法大学之硕士导师李宝岳教授多年来对我的学习与生活均给予眷顾，他对我的关怀使我终生难忘。所以，我希望借此机会，向两位教授表达由衷之敬意，也向英国大使馆文化教育处表示由衷之感谢！

在博士论文答辩期间，中国政法大学的周士敏教授、程味秋教授、卞建林教授，北京大学的贺卫方教授、陈瑞华教授以及中国社会科学院的王敏远研究员，均拨冗参加我的博士论文答辩，他们对我的论文提出了中肯而富有建设性的修改意见。清华大学的高鸿钧教授，中国政法大学的刘金友教授、杨宇冠教授及中国社会科学院的熊秋红研究员，均为我博士论文的评议付出了心血。在此一并向他们致以谢忱！

台湾理律律师事务所李念祖大律师及其秘书王璇小姐，热心推荐拙作于久负盛名之三民书局；三民书局编辑部诸位先生、小姐慧眼识珠，欣然应允将该书纳入出版程序，并为本书之出版费心尽力，希望他（她）们亦能不嫌微末地接受著者表达之敬意与谢意！

目 录

绪 论 ………………………………………………………… 001
　一、研究的对象与意义 ……………………………………… 001
　二、方法论引论 ……………………………………………… 003
　三、对抗式诉讼之一般观念 ………………………………… 007
　四、帕卡的"两个模式"理论 ……………………………… 009
　五、达马斯卡的诉讼模式理论 ……………………………… 012
　六、本书使用的概念及其内部关系 ………………………… 018
　七、对抗式诉讼的历史沿革 ………………………………… 020
　八、本书的体例与结构 ……………………………………… 023

第一编　陪审团审判之起源及其司法功能之发展

第一章　陪审团审判之起源 ………………………………… 029
　一、古老的弹劾式诉讼 ……………………………………… 029
　二、威廉征服与陪审团的引进 ……………………………… 033
　三、亨利二世改革与陪审团的司法化 ……………………… 035
　四、拉特兰宗教会议及审判陪审团的产生 ………………… 041
　五、陪审团审判制度确立之原因 …………………………… 050

第二章　陪审团司法功能之发展 …………………………… 057
　一、大、小陪审团的分离 …………………………………… 057
　二、回避制度之演变 ………………………………………… 060

三、小陪审团组成人数之确定 …………………………… 061
四、从多数裁决到一致裁决 …………………………… 062
五、陪审团证人身份之弱化 …………………………… 064
六、陪审团独立地位之加强 …………………………… 069

第二编　陪审团审判与弹劾式诉讼

第三章　纠问式诉讼之滥觞 …………………………… 077
一、教会法院诉讼程序之起源 …………………………… 077
二、教会法院刑事诉讼程序之发展 ……………………… 079
三、纠问式诉讼之确立 …………………………………… 083
四、教会法院纠问式诉讼之特征 ………………………… 085
五、世俗法院诉讼程序之纠问化 ………………………… 089

第四章　陪审团审判之运作原理 ……………………… 096
一、放任自由主义与当事人主义 ………………………… 098
二、非犯罪控制程序与无罪推定原则 …………………… 106
三、中立的陪审团与独立的法官 ………………………… 110
四、依照良心裁决与反对双重归罪 ……………………… 117
五、广场化的司法与剧场化的审判 ……………………… 122
六、纠问式诉讼与弹劾式诉讼 …………………………… 132

第三编　陪审团审判之移植与传播

第五章　陪审团在大陆法系之移植 …………………… 139
一、陪审团在法国之引进与变革 ………………………… 140
二、陪审团在大陆法系其他国家之移植 ………………… 145
三、法国陪审团之实践状况 ……………………………… 148
四、法国陪审团之实践效果 ……………………………… 151

五、陪审团在大陆法系衰退之反思 …………………………… 157
第六章　陪审团在英美及日本的传播 ……………………………… 170
　　一、陪审团在美国的继承 …………………………………… 170
　　二、陪审团在其他国家(地区)的继承 …………………………… 178
　　三、失败的教训与成功的经验 …………………………………… 186

第四编　对抗制的发展与当代陪审团审判

第七章　对抗制的现代化与证据法的诞生 ……………………… 195
　　一、律师的介入与对抗制的现代化 …………………………… 195
　　二、证据规则的产生及其法典化 ……………………………… 199
　　三、当代英美证据规则的主要内容 …………………………… 207
　　四、陪审团对证据规则之影响 ………………………………… 212
　　五、证据规则与陪审团裁决的正当性 ………………………… 216
第八章　当代英美对抗制中之陪审团审判 ……………………… 223
　　一、担任陪审员的资格及陪审义务的豁免 …………………… 223
　　二、陪审员的召集与陪审团的组成 …………………………… 225
　　三、陪审团审判程序 …………………………………………… 229
　　四、法官与陪审团之关系 ……………………………………… 238
　　五、陪审员的报酬 ……………………………………………… 242
　　六、美国死刑案件中的陪审团 ………………………………… 244

第五编　陪审团审判的力量与未来

第九章　没有陪审团审判就没有对抗式诉讼
　　　　——陪审团审判与其他审判程序之比较 ………………… 257
　　一、英美法系的法官比大陆法系的法官更加消极 …………… 258
　　二、英美法系的律师比大陆法系的律师更为活跃 …………… 263

三、陪审团审判为定罪设置了更多证据障碍 …………… 267
四、英美法系比大陆法系之法庭审判更富于辩论风格 …… 277
五、英美法系法官审判中对抗制因素之削弱 …………… 279
六、造成差别之原因 ……………………………………… 284

第十章 陪审团在衰退吗
　　　——当代陪审团审判制度发展趋势之解读 ……… 288
一、陪审团审判适用减少的趋势及其原因 ……………… 288
二、对陪审团审判制度的批评与对批评的评析 ………… 292
三、陪审团在部分国家的复兴 …………………………… 298
四、陪审团的力量 ………………………………………… 303
五、改革：英美法系陪审团的发展趋势 ………………… 315

结语 ……………………………………………………… 319

参考文献 ………………………………………………… 331

绪 论

一、研究的对象与意义

陪审制度包括当代大陆法系实行的混合庭审判制度,中华人民共和国实行的人民陪审员制度,以及英美法系实行的陪审团审判制度;其中,英美法系的陪审团审判制度又包括大陪审团起诉制度和小陪审团审判制度。陪审团审判制度是陪审制度的一个重要组成部分,也是其中最灿烂夺目的一部分。

本书以陪审团审判制度为研究对象。本书所称之陪审团审判,仅仅指英国、美国和其他英美法系国家实行的,由一定数量的非法律专业人员组成的团体对争议事实进行最终裁决的制度。另外,本书主要限制在对审判陪审团也就是通常所称的小陪审团的研究,对于英美法系某些国家(主要是美国)至今存在的大陪审团制度则仅仅在必要时有所提及。所以,本书虽然是关于陪审团审判制度的研究,但是它并不涉及所有的陪审制度。

之所以选择陪审团审判制度作为研究的对象,主要是基于以下考虑:

第一,陪审团审判制度是英美法系诉讼制度中最具特色的制度之一。陪审团审判制度和英国普通法的历史一样久远,其起源最早可以上溯到古代罗马法,但是今天英美法系实行的陪审团审判起源于古代法国,在诺曼征服后被引入英国,后传遍英美法系国家,并为部分大陆法系国家所接受。在近现代司法改革以前,陪审团审判一直是各类诉讼中唯一的审判方式,它决定着刑事诉讼和民事诉讼程序的各个方面,是英美法系国家诉讼文化产生和发展的源头,本身也是英美法系诉讼文化的重要组成部分。可以说,英美法系众多的法律原则、法律规则都与这一制度息息相关,不了解陪审团审判制度,就很难谈得上真正了解被称为"对抗式诉讼"(或"当事人进行主义之诉讼")的英美法系的诉讼。因此,对于了解英美法系的诉讼价值、法律文化而言,陪审团审判制度可以说是一座桥梁。

第二,尽管陪审团审判对于了解英美诉讼制度及其法律文化均可说是一座必经之桥梁,然而,它在中国的研究却尚处于萌芽阶段,因而极有研究之必要。陪审团审判制度一直都是英美法系审判制度的核心,古往今来,它曾经牵动过无数著名法学家的心神,吸引着他们有限的精力。汉密尔顿、托克维尔、布莱克斯通、孟德斯鸠、边沁、斯宾塞、斯伯那、霍姆斯、史蒂芬、威格默、弗兰克、威廉姆斯、塞耶、丹宁、德弗林、利威等,无一不对陪审团审判制度青睐有加,并在其著述中对其或激情盛赞,或理性评说。20 世纪 50 年代以来,一批研究陪审团审判的专著也如雨后春笋般纷纷破土而出,其中以美国芝加哥大学的一项实证研究最为引人注目,该研究以《美国陪审团》为题正式出版。[1] 但是在我国,陪审团审判制度仍然是国内学者比较生疏的一个研究领域,虽然在一些著述中偶有论及,但是比较全面、系统的研究尚未出现,国内的研究主要是在论述陪审制度的时候

---

[1] See Harry Kalven Jr. and Hans Zeisel, *The American Jury*, Chicago Univeristy Press, 1971. 要将全部有关文献予以列举几乎是不可能的,本书只对其中已经有汉译本的若干代表作品择要加以陈列:〔美〕汉密尔顿:《就陪审团审判续论司法部门》,载〔美〕汉密尔顿等:《联邦党人文集》,程逢如等译,商务印书馆 1980 年版,第 83 篇;〔法〕托克维尔:《论美国的民主》,董果良译,商务印书馆 1988 年版,第 8 章;〔法〕孟德斯鸠:《论法的精神》,商务印书馆 1963 年版。

附带涉及一下,因此关于这项制度的研究尚处于初级阶段,想找到一篇专门论述陪审团审判的文章比较困难。所以,本书的写作目的即在于开始一项关于陪审团审判制度的研究,以期能有更多优秀的学者对西方这一独具特色而又长盛不衰的制度进行不懈的探索。

第三,将研究对象限定为审判陪审团而主要不涉及其他形式的陪审团和其他形式的陪审制度,是为了集中精力对这一制度进行尽可能深入的研究,以便对该制度作尽可能深入、透彻的理解和阐释。当然,在进行比较时偶尔也会涉及其他形式的陪审制度,但是这仅仅是为了更好地理解本书的主题。所以,本书对其他形式的陪审团和其他形式的陪审制度,仅仅是附带论及。

二、方法论引论

陪审团审判制度虽然在中国的研究尚处于起步阶段,但是在英美法系已经是一个很成熟的题目,关于陪审团审判制度的文章、著作可谓汗牛充栋。因此,本书在资料方面可以说几乎不存在任何问题。但是,如何把这个问题更深入地研究下去,而不仅仅是对西方陪审团的介绍,不仅仅是对西方法学家论述的重复,角度和方法的选择就显得尤为重要。坦率而言,我既无可能也不应当从所有的角度对陪审团审判制度进行分析,而只可能从某一个角度来分析陪审团审判制度。

在许多著名的论著中,陪审团都是作为一种政治制度得到论述的。托克维尔在其名著《论美国的民主》中,虽然也承认陪审制度既可以作为司法制度而存在,也可以作为政治制度而起作用,但同时却指出:把陪审制度只看作司法制度的做法是十分狭隘的。他说:

> 陪审制度首先是一种政治制度,应当把它看成人民主权的

一种形式。当人民的主权被推翻时,就要把陪审制度丢到九霄云外;而当人民主权存在时,就得使陪审制度与建立这个主权的各项法律协调一致。犹如议会是国家的负责立法的机构一样,陪审团是国家的负责执法的机构。为了使社会得到稳定的和统一的管理,就必须使陪审员的名单随着选民的名单的扩大而扩大,或者随其缩小而缩小。依我看,这一点最值得立法机构经常注意。其余的一切,可以说都是次要的。[2]

笔者以为,托克维尔关于陪审制度首先是一种政治制度的判断,乃是出于其自身观察的视角。若由法律观之,陪审制度虽属政治制度,但是其在政治上之功能,却首先是通过其作为司法制度之形式而得到实现的。因此,陪审制度首先是一种司法制度,其意义则在于实现法治上之特定目标。如此理解,与英美法系国家人民之政治生活方式恰相吻合。在某些国家,几乎所有的问题最终都会转化为政治问题,从而也必然转化为道德问题来处理,其结果就是社会的泛道德化。与之相反,在英美等国,几乎所有的问题最后都会转化为法律问题,因此才有今天西方的法治社会。对此,托克维尔曾经正确地断言:在美国,没有一个政治事件不是求助于法官之权威的。[3] 因此,由法律之眼光观之,陪审团审判首先并且本质上应当是一种为实现法治而设定之制度。

既然陪审制度本质上是通过一种特殊的司法程序实现法治的目标,那么其目标究竟为何?当代许多学者在解释陪审制度之价值目标时,无不将民主作为其重要价值之一加以论述。笔者以为,这种认识虽然并不算全错,但是却略显肤浅。谓其不算全错,是因为从当今

---

[2] [法]托克维尔:《论美国的民主》(上卷),董果良译,商务印书馆1997年版,第315页。
[3] 同前注2,第109页。

陪审团的组成来看,其成员的平民(而非贵族)之身份完全可以获得确认。因此,陪审制度的确可以视为人民参与行使国家权力之重要方式。但从历史上看,陪审团并不一定是民主的体现,担任陪审员的人若均为贵族,则对其民主之功能实在大可质疑。在这方面,托克维尔的论断值得在此原封不动地加以引用:

> 陪审制度既可能是贵族性质的,又可能是民主性质的,这要随陪审员所在的阶级而定。但是,只要它不把这项工作的实际领导权交给统治者,而使其掌握在被统治者或一部分被统治者的手里,它始终可以保持共和性质。[4]

所以,虽然陪审团也许可以体现民主,但是它并不一定总是体现民主,从而也可以说它最根本的目标不是民主。既然陪审团审判的根本目标不是民主,那又是什么呢?依笔者之见,是自由。真正的共和国,一定是自由的国度。陪审团审判制度,就是通过将一部分司法权掌握在一部分非统治者手中的方法,实现保障自由的功能。

陪审团保障自由的功能是显而易见的。正因为陪审团审判之首要目标在于保障自由,所以它才在刑事诉讼中得到不断的强调。汉密尔顿曾经指出:

> 历来司法的专横主要表现在武断起诉、以武断方法审判莫须有的罪行,以及武断定罪与武断判刑;凡此均属刑事诉讼范围。刑事诉讼由陪审员审判,辅之以人民保护令立法,似为与此

---

[4] 同前注2,第313页。本书虽然不赞成托克维尔关于理解陪审制度之部分论点,但是仍然认为其观点大部分是可以接受的。只不过,托克维尔主要是从政治民主的角度出发来观察陪审团,本书则是从法律与自由之角度来观察之。可以这样说,人们如果希望了解陪审团的政治角色,大可以阅读托克维尔之著作;若是希望了解陪审团如何通过司法程序保障公民法律上之自由,则一定要阅读本书。

有关的唯一问题。[5]

因此,保障自由乃是陪审制度最主要、最显著也最直接之功能。当我们将陪审团审判制度作为一种司法形式来研究,当我们将其功能主要限定为法律上所实现之功能时,也只能将其功能主要限定为保障自由,至于陪审团的其他功能则可以说都是次要的。[6]

既然陪审团审判的首要功能在于保障自由,那么,陪审团是通过何种途径实现这一目标的呢?

其实只需要轻轻地一瞥,就可发现陪审团审判和对抗式诉讼乃是英美法系司法制度与诉讼程序之基本特征。陪审团审判保障自由的功能,很可能是通过对抗式诉讼这种程序机制得到实现的。因此,作为诉讼法专业的研究者,我很自然地选择了"对抗式诉讼"作为研究的起点。从这个角度出发,我最后把自己的研究所要解决的问题归结为一点:陪审团审判制度和当今被称为对抗式诉讼的英美法系的诉讼制度之间,究竟是一种什么关系?即,二者是决定与被决定的关系,还是影响与被影响的关系?所以,从研究的出发点来说,本书要解决的基本问题,就是陪审团审判制度与对抗式诉讼之间的关系。

---

[5] 〔美〕汉密尔顿、〔美〕杰伊、〔美〕麦迪逊:《联邦党人文集》,程逢如等译,商务印书馆1980年版,第418页。
[6] 托克维尔在其著作中还提到陪审团反映民情、教育民众等功能。正是基于这些理由,与汉密尔顿不一样的是,托克维尔更加强调民事诉讼中的陪审团审判制度。他认为,"事实上拯救了英国的自由的,正是民事陪审制度。""陪审制度,特别是民事陪审制度,能使法官的一部分思维习惯进入所有公民的头脑。而这种思维习惯,正是人民为使自己自由而要养成的习惯。""陪审制度对于判决的形成和人的知识的提高有重大贡献。我认为,这正是它的最大好处。应当把陪审看成一所常设的免费学校,每个陪审员在这里运用自己的权利,经常同上层阶级的最有教养和最有知识的人士接触,学习运用法律的技术,并依靠律师的帮助、法官的指点甚至两造的责问,而使自己精通了法律。我认为,美国人的政治常识和实践知识,主要是在长期运用民事陪审制度当中获得的。"参见前注5,第316—317页。应当说,上述这些功能的确是陪审团所具有的,但是却不是其主要功能。

出发点确定了以后，就是方法论的选择。没有一种研究的方法，论文的写作很可能会成为资料的堆积。所以，本部分作为该项研究的绪论部分，主要就是对方法论的介绍。我认为，诉讼中能被称为方法论的东西，一个是诉讼价值，一个是诉讼构造，而这两者通常是密切相关的。这两者之间的结合，实际上就是我们通常所说的诉讼模式。关于诉讼模式的理论，中国已有学者撰著进行了大量翔实的介绍[7]，但是比起国外目前的研究，其中有些理论相对而言已经显得比较陈旧。

从历史上看，关于诉讼模式理论的发展可以说经历了三个阶段：首先是欧洲大陆的三分法理论，将诉讼模式划分为弹劾式诉讼、纠问式诉讼和混合式诉讼；其次是帕卡的两分法理论，将刑事诉讼划分为犯罪控制模式和正当程序模式；最后是达马斯卡的四分法理论。因国内学者对达马斯卡的理论较为陌生，下文将对其进行较为详尽的介绍。

不过，由于达马斯卡的诉讼模式理论是建立在对已有的理论术语诸如弹劾式诉讼、纠问式诉讼、犯罪控制模式、正当程序模式等概念不满的基础上，而本书的写作又是将陪审团审判置于对抗式诉讼这一语境之下进行的。因此，在介绍达马斯卡的理论之前，必须首先介绍一下埃斯曼的三分法理论及其所包含之有关对抗式诉讼的一般概念，以及帕卡提出的"两个模式"理论。

三、对抗式诉讼之一般观念

法国学者埃斯曼认为，人类所有的诉讼制度都起源于弹劾式诉讼，后来又变迁到纠问式诉讼，而近代又在很多方面回归到弹

---

[7] 李心鉴：《刑事诉讼构造论》，中国政法大学出版社1992年版。

劾式诉讼。[8] 这种弹劾式诉讼与纠问式诉讼的区分是根据刑事诉讼制度在人类文明的不同发展阶段中所表现的具体特征而作的区分，其划分之主要依据则是国家官员在诉讼启动方面所具有的不同作用。

根据埃斯曼的论述，弹劾式诉讼最主要的特征在于：

第一，任何个人均有权自由地对犯罪行为提出控告；没有起诉人就没有惩罚，控告者承担起诉之责，并承担相应后果。第二，原始的习俗倾向于将紧急之需要及理想之情境最小化，它总是尽可能地避免以暴力进行复仇；被侵犯之当事人对于一些特定形式的尊重，以及适当延缓其权利的实现压倒了原始的个人仇恨，这被认为是一大进步。第三，在原始社会，对被告人的审判几乎总是由与其地位相等之人，由居住在被告人所在之部落或城堡之人来进行，这被认为是对公正无偏之司法的最佳保障。第四，当事人必须亲自到场的观念来自原始诉讼所具备之决斗性质，因为，所有的决斗都必须以双方到场为前提；这具有一定的象征意味，但是这无关紧要；重要的是形式盖过了事实。第五，法官在弹劾式诉讼中不得主动提起诉讼；他既不能主动管辖某一案件，亦不能主动收集证据，他的职责仅仅是对提交到他面前的问题作出回应；对证据进行审查，并在证据的基础上作出决断。第六，揭露犯罪以及发现犯罪分子的程序，充分地体现着当时的信仰，或者说反映着时代之偏见。[9]

与弹劾式诉讼比较起来，纠问式诉讼更加技术化和复杂化。根据埃斯曼的说法，纠问式诉讼最显著的特征是：

第一，侦查和起诉犯罪分子不再由个人来启动，而是由国家依照

---

[8] A. Esmein, *A History of Continental Criminal Procedure: With Special Reference to France*, translated by John Simpson, The Law Book Exchange Ltd., New Jersey, 2000, p. 3.

[9] A. Esmein, *supra* note 8, pp. 4-6.

职权来行使这一双重职能(the state proceeds "ex officio" to perform this double duty),由国家创制的机构负责侦查和起诉;第二,法官的职能逐渐专业化,不再由当事人自己选择,而是由国家任命,其成为统治者的代表,垄断性地行使司法权;第三,法官对案件之调查并不局限于当事人提出的证据,他自己也可以进行调查,并且这种调查以书面的形式秘密地进行;第四,拷打首先出现于较高级别的法院,逐渐渗透到低级别的法院;第五,当事人不服下级法院之裁判,可以向上级法院上诉;第六,秘密的纠问式调查程序导致了严格的"法定证明"制度,以形成对法官必要之约束,以及对被告人必要的保护。[10]

埃斯曼认为,弹劾式诉讼和纠问式诉讼均各有优劣,二者均不能涵括实现正义所必要的因素。因此,在历史的发展过程中,二者在互相借鉴的基础上形成了混合式诉讼。其特征在于:

第一,有罪断定不能在程序开始时形成,法官不能在没有控诉时就对人定罪;因此,发展出由公诉机关进行指控的制度,在公诉制度下,被害的当事人在诉讼中仅起辅助之作用。第二,判决由治安官或陪审员作出,这一制度综合了各国的实践。第三,程序被分为审前程序和审判程序两大部分,前者既不具公开性,也不具对质性;后者则既具公开性,又具对质性。第四,法官无须对其判决所依据之证据进行说明;尽管对证据的调查及判断均须依法进行,但证据之证明力则并非由法律预先规定。[11]

四、帕卡的"两个模式"理论

当代的法学理论家对弹劾式诉讼与纠问式诉讼这种模式的描述能力并不满意。因此,帕卡在其著名的论文中,将刑事诉讼分为犯罪

---

[10] A. Esmein, *supra* note 8, pp. 8–10.
[11] A. Esmein, *supra* note 8, pp. 11–12.

控制和正当程序两种模式。

犯罪控制模式将打击犯罪作为刑事程序之最高价值目标;为实现这一目标,该模式将刑事程序过滤嫌犯、决断有罪以及对定罪之罪犯进行适当处置的效率视为刑事诉讼的首要注意事项;为了实现诉讼效率,首先需要使刑事诉讼迅速地进行;为了使刑事诉讼能够迅速地进行,必须依赖一些非正式的制度;所以,这一模式喜欢非司法程序胜过喜欢正式的司法程序;警察、官员被赋予极大的权力,因而几乎不受任何法律机制的阻碍,法院的正式审判则尽可能后延。[12] 在犯罪控制模式之下,对嫌疑人和被告人通常实行有罪推定;其基本的假设则在于,由警察和官员控制的过滤程序可靠地显示出:没有被过滤掉的人显然很可能是有罪的。当然,此处的有罪推定并非无罪推定的相反含义,它仅仅是对于警察、官员表达的一种信任。[13]

与之相反,如果说犯罪控制模式像一条流水作业式的生产线,则正当程序模式就像障碍跑式的运动场。[14] 程序中每一个连续的阶段都被设计为防止将嫌疑人送入下一程序阶段的障碍。首先,正当程序模式并不反对预防犯罪,但是该模式视个人自由重于社会安宁,对国家官员的权力总是予以限制,从而在诉讼中对政府尤其是警察的权力设置了诸多限制。其次,正当程序模式总是怀疑非正式程序的可靠性,并总是强调人类犯错误的可能性,以及在非正式的调查中可能之偏见的影响,因此,非正式的程序在这里几乎没有市场。最后,犯罪控制对嫌疑人和被告人实行"事实上的""有罪推定",正当程序模式则对嫌疑人和被告人实行"法律上的""无罪推定"。[15] 因

---

[12] Herbert Packer, *Two Models of the Criminal Procedure*, 113 U. Pa. L. Rev. 10–11(1964).
[13] Herbert Packer, *supra* note 12, p. 12.
[14] "If the Crime Control Model resembles an assembly line, the Due Process Model looks very much like an obstacle course." Herbert Packer, *supra* note 12, p. 13.
[15] Herbert Packer, *supra* note 12, pp. 13–14.

此,正当程序模式就像一个实行严格质量控制的工厂,从而其产出的数量必然受到严重的削减。[16]

这样的分类在戈德斯坦的文章中遭到谨慎的批评。戈德斯坦指出,帕卡的"两个模式"理论的首要问题在于,犯罪控制并非一种程序模式,因为任何模式的程序,其目的都是要控制犯罪并且以此作为衡量程序的一个标准;而正当程序则是为达成此目标而产生的一系列程序性设置。[17]

在此基础上,戈德斯坦主张使用传统上关于弹劾式与纠问式的概念。戈德斯坦认为,弹劾式诉讼之特征在于,它假定社会处于一种不容易受到侵害的平衡状态,并且对于将国家置身争端之外这一理念赋予极为重要之价值。[18] 纠问式诉讼之首要特征则在于主动性,它赋予国家官员以肯定性的义务以确保国家在实体或程序方面的政策能够执行。司法机关同样承担这样的任务。其首要关怀就是国家刑法的执行,对以什么样的方式执行则漠不关心。无论是侦查阶段还是审判阶段,被告人都被作为证据的一个重要来源来对待,其总是作为第一个证人受到传唤,并遭受主审法官关于其生活和对于案件事实的审问。纠问式诉讼并不强调以口头之方式提供证据,也不强调律师对证人的交叉询问;相反,审判实际上是一个对于已经固定的书面材料包括侦查卷宗的公开重复。在整个诉讼程序中,司法机关一直占据主导地位,它是一种国家主导而不是当事人主导的诉

---

[16] "The Due Process Model resembles a factory that has to devote a substantial part of its input to quality control. This necessarily reduces quantitative output." Herbert Packer, *supra* note 12, p. 15.

[17] Abraham S. Goldstein, *Reflection on Two Models: Inquisitional Themes in American Criminal Procedure*, 26 Stan L. Rev. 1009, 1016(1974).

[18] Abraham S. Goldstein, *supra* note 17, p. 1017. 戈德斯坦认为,"无罪推定是弹劾式诉讼制度的心脏"。它要求,直至特定的程序和证明要求得到满足之时,被告人都必须被以无罪者的身份来对待,并且他也无须对那些试图对他定罪之人提供任何帮助。

讼程序。法官并不仅仅居中裁判,他还担负着程序之启动者和证据之收集者的重任;此外,他还必须保证对定罪和刑罚衡量的正确性。[19]

不过,戈德斯坦提醒我们,以上关于弹劾式诉讼与纠问式诉讼的描述并非当今英美法系和大陆法系诉讼程序的真实描述。事实上,欧洲大陆的诉讼程序并非纯粹的纠问式程序,而英美法系的诉讼程序也并非纯粹的弹劾式诉讼程序。恰恰相反,英美法系的诉讼程序中有纠问式因素,大陆法系的诉讼程序中也有弹劾式因素。只不过,英美法系是以弹劾式诉讼为主导,而大陆法系则是以纠问式诉讼为主导。[20]

五、达马斯卡的诉讼模式理论

正是由于弹劾式诉讼、纠问式诉讼等语词并不足以概括和描述当代西方两大法系诉讼之特征,所以,如果以传统的概念来分析英美法系和大陆法系的相关制度,在有些地方势必捉襟见肘。因此,如果一方面要尊重传统(使用传统的概念),另一方面又要描述现实,则必须对传统上之概念进行一定的改造。为此,有必要借鉴达马斯卡的诉讼模式理论。

达马斯卡认为,决定诉讼模式的因素可以分为两个方面:第一是由国家意识形态(state ideology)所决定的诉讼目标,第二是由司法官僚结构(structure of judicial officialdom)所决定的诉讼风格。就国家意识形态而言,达马斯卡建立了放任自由主义(reactive)与积极行动主义(active)两个基本模型,与这两个基本模型相对应的诉讼模式分别是纠纷解决模式(conflict-solving type of proceeding)与政策执行模

---

[19] Abraham S. Goldstein, *supra* note 17, pp. 1018-1019.
[20] Abraham S. Goldstein, *supra* note 17, pp. 1019-1020.

式(policy-implementing type of proceeding)。就司法官僚结构而言,达马斯卡也建立了两种理想的模型,一是同位模式的司法官僚结构(coordinate officialdom),二是等级模式的司法官僚结构(hierarchical officialdom);与这两种司法官僚结构相对应的诉讼模式分别是争斗模式的诉讼风格与合作模式的诉讼风格。[21] 以下对达马斯卡的理论及其使用的术语做一简单之介绍。

(一)意识形态对诉讼模式的决定作用

1.放任自由主义之意识形态与纠纷解决模式之诉讼程序

在一个放任自由主义意识形态占主导地位的国家,国家及其政府的职责仅仅在于为社会的交往提供一个框架。社会不受有着自己意识的政府的控制,政府不能为其人民规定什么是值得向往的生活方式,并强迫人们为这样的生活方式而努力。政府通常被称为最小主义的政府,其职责仅仅在于保护社会秩序和解决当事人自己解决不了的纠纷。公民对于放任自由主义国家的联系也仅仅在于这个国家为其提供了一种解决纠纷的中立的论坛。[22] 所以,其诉讼程序就主要体现着纠纷解决的风格:

第一,程序规则仅仅是当事人应当遵守的一种守则,而不是出于其他目的设置的规则;程序之正当性是裁判之权威性的唯一来源。只有当判决有利于在法庭辩论中处于上风的那一方当事人的时候,判决才具有合法性。所以,公平成为涉及法律程序的首要关怀。为了实现诉讼程序的公平,必须要为当事人配备平等的武装。第二,对于私人的自治必须满足到何种程度,放任自由主义的国家没有自己的利益,所以当事人的地位充满着自治和平等的精神。为了给

---

[21] Mirjan Damaska, *Faces of Justice and State Authority*, Yale University Press, New Haven and London, pp. 18-23.
[22] Mirjan Damaska, supra note 21, pp. 73-75.

予自然上不平等的当事人以法律上的平等,放任自由主义的国家通常选择为较弱的一方提供律师帮助。第三,纠纷解决的诉讼程序通常是当事人控制的诉讼程序。诉讼被认为,并且也被设计为一种象征性的比赛,在这个比赛中,法官主要依赖当事人和他们的律师来推进法律争点并构造其事实争点。在这样的程序中,真实更被视为当事人争论的结果,而不是对客观现实的一种反映。所以,这种程序几乎不可能成为刨究事件之真实状态的纠问式诉讼程序;同时,将当事人视为信息来源的做法也是不能容忍的。第四,决定制定者的理想地位是对于解决纠纷的关怀,并且其他任何的考虑在这一关怀面前都会黯然失色。为了保证程序的公正,裁决者必须在没有任何准备的条件下进入程序,在解决纠纷时他不得考虑与纠纷无关的任何问题。第五,在理想的纠纷解决模式的程序中,律师的角色就是热情地维护他的委托人的利益,并且这一利益也应当由委托人来界定。第六,纠纷解决模式的诉讼程序反对改变程序的结果,哪怕该结果的确建立在错误的事实基础之上。这是因为,首先,实体的正义对于一个放任自由主义的政府来说并不特别重要;其次,纠纷解决程序的首要任务乃是吸收冲突。[23]

2. 积极行动主义之意识形态与政策执行模式之诉讼程序

在一个积极行动主义意识形态占主导地位的国家,国家及其政府都被视为有自我意识的主体,这个主体有权为社会设定目标,有权定义什么是好的生活,并且有权在全国范围内执行它的意识形态。放任自由主义的国家将它的政府功能限定于维持社会的平衡,而积极行动主义的国家则允许政府侵入公民生活的各个领域。[24]

相应地,一个理想的积极行动主义国家的法律程序,就被设计为

---

[23] 以下论述参见 Mirjan Damaska, *supra* note 21, pp. 97–146。
[24] Mirjan Damaska, *supra* note 21, pp. 80–87。

由官吏的侦查和执行国家政策组成的程序。这样的程序也有着它自己的特征:

第一,决定的合法性主要来自其本身的正确性,而不是来自程序的正当性。所以,诉讼程序就有必要尽最大可能地获得一个实体上正确的结果,而不是加强公正的观念或保护其他并列的实体价值。因此,在积极行动主义国家,程序规则就只有较小的重要性和不独立的地位:它基本上是实体法的"女仆"。第二,由于积极行动主义国家的意识形态并不当然地认为个人是其利益的最佳代表者,所以,当事人在政策执行模式的诉讼程序中常常被当作未成年人来对待。当事人的自主性并不具有第一重要的意义,他们通常被拒绝作为控制诉讼程序的主人。第三,由于正确地执行法律要求精确地决定过去发生的事件并为将来的发展提供可靠的预见,所以,正确地发现事实就具有极其重要的地位。因此,政策执行模式的诉讼程序很容易将当事人转变为信息的提供者;同时,政策执行模式也喜欢职权控制模式胜于喜欢当事人主导模式。第四,在政策执行模式的诉讼程序中,决定的制定者被希望达成一个正确的结果,因而,决定的制定者必须是正义的(justice),而不一定必须是无偏私的(impartial)。同时,为了保证政策能在法律程序中得到严格的执行,裁判者必须对国家忠诚,而且裁判者那种对政府利益漠不关心的态度,也被视为不合适的,甚至是不可理解的。第五,私人律师对其当事人的忠诚还要受制于遥远的国家利益的考量。当个人利益与国家利益发生冲突时,前者要服从后者。另外,由于达致一个正确的结果的责任由国家官员来承担,所以私人律师的才能对于诉讼而言并不具有关键性的作用。第六,由于程序的目的在于推进国家意志的实现,所以任何实体上被视为错误的裁决都必须予以纠正,即使程序规则得到正确的遵守也不行。从而,程序的结果通常具有高度的不确定性,程序安定的价值自亦无从体现。[25]

(二) 司法官僚结构对诉讼风格的影响

1. 等级模式之司法官僚结构与合作模式之诉讼程序

在等级模式的司法官僚结构之下,职业化的官僚以及长时期的任职,均不可避免地导致专业化和程式化,而这些又导致法官划定一个自认为属于他们领域的区域,并发展出内部之间自我认同的身份意识。逐渐地,内部人和外部人之间的区别变得严格化,从而外部人对程序的参与对法官而言变得无关紧要。官吏们被分成不同的层级,并且被分别置放在等级分明的层级体系中。为了加强权威性和统一性,不同的意见很少得到容忍,所有人都被要求在同一面锣鼓上敲打出同样的声音。这一要求同时导致逻辑导向或逻辑合法主义,这一意识形态把逻辑上的前后一致看得比个案的公正更为重要。[26]

在等级模式的司法官僚结构之下,诉讼程序体现着合作的精神,法庭争斗的激烈程度则受到严重削弱。这主要是因为在这种司法官僚结构之下,程序经常被分成连续的片段,在一个以服从为特征的官僚链条中展开;由于每一个程序都有下一个程序进行全面的审查和检验,所以初始的决定常常并非关注的焦点;结果是,程序被撕裂成若干个碎片,而最后的审判则建立在这些程序碎片所积累的案卷以及程序碎片的不同决定的基础上;所有这些决定都必须为将来的审查做准备;不仅如此,程序的"内部人"垄断着程序的进行,"外部人"的功能则在一系列的法律程序中都受到严格的限制。[27] 因此,整个诉讼程序弥漫着一种合作与服从的气氛,法庭辩论的激烈程度也远远不如同位模式之下法庭辩论。

---

[25] Mirjan Damaska, *supra* note 21, pp. 147-180.
[26] Mirjan Damaska, *supra* note 21, pp. 18-22.
[27] Mirjan Damaska, *supra* note 21, pp. 47-56.

2. 同位模式之司法官僚结构与争斗模式之诉讼程序

与等级模式的司法官僚结构相对应,理想的同位模式的司法官僚结构由未受过法律训练的外行人组成法官,这些外行人只是临时地在有限的时间内履行当局的职责。内部人和外部人的区分因而并不明显。由于任何人都并不优于其他人,所以法官之间浸透着平等的精神。即使是高级别的官员和低级别的官员之间也具有一种同质性,享有相同的威望。因此,不同的意见总是能够得到容忍,并且不同意见者总是能够反复地重复他们的意见。由于并没有严格的级别区分,所以也就很少有上级的审查。所以,整个权威的结构充满着最初裁决者的特征。从而,诉讼程序也把个案的公正看得比逻辑上的一致性重要。[28]

在同位模式的司法官僚结构之下,诉讼程序体现着争斗的风格。这主要是因为,在此种司法官僚结构之下,权威只有一个等级,法律程序将注意力集中于审判这一事件;由于没有常设的全面审查机制,审判所作出的决定就通常被认为是最终的和不可撤销的决定,而来自上级法院的审查则总是作为例外而存在;所以,卷宗也就是不必要的;从而,程序也就趋向于口头化而不是书面化;同时,由于程序是由外行人主持,所以程序总是集中的,不会被分成若干个碎片,从而,令人惊讶或者不可预见的事件在程序中也就能够得到更多的容忍;另外,法庭的戏剧化效果也由于法官裁决的终局性而得到加强;不仅如此,由于并不存在官僚和个人之间严格的区分,程序也就大部分是依赖个人提供的材料来进行。[29] 因此,在这种司法官僚结构之下,整个诉讼程序充满着竞争与战斗的气氛,法庭辩论的激烈程度也得到极大的加强。

---

[28] Mirjan Damaska, *supra* note 21, pp. 23-28.
[29] Mirjan Damaska, *supra* note 21, pp. 57-65.

六、本书使用的概念及其内部关系

达马斯卡认为,传统的纠问式诉讼和对抗式诉讼这一组概念并不足以概括英美法系和大陆法系诉讼模式之间的区别。只有将决定诉讼目标的意识形态与决定诉讼风格之司法官僚结构二者结合起来,才可能从整体上把握英美法系和大陆法系诉讼模式之间的区别。为此,达马斯卡总结出了四种诉讼模式:等级模式之下的纠纷解决模式;等级模式之下的政策执行模式;同位模式之下的纠纷解决模式;同位模式之下的政策执行模式。[30] 很显然,达马斯卡并不认为意识形态和司法官僚结构之间有直接的或者必然的联系。

笔者认为,若仅就诉讼而言,放任自由主义的核心在于对国家官员的不信任以及对个人自主性的尊重,而积极行动主义的核心则在于强调国家作为一个整体的利益,因而赋予国家官员比较大的权力,对个人的自主性则比较忽视。因此,在诉讼程序中,放任自由主义天然地倾向于使用外行的法官来裁断案件,而积极行动主义则天然地倾向于使用专业化的官员来裁断案件。由此出发,在一个具体的诉讼制度中,究竟是采用同位模式的司法官僚结构,还是采用等级模式的司法官僚结构,主要还是取决于主导这个诉讼制度的意识形态。同时,司法官僚结构对于意识形态也有反作用。同位模式的司法官僚结构体现着放任自由主义的意识形态,并且有利于保障放任自由主义意识形态设定之诉讼价值目标的实现;相反,等级模式的司法官僚结构则体现着积极行动主义的意识形态,并且在很大程度上保障着积极行动主义意识形态在具体诉讼中的贯彻执行。

这样看来,在实际生活中,很可能并不存在达马斯卡所说的等级模式之下的纠纷解决模式和同位模式之下的政策执行模式这两种诉

---

[30] Mirjan Damaska, *supra* note 21, p. 181.

讼形态。达马斯卡在他的著作中千方百计地寻找这两种形态在现实中的原型,并且他自以为自己找到了,但在笔者看来他找到的原型实际上是对该制度的误解。比如,对于同位模式之下的政策执行模式,他找到的是中世纪英国刑事诉讼中具有证人特征的陪审团审判,他认为当时的陪审团审判具有很浓厚的政策执行的味道。[31] 这实际上是对当时的陪审团审判的一种误解。事实上,在英国的历史上,陪审团审判从未发展出政策执行模式的诉讼体制。但是,这并不是说陪审团审判永远不可能成为政策执行的工具。在陪审团被移植到受英美法系影响之其他国家尤其是非洲国家的过程中,陪审团实际上已经成为政策执行的工具,但是它的这种变异乃是因为陪审团的移植缺乏它在英国产生时的一些制度要件(参见本书第六章之论述)。

因此,在历史上,以及在当代社会,比较普遍存在的诉讼模式基本上可以概括为两种典型,一种是同位模式之下的纠纷解决模式,一种是等级模式之下的政策执行模式。当代大陆法系与英美法系的诉讼模式,基本上是属于这两种典型;它们在历史上同出一源,但是到12世纪以后发展出不同的形态,从而形成今天这样的制度。也就是说,在最初的时候,无论是英格兰还是欧洲大陆,其诉讼模式都应当是同位模式之下的纠纷解决模式;从12世纪以后,英国的诉讼模式基本上还保留着这一模式的基本特征,而欧洲大陆则走上了等级模式之下的政策执行模式这一截然不同的道路。

这是对大陆法系和英美法系诉讼模式一个简单的概括。为了行文的方便起见,本书还是要使用"弹劾式诉讼""纠问式诉讼"以及"对抗式诉讼""非对抗式诉讼"这两组概念。不过在含义上,它们对应的应当分别是达马斯卡所说的同位模式之下的纠纷解决模式与等

---

[31] Mirjan Damaska, *supra* note 21, p. 228.

级模式之下的政策执行模式。对于本书使用的概念及其相互关系,可以用图 1 来表示。

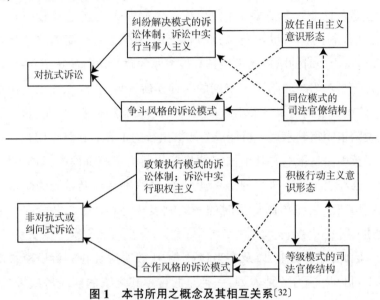

图 1　本书所用之概念及其相互关系[32]

七、对抗式诉讼的历史沿革

不仅如此,本书还认为,"对抗式诉讼"是一个历史的概念,一个发展的概念。它在不同的历史时期,具有不同的历史特征。根据人类诉讼的发展轨迹,笔者试将对抗式诉讼的发展分为三个阶段。

第一个阶段是原始阶段。在这一阶段,由于放任自由主义意识形态占据主导地位,诉讼纯粹是私人的事情,起诉、告发均由私人进行,国家并不干预;法官往往是以自己的德行获得案件的审判权,其裁决的执行也来自法官的个人权威,而不是来自机构设置的权威;在案件作出决定前,本来并没有所谓今天的实体法,程序开始以后,实

---

[32]　说明:图中实线表示直接的决定关系,虚线表示间接的或比较弱的影响作用。

体观念才逐渐产生;诉讼的启动和推动均依靠当事人进行,法官仅仅居中裁判;原告必须举证证明自己的主张,而被告则无须举证,但是被告通常也不会置之不理。由于程序规则和证据规则的缺乏,这个阶段的举证、辩论,通常都十分随意,甚至可能有点像吵架。我们把这一阶段的对抗式诉讼称为"纯自然状态的对抗式诉讼"。

第二个阶段是国家形成以后,诉讼虽然也在一定程度上被视为私人的事情,但是并不排除国家干预。法官已经不单纯地依赖个人的权威,而是依赖国家的任命,成为权力的代表者。起诉既可以由当事人进行,也可能由政府发动。侦查也可以由政府任命的官员进行。法官主持审判,不允许吵架式的自然辩论。举证仍然由当事人进行。但是由于国家介入因素的增加,以及程序规则的逐渐发展,我们将这一阶段的对抗式诉讼称为"半自然状态的对抗式诉讼"。

第三个阶段则是国家观念比较强大,侦查和起诉几乎完全由国家控制;法官几乎完全由政府任命,但是在审判中并不代表政府及其行政机关,而是代表整个社会;国家及其政府与社会是分离的,国家负责保卫社会,而法官因为并不代表国家,所以不担负保卫社会之责;诉讼程序十分发达,证据规则十分完善,法庭辩论完全是在法官的控制之下,决不允许任何形式的自然辩论,律师在法庭审判中发挥着至关重要的作用。因此,这一阶段的对抗式诉讼,我们将其称为"非自然状态的对抗式诉讼"。

无论是何种形式的对抗式诉讼,其根本特征都在于,国家与社会分离;法官既不代表国家,亦不代表政府;法官必须居中裁判,而不能有任何倾向性。当事人对自己的命运负责,因而承担举证责任。对被告人必须给予更好的保护,因为在被证明有罪之前,他应当被视为无罪;证明有罪是控诉方的责任。

第一个阶段的对抗式诉讼存在于原始社会。很可能一切诉讼的源头都是对抗式诉讼。

第二个阶段的对抗式诉讼存在于古罗马、古代中国、古英国、古代欧洲。英国自被罗马征服后一直到13世纪前,其诉讼形式都介于纯自然状态的对抗式诉讼和半自然状态的对抗式诉讼之间,但是纯自然状态的对抗式因素更多一些;而自13世纪陪审团审判制度建立以后,其诉讼形式属于半自然状态的对抗式诉讼。17—18世纪以后,英国的证据规则逐渐得以建立,英国的诉讼程序以及美国的诉讼程序都属于非自然状态的对抗式诉讼(如图2所示)。[33]

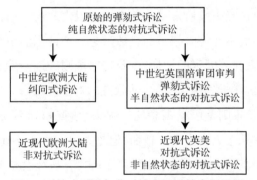

图 2　对抗式诉讼与非对抗式诉讼的发展历程

本书的写作目标,就是要探讨陪审团与对抗制之间的关系,具体包括:在13世纪到17世纪漫长的封建社会,英国陪审团如何有效地阻止了教会法院纠问式诉讼在英国的发展,从而使英国在这段

---

[33] 在英国的对抗式诉讼逐渐发展的时候,欧洲大陆国家的刑事诉讼也在发展。具体来说,当英国的诉讼在13世纪通过陪审团审判制度的引入而继续保留着原始的弹劾式诉讼风格的时候,欧洲大陆则由于宗教裁判所的建立及其诉讼程序产生的对世俗法院的影响而导致了教会法院和世俗法院均发展出了令人谈虎色变的纠问式诉讼,这种纠问式诉讼在15—16世纪臻于成熟。17、18世纪,随着启蒙运动的开展和深入,纠问式诉讼受到了激烈的批判;随后,法国大革命期间,法国率先引进了英国的陪审团审判制度,这一引进在欧洲起到了开先河的作用,大陆国家纷纷跟进,从而导致了诉讼程序的革命性改变,虽然没有完全成为英国模式,但是经过多年努力,二者实际上已经相去不远。

时期的刑事诉讼仍然保留了原始的弹劾式诉讼的核心制度,并使其诉讼形式处于半自然状态的对抗式诉讼形态;在大陆法系引进陪审团审判制度以后,它在大陆法系实施的效果,尤其是对诉讼程序以及审判风格的影响;在英美对抗制进一步发展的过程中,陪审团审判制度对这些发展尤其是对证据规则的产生及发展的意义;陪审团审判在当代对抗制中的地位与作用;以及最后,陪审团审判制度的发展趋势。

八、本书的体例与结构

本书分为绪论、正文及结语三个部分。其中,绪论包括研究对象、研究方法和本书的基本内容与结构,主要内容是介绍本书的研究方法。

整个研究的主体部分即正文部分分为五编,每编之下设两章,每章下分若干节。

第一编为"陪审团审判之起源及其司法功能之发展"。第一章介绍英国陪审团的起源,主要是审判陪审团的起源。由于陪审团在最初的时候具有一些证人的特征,其作为纠纷裁判者的身份尚未得到完全的发展。因此,第二章介绍陪审团司法功能的发展,内容主要包括陪审团证人身份的弱化、从多数裁决到一致裁决的确立、惩罚陪审团制度的消亡等。

第二编为"陪审团审判与弹劾式诉讼"。在这里,弹劾式诉讼是指英国在中世纪[34]时期保留的诉讼制度。本编的中心任务是阐释陪审团在为英国保留古代弹劾式诉讼的基本特征方面发挥的决定性

---

[34] 在历史上,"中世纪"指的是从公元600年到公元1600年期间大约1000年的历史阶段。参见〔美〕菲利普·李·拉尔夫等:《世界文明史》(上卷),赵丰等译,商务印书馆1998年版。本书亦是在这一意义上使用"中世纪"这一概念。

作用。为阐明这种作用,第三章首先对纠问式诉讼产生之过程及诉讼之特征进行介绍,第四章则对陪审团如何抵制纠问式诉讼的侵入、保留弹劾式诉讼的基本特征进行分析与说明。本编得出的结论将是本书的中心所在。

第三编为"陪审团审判之移植与传播"。第五章陪审团在大陆法系之移植,介绍欧洲大陆,主要是法国、德国、意大利移植陪审团审判制度的过程以及移植后实施的效果,并分析陪审团在欧洲大陆消亡的历程以及衰退的原因。第六章陪审团在英美及日本的传播,介绍陪审团在英国的前殖民地美国、澳大利亚、新西兰、印度、南非等国家或地区的移植,并附带介绍陪审团在苏格兰、日本的移植情况。这一章将对陪审团在美国、澳大利亚等国移植的成功进行分析,对陪审团在南非、日本移植的失败进行总结。

第四编为"对抗制的发展与当代陪审团审判",介绍英国和美国在进入近现代社会以后其弹劾式诉讼程序的进一步发展及其实施情况。本书将这一发展主要归结为两个方面:一是律师的介入对诉讼程序的影响,二是证据规则的产生。第七章就是介绍律师的介入对诉讼程序的影响,并阐述证据规则的产生与陪审团审判制度之间的关系。[35] 第八章主要是对当代英美陪审团审判程序的介绍,可以使我们对于当代英美的陪审团审判制度有一个总体上的了解。同时,第八章还将对当代美国死刑案件中的陪审团审判进行研究与分析。

---

[35] 郎本认为,当代英美刑事诉讼中的对抗制是从 1690 年以后才开始逐渐发展起来的。参见 John H. Langbein, *The Origins of Adversary Criminal Trial*, Oxford University Press, 2003, p. vii. 本书对此观点基本上表示赞同,因此前四章叙述的主要是 17 世纪以前的陪审团审判,后四章论述的主要是 17 世纪以后的陪审团审判。值得指出的是,有时候为加强论证之力量以及出于叙述之方便,也可能会不考虑这种历史的分段。

第五编为"陪审团审判的力量与未来"。第九章比较当代英美法系陪审团审判程序与大陆法系诉讼程序及英美法系国家内部非陪审团审判程序之间的区别,这种比较实际上是第二编二者之间比较的延伸,得出的结论则是对第四章结论的呼应。第十章对陪审团在当代对抗制中发挥的作用,以及陪审团面临的挑战、陪审团衰退的现象及其原因进行分析和探讨。

结语部分是对各章的总结、概括和得出的结论。

第一编
陪审团审判之起源及其司法功能之发展

Jury Trial and
the Adversary System

第一章 陪审团审判之起源

一、古老的弹劾式诉讼

尽管出于实际的需要,大多数学者都认为英国法的真正历史开始于诺曼征服,但就本书的主题而言,却需要从诺曼征服以前的历史说起。在诺曼以前,英国曾经被罗马人征服过,也被朱特人征服过。就像其他许多文明的源头一样,英国的刑事诉讼最初也是从血亲复仇开始的。在国家尚未完全形成,社会亦没有高度组织起来以前,公共的惩罚是一件稀罕的事情。犯罪和惩罚都是个人的私事,仅有的一些立法也仅仅是为了规范个人之间的复仇行为,而不是为了我们今天所称的控制犯罪。[1]

大约在8—9世纪的时候,盎格鲁-撒克逊人建立了自己的国家。他们的生活仍然比较原始,但是有自己的司法系统——如果那可以叫作司法系统的话。如果发生纠纷,人们首先的选择是到百户邑法院去寻求正义。百户邑法院每月聚会一次;如果是更为重大的事情,则聚集在郡法院,它每年只开放两次。法院都是在露天集会,如果用现代意义上的审判来理解当时的活动,则显然是一种年代的错误。当时并没有专业的律师,也没有现代意义上的法官,而只有牧师、教士和修道士(abbots)——在诺曼征服以前,英国还没有独立的

---

[1] F. Pollock, *English Law before the Norman Conquest*, in *Selection Essays in Anglo-American Legal History*, Vol. I, Wildly & Sons Ltd., London, 1968, p.90.

教会法院，也没有固定的职员或长期任命的官员，最后的裁断是会议程序的结果，而不是主持官员的判断的结果，并且，只有起诉者才会记得会议的结果。[2]

在诺曼征服以前，英国就已经存在着多种原始的诉讼形式，这些诉讼形式在诺曼征服以后的两个世纪内还一直存在着。一直到13世纪普通法发展起来的时候，英国的诉讼形式才开始成熟。严格来说，在这之前的4—5个世纪中，盎格鲁-撒克逊人的诉讼程序只有"证明"（proof），并无"审判"（trial）。证明的方式主要是共誓涤罪（compurgation）、水火考验（ordeal）和决斗（duel）。一般情况下，如果一个人被指控犯罪，被告人必须发誓来证明自己的清白，他的誓言往往由一些支持者的誓言予以加强，这些支持者被称为"共誓涤罪人"（compurgator）。共誓涤罪人并非对所指控之罪行有实际了解的证人，其誓言只是简单地宣称被告人的誓言是可靠的，而不是就案件事实进行陈述。不过，尽管这些共誓涤罪人并不一定了解案情，但却对被告人的品行比较了解。所以，从这个意义上看，他们也算是证人——并且实际上，在英国的很多法学家笔下，他们就是证人。

那时候并没有现代意义上的证据规则。虽然有规则，但规则只是简单地宣称多少证人是必要的，以及多少普通人的证言可以抵销一个乡绅（thegn）的证言。[3] 当事人可能会因为口误或其他过失而败诉，也可能因为找不到足够的证人帮助其宣誓而败诉；而一旦败诉，他将没有任何补救的机会。上诉的制度直到近代才发展起来。

通常情况下，一个有着好名声的人总是能够通过誓证（即共誓涤罪）的方式洗清罪名，因为他们几乎总是能够找到足够数量的共誓涤罪人。但在一些特别的案件中，如果有迹象表明被告人有较大的嫌

[2] F. Pollock, *supra* note 1, p. 91.
[3] F. Pollock, *supra* note 1, p. 93.

疑,或者被告人有不好的品格,则可能导致其必须接受"考验"(ordeal)这种审判。

考验的方法有两种。一种是将被告人放进冷水中看被告人是沉下去还是浮上来。在这种审判方式中,被告人的死亡几乎是毫无疑问的,因为只有在被告人沉入水中的情况下,他才被视为无辜的,而如果他漂浮在水面上,则他必须被判处死刑。[4]史蒂芬认为,水的考验实际上是让被告人选择体面地死。因为,任何一个人,如果他不会游泳,或者会游泳但并不有意让自己浮在水面上,那么他沉到水底都将是很自然的事情。因此,即使一个会游泳的被告人相信自己的清白,他也必须以自杀的方式来证明这一点。[5]

另一种考验方式是让被告人把胳膊伸进滚烫的开水中,或者让被告人用手握住烧红的热铁。[6] 毫无疑问,这些考验的方式出现的年代都非常久远,并且每一种模式都诉诸某种超自然的力量;而主持这些考验的仪式则是在宗教职员出现之后加上去的。教会职员通过一定的仪式使这样的考验客观化、长期化、神圣化。[7] 由于被告人只有在无法找到足够的证人的时候才必须接受这种审判,因此,诉讼的结果显然离正义十分遥远,而被告人被无罪释放的比例也相当高。当时肯定也有很多人相信有罪者经常逃脱惩罚,只不过这种情况在多大程度上是真实的就只能发挥我们的想象了。孟德斯鸠在谈到

---

[4] Alice Stopford (Mrs. John Richard) Green, *The Centralization of Norman Justice under Henry II*, in *Selection Essays in Anglo-American Legal History*, Vol. I, Wildly & Sons Ltd., London, 1968, p. 116.

[5] J. F. Stephen, *A History of the Criminal Law of England*, Vol. 1, MacMillan and Co., 1883, p. 73. 在法国,冷水审判不是让被告人接受考验,而是从旁观者中随机抽出一个人放进水中进行考验。无论如何,其原理都是一样的:审判并非为了惩罚,只是让神的意志干预审判的结果,从而确定被告人是否有罪。

[6] F. Pollock, *supra* note 1, p. 93. 关于以上两种审判方式,还可参见:Robert Bartlett, *Trial by Fire and Water: The Medieval Judicial Ordeal*, Clarendon Press, Oxford, 1986。

[7] F. Pollock, *supra* note 1, pp. 92–93.

《撒利克法典》中关于开水立证的规定时曾经以惊奇的口吻说道:"人们不能不感到诧异,当他们看到,我们的祖宗在决定国民的荣誉、财产和生命问题时所根据的事物,是属于理性的少,而属于运气的多。"[8]这样的评论自然也适合英国古代具有神意审判特征的弹劾式诉讼形式。

除上述两种审判方式以外,还有一种为德意志部落所推崇的审判方式就是决斗,但据史家考证,这种审判方式第一次出现在英国时不是撒克逊人的传统,而是诺曼人的创造。[9] 同时,它在英格兰的使用也罕见。[10]

值得指出的是,不管哪种审判方式,其结果对当事人都不具有当然的约束力。审判的管辖权一开始就是当事人自愿的选择,它不是来自国家的权威而是来自当事人的同意。如果他们一致同意去法院进行诉讼,他们也只是在名誉上(in honour)受诉讼结果的约束;他们存放在法院用以担保裁判之执行的犁可能被没收,但是法院对当事人没有比这更多的强制力量。它有点类似现代社会的仲裁机关,虽然它有权作出裁断,但却无权执行自己的判决。换句话说,诉讼的结果存在执行上的缺陷。当事人赢得了诉讼并不等于就赢得了财产,如果必须实现正义,当事人还必须借助自己的力量去实现在诉讼中赢得的果实。[11] 法院与其说可以强迫当事人接受判决,不如说仅仅向当事人施加一些压力而已。

另外,无论是共誓涤罪、水火考验,还是决斗,都具有弹劾式诉讼

---

[8] [法]孟德斯鸠:《论法的精神》(下册),张雁深译,商务印书馆1997年版,第232页。
[9] F. Pollock, *supra* note 1, pp. 92–94.
[10] Theodore F. T. Plucknett, *A Concise History of the Common Law*, Aspen Publishers Inc., 5th edition, 2001, pp. 113–118. See also, Alice Stopford (Mrs. John Richard) Green, *supra* note 4, p. 116.
[11] F. Pollock, *supra* note 1, p. 96.

的基本特征。第一,总是有一个特定的起诉人作为控告者,或者说控告者总是个人而不是国家,这些个人将其与他人的争端公开地提交出来,公开地面对自己的对手。第二,从来没有任何形式的秘密程序,无论是民事诉讼还是刑事诉讼均是如此。第三,程序的进行都是口头的,而不是书面的,并且也是当面对质式的。第四,法官在作出裁决方面并无积极主动的功能,诉讼的结果完全由当事人以原始的证明方式推进,法官只负责监督双方当事人是否遵守了证明的规则。第五,宣誓浸透在程序的每一个阶段,诉讼的结果被认为体现着神的启示。

二、威廉征服与陪审团的引进

以上是威廉征服以前英国主要的诉讼形式。威廉征服以后,英国法律最大的变化也许就是审讯陪审团的引进。之所以称为"审讯陪审团"(Inquest Jury),是因为它起源于古老的法兰克王国所使用的名为"审讯"(Inquest)的调查程序。据梅特兰考证,审讯陪审团原是法兰克国王用以保护自身利益的一种工具。当王室土地出现争议时,国王可以不用古代大众集会法庭的习惯方法,而是任命一名王室官员从当地居民中选择数人组成陪审团,由陪审团决定案件的是非曲直,其他人若想使用陪审团审判,则必须得到国王的恩准。法兰克王国衰落后,法国西北部的诺曼人建立的诺曼底公国却吸收了这一制度。1066年,随着威廉征服,诺曼人将陪审团制度带进了英国。[12]

梅特兰关于英国陪审团起源于法兰克王国的观点得到众多西方学者的认同。霍兹沃斯在其所著之《英国法律史》一书中指出,尽管

---

[12] F. Pollock, F. W. Maitland, *The History of English Law*, Vol. 1, Cambridge University Press, 1923, pp. 121-124.

陪审团可能会有更多的起源，但是它肯定是诺曼国王引进的制度。[13] 哈罗德·伯尔曼亦曾指出，从公元 8 世纪起，法兰克皇帝和国王就曾经传唤邻居调查团，让他们回答巡回王室法官提出的问题；诺曼人从法兰克人手中接过了这一方法，并将其传到英国。[14] 另外，历史学家布伦纳也认为，陪审团是发生于 1066 年的诺曼征服而引进的一种制度，这一制度最早可追溯到加洛林王朝时期的"集体侦查"（group inquests）。[15]

当然，除威廉征服这一种理论外，关于陪审团的起源也还有其他不同的说法。例如，有的学者将陪审团审判制度追溯至古罗马的集会审判，那时的刑事案件陪审团由 501 人组成，民事案件陪审团则由 201 人组成[16]；还有学者将其起源归结为英国古代实行的共誓涤罪制度。[17] 事实上，要考证英国的陪审团究竟是起源于法兰克人、诺曼人还是起源于英国本土，实在是一件十分困难的事情。[18] 本书无意于完成这项不可能的任务，更无意于提出更新的见解。比这更重要的是，一系列的历史资料表明，无论陪审团起源于什么地方，它在威廉征服的那个时代，首先并且经常是以调查者身份出现的。换句

---

[13] Sir William Holdsworth, *A History of English Law*, Vol. 1, Methuen & Co Ltd., Sweet & Maxwell Ltd., 1956, p. 313.
[14] 〔美〕哈罗德·J. 伯尔曼：《法律与革命》，贺卫方等译，中国大百科全书出版社 1993 年版，第 541 页。
[15] 转引自 W. R. Cornish, *The Jury*, Allen Lane The Penguin Press, First Published 1968, p. 11。丘吉尔也曾指出：陪审团是古老的法兰克王国给予英国法制的一个伟大的贡献；在威廉征服以前，英国人并不知晓此一制度，而它在遥远的加洛林（Carolingin）王朝时期即已存在。参见 Winston Churchill, *A History of the English-Speaking Peoples*, Cassell & Co., London, 1998, p. 90。
[16] 赵宇红：《陪审团审判在美国和中国香港的运作》，载《法学家》，1998 年第 6 期，第 38—48 页。
[17] 普拉克内特曾对此观点给予有力的批评，指出英国古代的共誓涤罪人是由当事人召集，而陪审团则是由政府所召集。详见 Theodore F. T. Plucknett, *supra* note 10, p. 108。
[18] 《陪审团》一书指出："任何关于这一主题的结论都必然是冒险性的，而且，陪审团制度也可能是从多种起源中发展起来的。"参见 W. R. Cornish, *supra* note 15, p. 10。

话说,陪审团在英国的使用最初乃是出于行政的目的而非司法的目的。在诺曼征服后不久,威廉一世曾进行过一次规模庞大的全国性调查,要求申报全部地产和税款,全部统计数字记录在 1085—1086 年期间的《末日审判书》中。[19] 据记载,各村镇分别由村长和 6 位村民组成陪审团,经宣誓后,向钦差大臣汇报各村的土地、牲畜及财产状况。对此,科尼希曾评论说:"无疑地,威廉使用了当地邻居集体侦查的手段,不过只是出于获得行政信息的目的。"[20] 陪审团广泛地应用于司法,则主要是亨利二世的贡献。

三、亨利二世改革与陪审团的司法化

亨利二世是行政管理的天才,富于改革精神。他极大地增加了王室法院的司法管辖权,而且无论其巡回法院走到哪里,他的审讯制度就跟到哪里。亨利二世不喜欢也不相信传统的证明形式。他比前任更加大胆,他认为,破坏和平或者威胁生命或肢体等具有严重性质的犯罪,都是对公共秩序的侵犯,也是对王国和平的破坏。因此,他要求国王的法院在任何时候只要可能就以国王的司法制度进行处理,而不是仅仅以古老的证明方式了事。国王的制度是建立在审讯的基础上的,审讯则是代表着邻人的裁决。从此,曾经是行政调查工具的审讯同时成为民事案件和刑事案件中起诉陪审团和审判陪审团的基础。

当时,原始的共誓涤罪的证明模式已经开始衰落,其非理性变得越来越明显。威廉征服之后,它变得日益不为人们相信,因而也就很难继续生存下去。同时,亨利也不相信考验这种证明模式,因为它很容易被主持这一证明模式的牧师操纵。但是,决斗的方式又太危险

---

[19] 同前注 14,第 541 页。
[20] W. R. Cornish, *supra* note 15, p. 11.

了,它可能导致生命或肢体的丧失,从而减少国王的税收。所以,亨利二世决心改变这一状况。

但是,亨利二世并没有取消这些证明模式,只是在任何可能的情况下以另外的程序取代它们,通过对诉讼当事人提供更为公平的诉讼形式的方式,对它们表示不信任。[21] 亨利二世登上王位是在1154年,革新则开始于1164年,这一年的《克拉伦登宪章》第9条授权使用陪审团来确定某块土地是由教会持有的特殊土地(utrum)还是俗人持有的保有土地(assiz utrum);1166年在克拉伦登举行的另一次王室会议规定,如果原告占有的土地最近为被告侵占,原告因此而提出返还该土地的诉讼请求,这样的案件应由陪审调查团审理。[22]

《克拉伦登宪章》还规定,世俗人不得以不可靠的证据或不充分的证据被起诉到教会法院,但是,如果嫌疑人是谁也不敢起诉的人,则镇长在教士的要求下可以让12个人组成的陪审团宣誓,并以提起控告的方式宣告事实真相。从此克拉伦登宪章就有了解决土地争议的民事陪审团和承担刑事告发义务的大陪审团。[23]

两年以后的《克拉伦登宪章》加强了大陪审团的设置,并进行了一系列重要的程序改革。国王命令巡回法官对于告发到他们面前的任何严重的刑事案件或重罪案件行使管辖权,并由具有广泛代表性的陪审团在宣誓的基础上进行审讯。其具体程序大致如下:镇长把12个人从各百户邑召集起来,把4个人从百户邑的镇上召集起来,参加公开的巡回法院审判;他们联合调查所有的犯罪案件,并在调查完

---

[21] 丘吉尔说,亨利二世在其法制改革计划中很少使用强力(Compulsion),其改革政策的第一个原则就是通过吸引(Attract)而不是强迫(Compel)的方式促使人们到王室的法院去提起诉讼。See Winston Churchill, supra note 15, p. 89。
[22] 同前注14,第541页。
[23] Leonard W. Levy, *The Palladium of Justice: Origins of Trial by Jury*, Ivan R. Dee, Chicago, 1999, p. 11.

毕后宣誓报告附近地区所有的被告人和嫌疑人；被告发的当事人如果还没有被监禁，就必须予以逮捕并对他进行冷水的考验；哪怕考验结果并不显示被告人有罪，那些声名狼藉的被告人也将被迫离开其赖以生存的土地。

亨利二世对民事审判方式的改革保持了土地租赁关系的稳定性，扩张了国王法院的司法管辖权，牺牲了封建法庭的司法管辖权，帮助国王的理财法院增加了收入，并且消灭了民事案件中的决斗审判。

至此，民事案件中的审判陪审团和刑事案件中的起诉陪审团已经诞生；但在刑事案件中，陪审团并不裁断被告人是否有罪。其功能与其说是裁判，不如说是检举。恰如伯尔曼所言：

> 1166年的《克拉伦登法令》规定，在巡回法官到场时，宣誓的陪审员应对全部犯有谋杀、盗窃、抢劫罪的嫌疑人或窝藏犯有上述罪行的人以及犯有伪造货币和纵火罪的所有嫌疑人提出指控。然后对所有这些嫌疑人立即通过冷水裁判法予以审判。[24]

因此，1166年亨利二世改革产生的刑事陪审团实际上仅仅是后来刑事案件中起诉陪审团的前身。这些陪审团并不作出终局性裁决，而仅作出中间性裁决。起诉的主要形式仍然是私人告发，而不是陪审团的公诉。据史料记载，在12世纪80年代及其以后的很长时期内，英格兰刑事诉讼程序的启动仍然主要是依靠私人的告发；由陪审员提出的启动性报告首先要由法官进行实质性审查，这样，陪审员实际上被要求对所有有犯罪名声的人提出报告，然后再安排他们指出哪些是他们怀疑有犯罪行为的人。对被怀疑有罪的人要求其接受考验的审判方式，对仅有犯罪名声而不被陪审团怀疑有罪的人则安

---

[24] 同前注14，第544页。

排比较容易的证明方式,即共誓涤罪。[25]

从 1194 年开始,重罪案件大部分是由巡回法院——一个王室法官在各郡定期访问的组织——来主持。巡回法院开庭期到来之前,镇长(sheriff)得到通知,他必须保证每个百户邑都必须由 12 名最主要的人来代表,每个镇(vill)都由 4 名镇官(reeve)代表。当巡回法官到来的时候,百户邑的陪审员就收到通知——通知包括要求他们向法官报告的事项,其中重罪经常包括在内。[26]

陪审员向法庭报告重罪案件的方式是在百户邑向法官提交被称为"报告书"(veredicta)的文件。报告书有两种方式:一种就是它自己的起诉书(presentment),这是陪审团报告它自己掌握的犯罪案件;另一种则是报告吁请(appeal),它是私人向陪审团告发而使陪审团了解的案件。如果嫌疑人向当地官员作出供述,起诉书(presentment)就可直接导致对嫌疑人的定罪。[27]

若被告人对指控予以否认(被告人的确经常否认),则证明的方式就是考验(ordeal)。但是并非所有被陪审团起诉的被告人都被要求经受考验;相反,在很多案件中,如果陪审团说被告人未受到怀疑(not suspected),则将其释放。实际上,被告人只有在两种情形下才被要求接受考验:一种情形是,如果陪审团怀疑他犯有所指控的罪,并且告

---

[25] Roger D. Groot, "The Early-Thirteenth-Century Criminal Jury," in J. S. Cockburn, Thomas Green, *Twelve Good Men and True: The Criminal Trial Jury in England, 1200 – 1800*, Princeton University Press, 1988, p. 5.

[26] Roger D. Groot, supra note 25, p. 6.

[27] Roger D. Groot, supra note 25, p. 6.;此处,私人的告发被翻译成"吁请",是因为英文中 appeal 一词与 accuse 一词在此处所引文献中意义并不完全一致;相反,罗杰对 appeal 一词曾给予了特定的说明:An appeal was an accusation made by the victim against the alleged perpetrator. See from Roger D. Groot, supra note 25, p. 8. 可见,此处的 Apeal 专指私人尤其是被害人即其亲属的告发,不包括陪审团的起诉,因此译为"吁请"。下文中提到私人告发的案件时,对 appellor 称为"吁请人",对 appellee 则称为"被吁请人"。

发者提供证据支持起诉,则被告人被要求接受水的考验;另一种情形是,如果百户邑的陪审员怀疑被告人有罪,并且4名镇官也加入怀疑的行列,则被告人也被要求接受水的考验。但在第二种情形下,如果4名镇官不加入陪审员怀疑的行列,则被告人可避免接受考验,这可能是由于指控的罪名比较轻的缘故。

总而言之,只有当陪审团怀疑被告人,并且(告发者)提供证据,或者四名镇官也加入陪审团的时候,被告人才接受考验。因此,直到1215年前,陈述陪审团并不仅仅是一个起诉陪审团。起诉之后,陪审员要决定哪些被告人接受考验,哪些不必。但是,即使是对被告人不利的决定,也仅仅是要求被告人接受考验,而不是对他定罪。[28]

在私人吁请(appeal)的案件中,通常由双方决斗的方式证明。但如果一方不能决斗,则以考验的方式取代。有时候,被吁请人(appellee)可以吁请是出于仇恨和厌恶为名,买到一个令状以便由陪审团来就此事进行决断。通过答辩和付费,案件可以拖到巡回法院开庭的时候,从而推迟被告人接受肉体考验的时间。有利于被吁请人的裁决可以使他免受考验,不利于他的裁决则使他必须接受考验。如果吁请在一个巡回法院开庭期内没有得到解决,则等到下一个巡回法院开庭期。[29]

巡回法院还引进了洗罪(Purgation)之后的弃绝(abjuration)制度,并使该制度成为普遍的实践。该制度使被陪审团怀疑有罪的被告人处于十分不利的地位。根据这一制度,只有经陪审团裁决为不受怀疑的人,才可以不接受考验(ordeal);而一旦陪审团裁决被告人受到怀疑,他就必须接受考验。尽管考验的方式不尽相同,但无论被

---

[28] Roger D. Groot, *supra* note 25, p. 8.
[29] Roger D. Groot, *supra* note 25, p. 8.

告人接受何种方式的考验,并且无论考验的结果如何,被告人都必须离开他居住的地方,这有点类似于后来的放逐。[30] 所以,只有在陪审团认定被告人不受怀疑时,他才既不需要接受考验,也不必宣誓弃绝。之所以引入这一制度,很可能是出于对考验这种审判方式的不信任。早在 1100 年的时候,红脸威廉就曾为教士操控考验的审判程序而大为光火。在这一年,50 名被指控犯有违反森林法的被告人全部安然无恙地通过了烙铁考验,从而被无罪释放。[31]

以上并非 1215 年以前陪审团的全部内容,但是它已经包括了两种主要的形式:陈述陪审团报告起诉,中间陪审团作出中间性裁决。陈述陪审团也就是大陪审团,由于其职责是进行起诉,所以也称为起诉陪审团。中间陪审团很可能和起诉陪审团是同样的组织,但据有的史家考证,中间陪审团很可能是在大陪审团的基础上再增加 4 名镇官组成,因而,这种陪审团又被称为"扩充陪审团"(Augmented Jury)。因为它是在起诉陪审团的基础上通过扩充成员的方式组织起来的;其职责在于决定被告人究竟接受哪种形式的审判:决斗、共誓涤罪或者考验。[32] 当然,如果上述三者对被告人来说都不合适,那么,陪审团也可以让被告人宣誓后走人。换句话说,这些陪审团可以释放被告人,却不能对他定罪。如果不释放被告人,其对被告人的裁决也只是中间性质的,而非终局性的,因为其裁决并不具有定罪的性质,所以称其为"中间陪审团"。[33]

为了更清楚地显示审判陪审团产生以前陪审团作为一个中间裁

---

[30] Roger D. Groot, *supra* note 25, p. 7.
[31] See William L. Dwyer, *In the Hands of the People: The Jury Trial's Origins, Triumphs, Troubles, and Future in American Democracy*, Thomas Dunne Books St. Martin's Press, New York, 2002, p. 33.
[32] Roger D. Groot, *supra* note 25, p. 29.
[33] 此处"起诉陪审团"对应的词组是 *presenting* Jury,"中间陪审团"对应的词组是 *de odio* Jury。

决机构的性质,表1-1列出了陪审团审判作出裁决后的处理结构。

表1-1　陪审团的中间性裁决及其后续处理[34]

陪审团的裁决	裁决后的证明方式	证明后的处理
无罪(不怀疑有罪)	无须证明	宣誓后释放
有罪(怀疑有罪)	决斗(损失生命或肢体,不利于王室税收)	被告人失败,即意味着有罪,可能判处绞刑
	考验(1215年以后禁止)	不能通过考验,则意味着有罪,一般处绞刑;通过考验,也要宣誓弃绝
	共誓涤罪(诺曼征服以后即已少使用)	12名证人证明其诚实可靠,则获得释放

四、拉特兰宗教会议及审判陪审团的产生

1215年,欧洲发生了两件在世界历史上足以引人注目的事件:一是英国国王约翰在兰尼米德的草地上,在一片刀光剑影当中,签署了举世闻名的《自由大宪章》;二是教皇英诺森三世在第四次拉特兰宗教会议上,签署了禁止教士参加考验之审判程序的命令,并通过了不遗余力地镇压异端的决议。后来令人谈虎色变的纠问式诉讼,就是根据这一决议而设置。因此,利威称前者象征着自由的主题,后者则象征着拷问的刑具。[35]

但是,作为"象征着自由永存之明灯"的审判陪审团,却并不是《自由大宪章》规定的结果;相反,在很大程度上,它是拉特兰宗教会议禁止教士参加决斗之审判活动的结果。

---

[34]　对于有罪的中间性裁决,陪审团可以决定被告人证明自己清白的方式。虽然各种方式都有一定的缺陷,但是直到1215年以前,三种方式都在使用。

[35]　Leonard W. Levy, *supra* note 23, p. 24.

实际上，英国的司法活动在 1214 年的时候就已经中止了，因为那个时候大家都在打内战。直到 1217 年亨利三世上台的时候它才恢复。在这期间，国王约翰曾经试图废除《自由大宪章》，并得到英诺森三世的强烈支持。从一开始英诺森三世就不承认《自由大宪章》的合法性。《自由大宪章》签署后约翰跑到罗马，受到教皇的精神鼓舞。但是等到他回到英国的时候，却发现自己已经被废黜了。[36] 新任国王为获得民心，重新签署《自由大宪章》并重申它的合法性。

如前所述，共誓涤罪在很早的时候就已经衰退了，尽管还没有完全消亡；而考验的审判方式取消后，唯一合法的审判方式似乎就只有决斗了。但是，英国人并不喜欢决斗的审判方式，而且法律也在朝着废除决斗的方向发展。1187 年格兰维尔就已经指出，自由地拥有某物的权利很少能通过决斗的方式得到证明。[37] 而且，决斗永远也不能适用于年老、残疾、有病的人和妇女。因此，随着考验的消亡，英格兰的刑事诉讼程序，就像波洛克和梅特兰所宣称的那样："被夺走了最趁手的武器。"[38]

不仅没有了审判那些不适用决斗的当事人的诉讼，而且由经过大陪审团宣誓告发的被告人现在也无法审判。决斗仅仅适用于私人对重罪的告发而进行的审判。按照史蒂芬的说法："当考验的审判方式被取消，同时大陪审团起诉的制度又建立起来的时候，当然就没有任何一种模式能够确定大陪审团的起诉所声称之事实的真伪。"[39]

---

[36] Lysander Spooner, *An Essay on Trial by Jury*, Chapter 2. In Kenn D'Oudney Alam and Lysander Spooner, *Trial by Jury: Its History, True Purpose and Modern Relevance*, Scorpio Recording Company, Ltd.

[37] Leonard W. Levy, *supra* note 23, p. 17.

[38] Leonard W. Levy, *supra* note 23, p. 17.

[39] J. F. Stephen, *A History of the Criminal Law of England*, Vol. 1, Macmillan and Co., 1883, p. 254.

这种状况可以通过1219年1月巡回法院[40]的法官们收到的指示中得到证明：

> 由于在你们的巡回法院建立之前，对于那些被指控犯有抢劫、谋杀、纵火以及类似罪行的被告人，由于以火或水的方式进行审判（ordeal）已经为罗马教堂所禁止，然而究竟以何种方式进行审判，目前还没有确定；因此，御前会议决定，在你们的巡回法院……臭名昭著的刑事罪犯必须只能监禁……被指控中等程度犯罪的被告人由于不太可能再犯，所以只需要让他们宣誓弃绝（自我放逐）就可以了；更轻微的被指控者则在其"忠诚宣誓维护和平"以后予以释放。我们将给予你们凭自己的判断力和良心对前述命令进行斟酌处理（自由裁量）的权力。[41]

从这一法令可以明确看出，陪审团审判直到这个时候还没有成为制度。或者说，刑事案件中的审判陪审团仍然尚未诞生。斯伯纳曾经认为，英国刑事案件中的审判陪审团产生于1215年的《自由大宪章》。[42] 如果斯伯纳的考证正确，也就是说，刑事案件中的审判陪审团产生于1215年《自由大宪章》之规定的话，重新赋予这一文件以合法性的亨利三世就应当建立陪审团审判，以表明他确实愿意服从人民的心愿，但是现有的资料表明事实并非如此。到1217年司法活动恢复之后，陪审团的裁决仍然只是中间裁决，而不是终局性裁决。实际上，在刑事案件中，审判陪审团的产生是1218年以后的事情，而不是在此之前。对此，格罗特和利威均予以了论证。[43] 根据格罗特

---

[40] 1218年年末，一个主要的全国性的巡回法院建立。See Roger D. Groot, *supra* note 25, p. 10。
[41] Theodore F. T. Plucknett, *supra* note 10, p. 119; See also, Roger D. Groot, *supra* note 25, p. 10. Leonard W. Levy, *supra* note 23, p. 17.
[42] Lysander Spooner, *An Essay on Trial by Jury*, Chapter 2.
[43] Roger D. Groot, *supra* note 25, p. 10; Leonard W. Levy, *supra* note 23, pp. 3-35.

的叙述，陪审团的发展在1218—1222年期间经历了1218—1219年、1219—1221年以及1221—1222年三个阶段。其前提条件是"未受寻求之侦讯"（Unsought Inquest）的出现，即陪审团在没有私人告发或者告发被撤回的案件中得到适用；在此之后，接着又出现了"接受陪审团终局裁决之答辩"，这种答辩的出现使陪审团的裁决具有了司法裁判的意义，并标志着审判陪审团的诞生，也意味着陪审团审判制度的形成。但是，陪审团审判制度的形成在开始时以被告人作出"接受陪审团终局裁决的答辩"为前提，在被告人不作出此种答辩时，为了使审判继续进行，通过强迫手段促使其作出此种答辩最终成为必要的设置。

这里首先必须解释一下何为"未受寻求之侦讯"。[44] 如前所述，陪审团是在巡回法官到来之前组织的，其职责是向巡回法官报告本地的重罪案件及其他事项。陪审团向法官提交的报告既可能是陪审团本来就了解到的犯罪案件，也可能是在陪审团组成以后当事人向陪审团吁请的案件。有些情况下，在案件审理之前，吁请人就已经死亡，或者在法庭开庭时没有到庭，或者向陪审团撤回了吁请。很显然，在1219年以前，如果是私人吁请的案件，而又出现上述情况，则案件应当不会到达法官面前。因为，私人吁请的案件通常由双方决斗的方式证明；但如果一方由于种种原因不能参加决斗，则以考验的方式取代。在这些方式中，都没有陪审团参与。但是，如果被吁请人认为告诉是出于仇恨或者厌恶，则他可以通过购买令状的方式获得陪审团审判以便避免决斗。通过答辩和付费，案件可以拖到巡回法官到来的时候，从而推迟被告人接受考验的时间。在这样的情况下，如果吁请人死亡或者撤回吁请，自然也就没有诉讼。但是从1219年开始，即使发生这样的情

---

[44] 格罗特并未给"未受寻求之侦讯"下定义，但是在其文中有对这一概念的解释。See Roger D. Groot, *supra* note 25, p. 12.

况,被吁请人还是必须接受陪审团的裁决。如果陪审团裁决其"受怀疑"或"有罪",他还是得接受考验。这一类案件中的陪审团审判,就是"未受寻求的陪审团审判"。因陪审团审判本身起源于古老的侦讯程序,因此,它又被称为"未受寻求之侦讯"。

在"未受寻求之侦讯"出现以后,陪审团的裁决就逐渐演变成为终局性裁决,而不再是中间性裁决。但是,使陪审团裁决成为终局性裁决的,是因为被告人已经不能由陪审团通过中间裁决让被告人接受决斗的方式了结案件。

对于不了解英国刑法历史的人而言,理解这个制度可能比较费劲,所以这里必须再次提到英国古老的诉讼模式:决斗、考验和共誓涤罪。在陪审团被运用于司法程序以前,我们只能假设,任何一种模式的证明方式都是由教士或者地方绅士主持的。在陪审团被引入司法程序以后,一直到1215年以前,被告人被指控后,均由陪审团决定被告人接受何种方式的证明。但是,根据1215年拉特兰宗教会议的精神,考验已经不能再使用了;同时,根据1219年国王给法官的指示,只有罪行比较轻微的被告人才可以以共誓涤罪的方式获得释放。所以,从1219年以后,对于重罪被告人,陪审团一旦裁决被告人"受怀疑"或"有罪",被告人唯一的证明方式就是与起诉人决斗。如果他在决斗中失败,就被绞死。但是,如果起诉人死亡,或者不能参加决斗,被告人就再也没有办法证明自己的清白了。

这样的案件在1220年的时候发生了。其中一个案件的主角是"威廉"。他指控了好几个人,其中包括山姆。但是,在第一场决斗中,威廉就被山姆击败,从而被判处绞刑。这样,被威廉指控的另外几个被告人的案件就无法再通过决斗的方式进行审判。在另外一个案件中,被告人爱丽丝也指控了好几个人,但是她却供认自己有罪,所以,无须决斗,她就被处死。在这种情况下,依照1219年的法令,对那些被爱丽丝指控的被告人就必须无限期地关押下去。但是在爱丽丝指控的被告人中,有5人决定,由陪审团来决定他们的命运。经陪审团审判后,其中4人被判处绞刑,1人被无罪释放。[45]

被威廉指控的被告人中有一人名叫罗杰,他是被陪审团怀疑有罪的。罗杰本来应该通过与威廉决斗的方式证明自己无罪,但是威廉已经死了,所以他也选择了由陪审团来决定:如果邻人们认为他无罪他就获得释放,如果邻人们认为他有罪那就对他定罪。在罗杰的案件中,首次出现了"de bono et malo"(即"接受陪审团终局裁决")的答辩形式。[46]

本来,被爱丽丝指控的4名被告人是首次被英国陪审团正当定罪的人。但是,只有在罗杰的案件中,才清楚地显示了"de bono et malo"这一表达式的含义(在下文提到该表达式时,将以"作出接受陪审团终局裁决的答辩"代替)。罗杰被怀疑犯有很多罪行。按1219年的法令,他应当被监禁。由于证明方式的缺失,他必须被永久关押。但是,中世纪英国的监狱无法支持长期的关押,当时的政府也必然已经意识到它不能够无限期地对被告人进行关押。所以,他们必须作出决定,对被关押的严重犯罪嫌疑人提供别种的选择:由陪审团裁决其有罪或者无辜。这种陪审团裁决是断定性质的而非证据性质的。这种断定性质而非证据性质的裁决,在很大程度上是受到1218—1219年期间存在着的"半定罪性质的裁决"的启发;那时,嫌疑人即使通过了考验洗清了自己,也必须宣誓弃绝[47](自我放逐)。

---

[45] 被判处绞刑的人是因为陪审团和4名镇官说他们是贼,而不是因为陪审团认定他们犯有被指控的罪行。另外1名被告人则被陪审团认为是守法的,所以在宣誓后释放。
[46] Roger D. Groot, *supra* note 25, p. 18.
[47] 对于古老的过去我们虽然不能使之重现,但是现代文化人类学家已经发现了与这种自我放逐极其相似的惩罚方式。参见〔美〕克利福德·吉尔兹:《地方性知识》,邓正来译,载梁治平编:《法律的文化解释》(增订本),生活·读书·新知三联书店1994年版,第73—171页。

由上可见，第一个定罪陪审团的出现是来源于那些无法通过决斗的方式证明自己无罪的人。值得注意的是，在这些案件中，陪审团关注的问题似乎不是罪行的有无，而是被告人（的品行）。在爱丽丝指控的一个案件中，被告人被控杀人，而4名镇官却被问及被告人的品行，镇官们也只是说他是贼。在爱丽丝指控的另一个案件中，第一名被告人被认为是诚实的，剩下的两名被告人则也被说成是贼。很清楚，他们的调查很大程度上是对品格的调查，而且在很大程度上是在镇官的帮助下进行的。

只有那些被强烈怀疑犯罪、极有可能被陪审团定罪的被告人，才会在接受陪审团审判和遭受监禁之间进行选择。毫无疑问，这应当是一个不愉快的选择；同样毫无疑问，选择陪审团是因为害怕遭受监禁的结果。到1220年的时候，被监禁的被告人被告知：按照（1219年的）法令，你应当受到监禁，但是你可以选择"作出接受陪审团终局裁决的答辩"而避免继续遭受监禁；到1285年前后的时候，这一告知改成：你必须接受陪审团审判；如果你拒绝，你将遭受监禁的惩罚。[48]

罗杰的迫切的利益是立即避免遭到监禁；他得到许诺，如果他答辩"接受陪审团终局裁决"（de bono et malo），就可以马上获得释放；政府的首要利益则在于，必须马上清空监狱，并获得对被告人进行审判的权力。[49] 而这两个需要都可以通过这一答辩而实现。

但是，在1220—1221年期间，仍然有一些被认定为道德上不诚实的人被允许与他的起诉人进行决斗。所以，在此期间，"接受陪审团终局裁决"的答辩以及由此产生的断定性裁决，即陪审团的终局裁决，已经开始存在，但是它在刑事起诉中的普遍适用尚未确定。这很

---

[48] Roger D. Groot, *supra* note 25, p. 20.
[49] Roger D. Groot, *supra* note 25, p. 21.

可能是因为新制度普遍施行的困难，在于它依赖被告人自愿选择接受终局裁决。虽然有的被告人选择了接受陪审团作出终局裁决的答辩，但是并非所有的被告人都是这样。如果被告人不接受陪审团的终局裁决，而决斗却已经不再可能，考验又已经被禁止，在这种情况下，应当如何处理？1221年，在英格兰的沃彻斯特和格罗彻斯特都出现过这种情况。

在格罗彻斯特，有8个案件的11名被告人拒绝接受终局裁决。也许他们听说了在沃彻斯特和威斯敏斯特有被告人拒绝接受终局裁决并被允许宣誓弃绝的事情。也许他们认为定罪是确定无疑的：有一名被告人拒绝是因为很多人都恨她；另一名被告人拒绝是由于在内战期间他做了坏事；还有1名被告人是在2名被告人刚刚被判处绞刑的时候来到法庭。所以，这11名被告人很可能是认定自己逃脱不了被陪审团定罪的命运，从而选择了不接受陪审团的终局裁决。[50]

毫无疑问，法官认为这些被告人拒绝是一个麻烦。在这个巡回法庭审判期快要结束时，法官似乎愿意给予被告人多种形式的陪审团的选择，以便获得他们的答辩；但是被告人拒绝了所有的这些选择，这对于陪审团审判是一个紧要的关头。

格罗彻斯特的审判期结束后，巡回法院的法官到达赫里福德和莱彻斯特，在那里没有案子需要审判，所以，巡回法官于1221年9月来到沃里克。大概在格罗彻斯特到沃里克之间的某个地方，巡回法

---

[50] 问题是，如果定罪是无疑的，监禁更是无疑的。1219年的法令仍然是有效的，而这些被告人是否比那些因自首者的告发而被监禁的被告人更加强壮则是有疑问的。无论如何，这些拒绝接受终局裁决的被告人被关押。其中2名被告人被允许宣誓后走人。最后法官又允许另2名被告人宣誓并让另1名被告人宣誓弃绝。这三个人都是杀人案的凶手。对他们的释放正是国王的法庭还在审理其他案件的时候，因而当然影响了对这些正在审理的案件的处理。

官已经就如何对付顽固的被告人作出了决定。

沃里克审判目录上有一个案件是一名寡妇吁请,其丈夫被人谋害。由于她已经有了一个新的丈夫,而这个新的丈夫又没有加入吁请,所以该案撤销。但是法官命令侦查机构到乡村去了解该案的真相。陪审团对被吁请人的裁决表示强烈怀疑,但是被吁请人拒绝接受陪审团的终局裁决。此时法官似乎已经想好了对付这类顽固分子的方法。他们在12名百户邑的陪审员之上增加了24名骑士。这一由36名陪审员组成的陪审团宣布被告人有罪,并且判处被告人绞刑。大约40个案件之后,又有1名被控盗窃的被告人拒绝陪审团审判。同样,法官在12名百户邑陪审员之上增加了24名骑士,对其定罪并处以绞刑。[51]

沃里克的这种做法有效地阻止了拒绝陪审团审判的行为。他们的做法告诉了我们早期陪审团制度的很多东西。来作答辩的都是已经被百户邑的陪审团起诉的被告人,并且陪审团的每个陈述书都通过了审慎的审查。如果它们在审查中未获通过,被告人就被无罪释放,或者在宣誓后走人。被告人可以选择接受陪审团审判从而被12名百户邑的陪审员加上4名镇官审判并作出终局裁决,否则他就被12名百户邑的陪审员加上24名骑士审判。

至此,我们可以说刑事案件中的审判陪审团正式诞生了。在以后的很多年里,陪审团审判基本上就是处于这种状态。也就是说,在1216—1222年的短暂期间,审判陪审团诞生并逐渐走向成熟。突如其来的事件是1215年罗马教堂禁止考验的审判方式。但是陪审团的发展是由于1215年以前陪审团的中间裁决为它的替代物做了准备。它从中间裁决向终局裁决转变的第一步是半定罪裁决(Quasi-convicting verdict),第二步才是终局性裁决。只有在陪审团作出终局

---

[51] Roger D. Groot, *supra* note 25, p. 31.

性裁决以后，陪审团审判才算正式确立，因此，刑事案件中第一个真正的陪审团审判发生于1220年，其产生是由于特殊的起诉——自首者的告发。在这些案件中，沃里克由24名骑士组成陪审团对不愿接受陪审团裁决的被告人进行审判的试验非常重要。这是由于新的陪审团审判方式在格罗彻斯特并未发挥很好的效果，所以必须在某些方面作出改变，但是沃里克的试验在其他地方的实施情况并不清楚。在被告人不接受陪审团终局裁决的情况下，一些法官会不理睬被告人的反对，继续进行他认为应该进行的程序；另外一些法官则视为被告人已经被定罪。最终，1275年的制定法规定：如果被告人不同意接受陪审团终局裁决，那就拷打以让他同意。这一制定法规定："声名狼藉的重罪罪犯如果恶名已经公开但又拒绝接受国王的法官主持的重罪审讯，他必须交给监狱关押，受到适合于那些拒绝遵守这片土地上的普通法的人的艰苦而严厉的监禁；但是这决不可以理解为对有轻微嫌疑的被告人也予以适用。"[52]

五、陪审团审判制度确立之原因

达马斯卡在其著作中指出，决定一国诉讼模式的因素主要是国家意识形态与司法官僚结构。司法官僚结构分等级模式与同位模式两种类型，与之对应的分别是合作模式的诉讼风格与争斗模式的诉讼风格；国家意识形态也分积极行动主义与放任自由主义两种类型，与之对应的分别是"政策执行模式的诉讼程序"和"纠纷解决模

---

[52] Leonard W. Levy, *supra* note 23, p. 20. 此处利威的叙述与格罗特的叙述并不一致。依格罗特的说法，在1285年的时候，法官会告诉被告人，如果他不接受陪审团审判，他就会遭受关押的惩罚。我认为这两种说法并不矛盾，因为关押和拷打可以同时进行。

式的诉讼程序"。[53]

根据达马斯卡的论述,陪审团作为一种审判机制,显然属于典型的同位模式的司法官僚结构。与欧洲大陆于 12—13 世纪形成之典型的等级模式司法官僚结构形成鲜明的对比,二者诉讼程序之风格特征,亦大相径庭。尽管有很多学者不承认英国的陪审团审判制度起源于古老的法兰克王国,但古老的法兰克王国的确存在过陪审团审判这一事实,却几乎无人反对。因此,人们不禁要问:陪审团在欧洲大陆的法国没有流传,却在隔海相望的英格兰得到发扬光大,其原因究竟何在?

对于国家意识形态与司法官僚结构之间的关系,达马斯卡没有明确论述。笔者以为,在积极行动主义的意识形态之下,更容易产生等级模式的司法官僚结构;在放任自由主义的意识形态之下,更容易产生同位模式的司法官僚结构。陪审团作为一种典型的同位模式的司法官僚结构,其产生虽然有很多偶然的因素,但是与当时英国的国家意识形态有着天然的联系。具体而言,陪审团审判制度的产生,既在一定程度上反映了当时积极行动主义意识形态有抬头之趋势,又反映了英国仍然以放任自由主义意识形态占主导地位的状况。兹分述如次:

(一)陪审团审判之确立反映着积极行动主义意识形态抬头之趋势

到审判陪审团产生的时候,即使被告人没有检举,或者已经撤回检举,陪审团也得到使用。如前所述,在 1219 年以前,陪审团并不负责检举那些已经被撤回吁请的被告人。但是,到 1220 年的时候,即

---

[53] Mirjan Damaska, *Faces of Justice and State Authority*, Yale University Press, New Haven and London, 1986. 亦可参阅本书"绪论"部分。

使吁请人撤回吁请,被吁请人仍然要接受陪审团的调查。只有当陪审团不怀疑他有罪时,他才可以获得释放。这说明犯罪行为已经不再仅仅被视为私人的事情,它已经被视为是对社会秩序的侵犯。所以,即使吁请人撤回吁请,也必须对该被吁请人进行审查。这一点在格罗彻斯特的一个案件中体现得尤为明显。该案中,在被害人的妻子对被告人提起诉讼后,又与他达成了详细的和解。自然地,原告在巡回法院开庭的时候没有到庭,百户邑的陪审团也就没有报告她的吁请。实际上,被害人的一个儿子就是陪审团的成员,正是他成功地帮助陪审团实现了对该案的隐瞒。然而当犯罪事实为法官所知晓时,被告人仍然必须接受审判,但此时被告人却认为他不会被(陪审团)定罪,因为原告已经撤回了吁请。但是当他作出接受陪审团审判的答辩后,陪审团却认定他有罪,并且4名镇官也支持有罪认定,所以他被判处绞刑。

这是一个非常重要的案件。这个案件显示被告人不仅必须对原告抗辩,而且须对国王抗辩。很明显,该案由于和解,被害人亲属的告诉(吁请)已经不构成完整的起诉。但是,这一和解虽然可以满足被害人的要求,却不能满足国王的要求;被告人同样必须对国王抗辩,而国王却是不和解的。在此意义上,正如格罗特所指出的那样,采用陪审团的裁决并不是考验方式被禁止的直接结果,而是由于国家已经增强的维护秩序的角色意识;而采用陪审团裁决作为施加惩罚的基础,则是走向最终由陪审团来定罪的重要步骤。[54] 国王的制度是建立在审讯基础之上的,审讯则是代表着邻人的裁决。从此,曾经是行政调查工具的陪审团同时成为民事案件和刑事案件中

---

[54] Roger D. Groot, *supra* note 25, p. 10. 事实上,在亨利二世改革时期,国家的维护秩序的角色意识就已经得到了加强。亨利二世认为,破坏和平或者威胁生命或肢体都是对公共秩序的侵犯,因此,他要求国王的法院在任何时候只要可能就以国王的司法制度进行处理,而不是仅仅以古老的证明方式了事。

起诉陪审团和审判陪审团的基础。在1215年以前,绝大部分被拖延或撤回或取消的告诉都没有被提交给陪审团,因为它与告诉人获得赔偿的希望相冲突。1218—1219年期间,国家需要结束以前的无秩序状态,也需要结束战争带来的不和谐状态。与此同时,对个人的伤害也已经不仅仅视为是个人的事情,而且也被认为是对王国的和平与秩序的侵害。所以,即使是在个人的伤害案中,王国的利益也优先于个人的利益。

(二)陪审团起源时仍然是放任自由主义意识形态占主导地位的时代

从陪审团起源的社会背景来看,虽然积极行动主义意识形态已经开始抬头,但当时英国的诉讼程序仍然处于放任自由主义意识形态的控制之下,这可以由以下几点论据来支持:

第一,诉讼模式主要还是弹劾式而不是纠问式,起诉方式主要依赖于私人的告发而不是国家官吏的主动追究。这说明,诉讼仍然主要被视为是私人自己的事情,国家存在的目的仅仅,或者在一定程度上仅仅是为了给私人之间的纠纷提供一个解决的框架;这个国家并不为其社会规定什么是值得向往的生活方式,什么是社会应当追求的目标,并且也不强迫其成员追求这样的目标。第二,从审判制度来看,当时的审判主要表现为,只有当事人自己解决不了的纠纷,才由政府来解决。因为,当时如果一个私人告发他人,但后来又撤回告发,在1215年以前,这样的案件视为不存在。也就是说,政府不会主动提起一个诉讼。只有当私人提起诉讼时,政府才解决他们之间的争议。个人的自主权得到充分的尊重。第三,从审判形式来看,即使政府受理了案件,争议仍然由当事人自己解决,共誓涤罪、考验、决斗,都是当事人自己解决纠纷。政府仅仅是主持纠纷解决的程序,并不积极追求所谓实体的正义。实体的正义这些都是后来的事情。只有在这些审判方式都已经消失了,或者被禁止了,或者不适用了的时候,政府才开始考虑,如何来解决这样的问题。

以上因素无不证明当时英国诉讼中占主导地位的意识形态应当是放任自由主义而不是积极行动主义。这一点从法律本身的运作也能得到论证。在英国,早期的习惯法法典将过错行为的赔偿权完全留给被伤害的一方。其方式是提起一个刑事诉求(a criminal plea)。但是,一旦国家增加了权力,这一程序的不足就显示出来。陪审团的公诉书和告发书在国王的案件中迅速取代了古老的刑事诉求。我们可以看到,无论是陪审团的组成方式,还是强迫当事人同意由陪审团进行审判的方式,都显示出国王的法官已经准备像基督教的宗教官员那样采用无情的手段以获得对被告人的定罪。但是,这里又一次出现了这种情况:新程序被引进的时间,正好是古老的观念在英国占上风的时候,它避免了将欧洲大陆刑事诉讼程序中某些特别恶劣的因素引入英国法中。正如霍兹沃斯所指出的那样:在国王的法院中,所有程序均由告发书启动的做法完全复制了古老的以刑事诉求方式启动程序的某些因素,而且,在其他因素中,也仍然保留了这样的观念:被告人处于受到原告反对的地位,而原告必须证明其主张——即使是在以国王为原告一方的诉讼中。[55]

我们看到,在审判陪审团还没有产生的时候,法官可以有两种选择:一是由法官自己来对案件作出裁判,欧洲大陆的法官们就是这么做的;二是由法官以外的人来作出裁判,就是由与被告人地位相当的人来裁判,英国的法官就是这么做的。按照放任自由主义意识形态的原则,国家并没有自己的目标,也不会为社会制定目标,由谁来解决纠纷,对政府而言并不重要,重要的是政府必须为纠纷的解决提供一个框架。所以,政府并不强求纠纷一定要由政府任命的法官来裁

---

[55] Sir William Holdsworth, *supra* note 13, p. 320.

断;如果是一个积极行动主义的政府,必然有自己追求的目标,并且它通常也会向社会推销甚至强制执行自己的目标,为了实现这一目的,它必然要通过在审判程序中灌输自己意志的方式,推销自己为社会制定的目标。所以,它也必然要实行法官审判而不是陪审团审判。实行陪审团审判的结果,就是国家对于什么行为是犯罪,什么行为应当受到谴责并不关心。它把这个问题交给被告人居住的社区去解决。它不把自己的意志强加在被告人所居住的社区。但是,如果由法官来决定什么行为是应受惩罚的,实际上就是由法官将统治阶级的意志强加在某个特定的社区。这是典型的积极行动主义意识形态。所以说,陪审团审判体现了放任自由主义意识形态,法官审判体现了积极行动主义意识形态。

由此可见,幸运的时间安排对于英国陪审团审判制度之确立是一个十分重要的因素。必须看到,虽然当时英国占主导地位之意识形态仍然是自由放任主义,但是英国的法律很早就实现了中央集权化,而且英国也比欧洲大陆法系国家更早实现中央集权化,而其中一个最重要的实现中央集权的手段就是王室的法官采用审讯的制度,这一制度最终发展成为大陪审团和小陪审团这种双重陪审团制度。利威认为:在英国,中立的法官主持审判,陪审团控制裁决的结果,这样一种弹劾式的诉讼程序有效地满足了国家的需要,从而不必像大陆国家那样采用纠问式的诉讼程序。[56] 波洛克和梅特兰亦曾经指出:英国的命运可以说是九死一生,在古老的证明模式被打破的时候,幸运的是,亨利二世的改革在英诺森三世改革之前就已见成效。亨利二世逝世于1189年,9年以后,英诺森三世就执掌了教会大权,而那时,英国伟大的改革制度已经在1166年制度化了。[57]

---

[56] Leonard W. Levy, *supra* note 23, p. 51.
[57] 转引自 Leonard W. Levy, *supra* note 23, p. 51。

综上可见,陪审团的被接受是在古老的审判方式占统治地位的时候。在 15 世纪后半期,当福特斯鸠写下对英国法律赞美的词句时,陪审团审判制度已经被作为为全英国人引以为骄傲的普通法中最有价值的成分。霍兹沃斯曾经写道:"由于它(陪审团)保持了那样的地位,它在 16 世纪极大地限制了星座法院和御前会议引进(欧洲)大陆(纠问式诉讼)程序的能力。在后来的几个世纪,它又有力地保证了行政上自由裁量权的行使符合当时人们的一般观念。"[58]

---

[58] Sir William Holdsworth, *supra* note 13, p. 320.

第二章 陪审团司法功能之发展

一、大、小陪审团的分离

必须指出,虽然在1220年的时候,陪审团审判制度即已确立,但当时大陪审团和小陪审团并未完全分开。陪审团虽用于审判,但其功能却不仅限于审判,而是同时兼司检举。在此方面,伯蓝德关于14世纪初期(大约在1312年)普通巡回法院的一段叙述值得注意:

> ……当(起诉陪审团)正式作出一个告发书(Presentment)之后,法庭就会询问被告人他有何话可说。如果他说,而且他几乎总是会说,他并未实施所指控之罪行,法庭就会问他,希望以何种方式洗刷自己的清白?通常,被告人都会说,他将自己交给陪审团来决断。这样,他就会立即由陪审团来审判。但对于今天的人们来说,难免会提出一些不易回答或者不费笔墨就难以回答甚至大费笔墨亦无法作出确定之回答的疑问:被告人是被什么样的陪审团审判?是原先起诉他的12名陪审员,还是由其他的陪审员?乍一看,由起诉人充当法官的制度是不公平的。但是,(在当时),起诉陪审员,那12名陪审员,制作起诉书时认定的事实并非得到证明的事实。他们在很大程度上是依赖于传闻,乃至对于过去事实之当下的回忆。因此,他们的起诉书完全不同于经过听证后认定的事实而作出的裁决。根据1313年肯特郡巡回法院的手稿,"如果12名陪审员针对任何

人作出了起诉书,则镇长应当传唤那个人,该被告人出庭时亦应当将自己交给原来起诉他之陪审团裁决。"[1]

但是,即使假定这一手稿之记录真实可信,它也不一定是当时陪审团审判的全部状况。因为,很可能仅仅在某些案件中,起诉陪审团同时充当审判陪审团;也可能只是在个别地方,起诉陪审团同时充当审判陪审团。

利威认为,审判陪审团和起诉陪审团的分离主要是由于被告人担心被定罪而不愿意接受陪审团终局裁决的结果。[2] 一方面,审判方式必须得到被告人同意的观念是如此深入人心,以致被告人不选择接受陪审团的终局裁决就没有办法对他进行审判;陪审团审判必须由被告人同意的观念一直保留到1772年。另一方面,国家权威的实现和社会秩序的维持又不能容忍犯罪案件的发生,而同时,监狱的状况也不允许对被告人长期关押。所以,王室在1275年颁布法令允许对被告人拷打以使他接受审判。起初被告人是被鞭笞,然后是放置在监狱中最糟糕的地板上,并在他身上放置铁块;只给他粗糙的面包,隔一天提供一次饮水。接下来惩罚升级:他被慢慢地挤压,五马分尸般地平放在地上,他能承受多少铁块就在身上放多少铁块,然后再让他承受更重的压力。使它变得如此野蛮的力量一是来自顽固的教条:必须有被告人同意才能对他使用陪审团审判;二是最严重的重罪被告人也要允许他为自己辩护。换句话说,痛苦的拷打并不是为了获得他的口供,而仅仅是为了获得被告人的答辩。法律不关心他作何种答辩,只关心他是否答辩。1772年一个新的制定法规定,如

---

[1] William Craddock Bolland, *The General Eyre: Lectures Delivered in the University of London at the Request of the Faculty of Laws*, Cambridge at the University Press, 1922, pp. 61-62.

[2] Leonard W. Levy, *The Palladium of Justice: Origins of Trial by Jury*, Ivan R. Dee, Chicago, 1999, p. 21.

果被告人保持沉默,将被认为他已经供认自己的罪行。直到1827年,法律才规定保持沉默视为无罪答辩。

但是,法律也在朝着比较温和的方向发展,那就是设法使陪审团审判至少表面上看起来更加公正,而不是像被告人所担心的那样:审判就意味着定罪。如此,则可以鼓励他们愿意接受陪审团审判。这样的法律在13世纪中期逐渐地发展起来。据相关史料记载,1258年,亨利·布莱克顿就注意到,被告人可以反对恶意或虚假的起诉人;13世纪末期,约翰·布雷顿也说,如果陪审团成员中有被告人的敌人或觊觎他财产的人,被告人可以申请他回避;1305年,爱德华女王,以及后来的爱德华二世,都曾经以被告人朋友的身份,要求法官提供一个没有起诉陪审团参加的审判陪审团。[3] 可以说,1305年的这个案件是陪审团审判制度发展历程中的一个重要案件,因为这是第一次由被告方提出审判陪审团的成员中不能有参加过起诉的陪审员。

被告人申请起诉陪审团成员在审判陪审团中回避的频率越来越高,但是经常遭到国王法官的反对,因为起诉陪审团成员参加审判陪审团会对定罪有利。由于这个缘故,14世纪40年代,平民院曾经两次呼吁国王同意通过一个制定法赋予被告人申请大陪审团成员在小陪审团中回避的权利。在1351—1352年期间,对起诉陪审员参与审判的反对情绪已经如此强烈,以致法案不得不规定,在反叛和重罪案件中,如果起诉陪审员遭到被告人的挑战,他就不得参与案件的裁决。[4] 于是,小陪审团就脱离了大陪审团,并逐渐发展成从各郡进行随机抽选的机制。这一说法得到德弗林的肯定:"直到1352年的

---

[3] Leonard W. Levy, *supra* note 2, p. 22.
[4] Sir William Holdsworth, *A History of English Law*, Vol. 1, Methuen & Co Ltd., Sweet & Maxwell Ltd., London, 1956, p. 325.

时候,爱德华三世才颁布法令,规定起诉陪审团成员不得参加审判陪审团。"[5]作为这一制定法规定的结果,小陪审团和大陪审团在组成和功能两个方面都区分开来。

二、回避制度之演变

如前所述,被告人有权申请陪审员回避。要求回避可以有理由,也可以没有理由。前者被称为有因回避,后者则为无因回避。无因回避又包括两种情况:一种是要求最多35名陪审员回避;另一种则是要求最多三个整个的陪审团回避。这一制度产生的年代已经不可考,但是比较确定的事实是这一制度直到1533年的时候都没有改变。1533年,亨利八世的法令将35这个数字改为25。[6] 值得注意的是,这一权利只有被告人享有。控诉方若要求陪审员回避,必须说明理由。

一般情况下,在陪审团宣誓之前,被告人被告知,其在制定法上有权对陪审员提出回避申请。但是这一制度在执行中可能并不尽如人意。有的学者认为它甚至仅仅是个形式,因为它并没有为在巡回法院接受审判的被告人带来利益。曾有一个被告人向法官打听他可以申请多少名陪审员回避,法官说:"我不想回答你这个问题,我是来当法官的,不是来做你的顾问的。"[7] 不过,这样的法官毕竟是少数,中世纪英国的法官在理论上是必须为被告人提供帮助的,因为除

---

[5] Sir Patrick Devlin, *Trial by Jury*, Stevens & Sons Limited, London, 6th Impression 1978, p. 10. 贝克也认为,最晚在1351年的时候,大、小陪审团已经分离开来。See J. H. Baker, *An Introduction to English Legal History*, Third Edition, Butterworths, London, 1990, p. 580。

[6] Sir James Fitzjames Stephen, *A History of the Criminal Law of England*, Vol. 1, Macmillan and Co., 1883. p. 302. 另一种说法是,重罪案件和轻微叛乱案件中强制回避的权利在1531年时被削减到20次。详见Theodore F. T. Plucknett, *A Concise History of the Common Law*, Aspen Publishers Inc., 5th edition, 2001, p. 433。

[7] J. S. Cockburn, *A History of English Assizes: 1558–1714*, Cambridge, 1972, p. 120。

了法官以外,被告人无从获得帮助,因此法官通常被视为被告人的律师(Cousel)。1663年,首席大法官海德在其审理的一个案件中明确表示了这一观念。[8]

要求整个陪审团回避的情形不是没有,但是很少发生。一般来说,只有在被告人怀疑主持召集陪审员的镇长在制作候选陪审员名单不公正时,才会提出这样的申请。

三、小陪审团组成人数之确定

在开始的时候,小陪审团人数比大陪审团人数还要多,因为它是以在大陪审团基础上增加人数之方式组成的。大、小陪审团分离以后,审判陪审团的人数变化仍然经历了一个缓慢的过程。关于12这个数字有很多罗曼蒂克的说法,12个以色列部落,12名部族首长,所罗门的12名官员,耶稣的12名使徒,等等。并非所有的解释都是令人高兴的,如12名使徒一说,似乎暗示着以前的陪审团有13名陪审员,总是有1名陪审员要叛变,所以才改成12名。

霍兹沃斯认为,12这个数字被固定下来也许是因为需要对陪审员的数目加以限制;在陈述陪审团中增加成员的方式在实践中被发现是不方便的,因为它导致了太大规模的陪审团。[9] 12这个数字被固定下来也可能是因为百户邑的陪审团就是12个人,他们被认为已经可以代表他们的百户邑了,所以后来整个郡的陪审团都由12名成员组成,因为他们也可以代表整个郡决定被告人有罪与否。这一解释得到德弗林的赞同。德弗林指出:实际上,12这个数字的形

---

[8] Chief Justice Hyde explained to John Twyn, a defendant being tried in 1663 for publishing a treasonable book: "The court-are to see that you suffer nothing for your want of know-ledge in matter of law; I say, we are to be of counsel with you." See from, John H. Langbein, *The Origins of Adversary Criminal Trial*, Oxford University Press, 2003, p. 29.

[9] Sir William Holdsworth, *supra* note 4, p. 325.

成仅仅是因为必须要有一个成员数目足够令人望而生畏的团体来作出某种决定而已。[10]

四、从多数裁决到一致裁决

陪审团的一致裁决也经历了一个发展的过程。即使在陪审团尚具有证人特征的时代，也并未要求一致裁决。据黑尔之叙述，一致裁决制度最早可以追溯到13世纪布莱克顿时代：

> 的确，在亨利二世、亨利三世乃至爱德华一世的时代，如果有陪审员表示不同意见，法官会在原陪审团的基础上增加与多数意见相同数目的陪审员，然后由这一群体中12名较老的陪审员作出裁决。但是这一方式早已经是老古董了，最多也就延续到布莱克顿时代，因为从那时起，全体陪审团组成时就宣誓：要么作出一致裁决，要么不作任何裁决。[11]

但据史蒂芬之叙述，刚开始时，如果陪审员意见不一致，则法官会分别对他们进行询问，最后按照多数意见决定被告人有罪还是无罪。[12] 这样的制度至少延续到1346年。但是，在1367年，陪审团一致裁决的制度最终得以确立。[13]

关于一致裁决确立的理论有四种说法：一是认为与共誓涤罪的审判方式有关，因为在这种审判方式下，共誓涤罪人的誓言都是一致的；二是出于对不完善的程序规则和证据规则的一种补偿，因为普通法加在被告人头上的刑罚是很严厉的，一致裁决则是对被告人的一种保护；三是认为原始的陪审团是了解案件事实的人，而无论如

---

[10] Sir Patrick Devlin, *supra* note 5, p. 8.
[11] Mathew Hale, *A History of the Common Law of England*, 1712, Chapter XII.
[12] Sir James Fitzjames Stephen, *supra* note 6, p. 258.
[13] Sir Patrick Devlin, *supra* note 5, p. 48.

何,关于案件事实的问题都只会有一个正确的答案,而如果陪审员不能够达成一致的裁决,无论是多数意见陪审员还是少数意见陪审员,都会因为"伪证"而受处罚;四是认为一致裁决理论起源于中世纪的一致同意观念,有证据表明议会认为多数裁决不足以约束社区及其成员。[14]

在 15 世纪,由于一致裁决获得的困难,议会又采纳了多数裁决主义,但是在刑事案件中,一致裁决的做法却一直保持到最近。为了获得一致裁决,刚开始的做法是将持不同意见者予以监禁。但是这种措施过于激烈从而很快被抛弃,但是几个世纪以来,把陪审员关在一起,不提供食物和饮料,也不提供供暖设备的做法却十分普遍,并且一直延续到 1870 年《陪审员法》的颁布。[15]

一致裁决在陪审团审判制度当中也是十分引人注目的。黑尔曾经指出:

> 直至 12 人一致同意时,陪审团裁决方可接受;因此,多数陪审员并不决定少数陪审员之意见,就像有些采用陪审团审判制度的国家所做的那样。相反,只要 12 名陪审员中的任何一名表示反对,就无法达成裁决,也无必要接受该裁决……12 名陪审员必须一致同意不能有任何反对意见方能作出裁决这一制度的确赋予其裁决伟大的力量、价值与可信度。尽管他们必须全体一致同意,很多时候也可能是多数对事实无知之人往往听从少数了解事实之陪审员的意见。[16]

---

[14] Michael H. Glasser, *Letting the Supermajority Rule: Nonunanimous Jury Verdicts in Criminal Trials*, 24 Fla. St. U. L. Rev. 659 (1997).
[15] Sir Patrick Devlin, *supra* note 5, p. 50.
[16] Mathew Hale, *A History of the Common Law of England*, 1712, Chapter XII.

五、陪审团证人身份之弱化

(一)早期陪审团的证人特征

关于早期陪审团在司法领域所具有的证人特征,至少可以从以下两个方面看出:

第一,陪审团的成员必须是来自争议发生地点的邻人。这一观点不仅在早期陪审团的组成中得到树立,并且在后来的法律中一直得到坚持。黑尔指出:陪审员必须是来自事实调查地之邻人,或者至少是该郡或镇之居民。[17] 据记载,至少有4名成员必须是来自主张之事实发生地的百户邑。[18] 从陪审团组成人员的地域限制我们可以看出,早期陪审团的成员至少有一部分是了解案件事实的人,或者是对于了解案件事实具有便利条件的人。布莱克顿(Bracton)和布雷顿(Britton)都曾指出,陪审团必须采取最佳手段以获得真相,并且在他们之间进行讨论;如果他们仍然无知,其阵容将为那些更了解真相的人所加强。[19] 科尼希(W. R. Cornish)认为,在13世纪,由于最初的陪审团都是从了解案件事实的当地人中选拔出来的,因而法官就面临选择:是让12个陪审员作出集体的裁决,还是就案件问题单个地向陪审员询问确定哪一个陪审员最了解案件事实,以便在这个陪审员提供的信息的基础上自己作出裁决?记录表明,13世纪的法官更多地采用后者而不是采用前者。[20]

第二,陪审团的裁决如果被推翻,则作出该裁决的陪审团成员

---

[17] "They are to be the Neighbourhood of the fact to be inquired, or at least of the County or Bailywick." Cited from Mathew Hale, *A History of the Common Law of England*, 1712, Chapter XII.

[18] Sir William Holdsworth, *supra* note 4, p. 313.

[19] Sir William Holdsworth, *supra* note 4, p. 333.

[20] W. R. Cornish, *The Jury*, Allen lane the Penguin Press, 1968, p. 71.

要受到处罚,他们原来的裁决则被认为是作伪证。这一点可以从当时大、小陪审团的组成得到论证。刚开始的时候,大陪审团的成员也是小陪审团的成员。在调查结束后,(大)陪审团被问道,嫌疑人有罪还是无罪;有时候,在大陪审团决定被告人是否有罪的时候,为了更具有代表性,更多的人被加进来;有时候,只有部分大陪审团的成员参加决定嫌疑人是否有罪的程序。[21] 也就是说,在小陪审团决定案件时,至少其中的一部分甚至是大部分成员曾经参加过大陪审团的调查和起诉工作。这样,如果小陪审团的裁决与大陪审团认定的事实不一致,这样的裁决就表示陪审员的裁决前后矛盾。同样的陪审团在不同场合作出不同的裁决,这与证人在不同的场合作出不同的陈述没有本质上的区别。所以,他们必须以伪证罪论处。

(二)从证人团到法官团的演变

然而,在陪审团发展的早期阶段,其地位和司法功能究竟是属于证人还是属于裁判者有时候是很难加以区分的,因为陪审团虽然一方面像证人那样受到询问;但另一方面法官又有赖于他们决断案件。所以,在很多场合下,法官像对待证人一样对待陪审团;而在实际功能方面,陪审团又确实具备就事实问题进行裁断的特征。[22] 也有论者根本不承认陪审团曾经具有证人身份。例如,普拉特内克指出:如果陪审员具有证人身份,则被告人在布莱克顿到福特斯纠期间可以行使35次强制回避权就简直是不可想象的。事实上,陪审员从来就不是

---

[21] Sir William Holdsworth, *supra* note 4, p. 324.
[22] 塞耶曾经指出:如果与现代进行比较,我们就会感到困惑:古老的审判是将陪审团既当作陪审团又当作证人;这种状况直到16世纪时才得到改变,而这种改变无疑是陪审团和一般证人之间的身份区别日益明显的结果。See Thayer, *A Preliminary Treaties on Evidence at the Common Law* (1898), p. 102.

证人,而是(社区)的代表。[23] 无论采取何种立场,唯一可肯定的是陪审团司法功能的发展是一个渐进的过程,它从一个具有证人特征的团体演变为完全的司法裁判者,其间经历了至少上百年的历程。在这个过程中,几乎每一步都与削弱其证人身份的特征有关。

首先,陪审团成员的地域限制在逐步放松,必须来源于案件发生地的陪审团成员数目在逐渐减少。在民事案件中,这一数字在1543—1544年期间是6,但在1584—1585年期间在私人争讼案件中这一数字减少到2;到1705年,法律的规定是只要是来自本郡就足够了;直到1826年,在刑事案件中必须有陪审员来自百户邑的规定才被最后废除。[24] 由此决定的是,陪审团获得信息的方式不再依赖那些了解案件事实的陪审员,而是更多地依赖与陪审团成员相区别的证人。霍兹沃斯说道:"完全明白的是,裁决不是建立在第一手知识的规则之上。即使在13世纪早期,也很难说他们都是目击证人。""所以,在不同的时期,陪审团通过不同的手段获得信息……在争议是关于一件事情的真实性的情况下,陪审团和证人都被召集起来。"[25] 另外,英国法律在1361年确立了这样的规则:证人必须在公开的法庭上提供证据而不是私下地向陪审团传达事实。[26] 这一规则的意义在于如果证人私下向陪审团提供信息,陪审团就成了案件的侦查者,而在法庭上则是向法官提供传闻证据的证人;当证人必须在公开的法庭上向陪审团提供证据时,这时候陪审团就更像法官而不像证人。1367年的一个案例明确地显示陪审团的裁决必须反映全体陪审员的一致观点,这标志着证人从陪审团分离出来,并将陪审

---

[23] Theodore F. T. Plucknett, *A Concise History of the Common Law*, Aspen Publishers Inc., 5th edition, 2001, p. 433.
[24] Sir William Holdsworth, *supra* note 4, p. 313.
[25] Sir William Holdsworth, *supra* note 4, p. 334.
[26] Sir William Holdsworth, *supra* note 4, p. 334.

团转变成在法庭上判断证据的集体。[27] 但是在16世纪以前,对宣誓证人之证言的依赖性都还不普遍。其中一个原因是这样的证据是最不可相信的陈述。到17世纪中期,证人和陪审团的区别已经如此明显,以致如果审判中任何一方希望陪审员以自己的知识向其他陪审员提供证据时,法庭就会公开在法庭上要求他宣誓并对他进行询问,而且他还必须被他的同伴单个地进行询问。到1816年,如果一个法官要求陪审员根据他们自己的知识作出裁决,那么请求重开审判就会得到允许。

其次,不管是出自法律的规定还是当事人的同意,陪审团的主要功能都是用来决定争议事实。这些争议事实之所以由陪审团来决定是因为他们熟悉事实,或者,即使他们不熟悉事实,也有能力轻易地获得必需的知识。正是由于这个缘故,原始的陪审团才被视为证人而不是法官。但是他们不仅仅是证人,他们是当事人被迫或自愿同意的一种证明方式。尊重他们(而不是别人)是最容易的,因为他们在某种意义上代表了他们所来自的社区——百户邑和县;而且,在那个时代,由于每一个社区都有自己的法院,而且人们的生活也相对简单,社区意识也比较强烈。因此,尽管法官也许曾经将陪审团视为证人,并且如果法官受过教会法原则的影响,他们应当如此对待过陪审团。但是,在13世纪末期,法官已经不再是掌握教会法或市民法知识的人。他们来自在王室法院执业的人,而且,王室法院的法律对于言词证据是没有规则的。[28] 在这样的环境下,法官将这些证人作为正式的证明事实的方式是不存在任何困难的。但是这一方式的重点仍然在强调其司法功能而不是其作证能力。并且,在这些因素的影响下,他们的司法功能变得更加成熟并且更占主导地位。于是,尽管

---

[27] W. R. Cornish, *supra* note 20, p. 71.
[28] 教会法有,那就是完全证据规则。

晚至1346年多数裁决仍被采用,到1367年,一致裁决已经被最终确立起来。[29] 所以,陪审团在作出裁决之前不得被解散的规则也是非常古老的。他们必须完成其职责,并且为了加快其讨论的速度,法律规定在裁决作出之前他们既不能进食也不能饮水。这样的规则是在民事案件中逐渐得到放松的,而在刑事案件中只是得到部分的放松。因此,尽管陪审团在17世纪后半期才完全丧失证人特征,法官特征早在14世纪的时候就已经占据了主导地位。

最后,关于大陪审团成员可以在小陪审团裁决案件时继续充任小陪审团成员这一点,13世纪和14世纪早期不确定的实践给法官留下了视情况而决定具体程序的自由空间。但是很明显,这样的制度安排不利于被告人权利的保护。因为,在这种制度下,一旦被告人被大陪审团起诉,其命运就几乎已经确定无疑,除非陪审员甘冒被判伪证罪的风险。逐渐地,在被告人和王室两种对立的利益都予以考量的影响下,这种实践开始改变。尽管在13世纪或14世纪早期,所有或部分大陪审团成员组成小陪审团;并且,法官认为,如果曾经将被告人作为嫌疑人而起诉的大陪审团的成员在审判中却将其无罪释放,他就是自相矛盾,因而必须受到惩罚;但是,由于大陪审团必须与小陪审团分开,其功能上的差异正日益被人们所认识。逐渐地,人们承认大陪审团的功能仅仅是从起诉的证据来看,怀疑是否存在合理的基础。[30]

由此看来,陪审团从证人身份转变到法官身份也与当事人申请陪审团成员回避之权利的确立有关。早在布莱克顿的时代就已经认识到,当被问及被告人是否有罪这样的问题时,被告人有权要求那些跟他有仇隙的人回避。而且布雷顿还允许被告人申请大陪审团成员

---

[29] Sir William Holdsworth, *supra* note 4, p. 319.
[30] Sir William Holdsworth, *supra* note 4, p. 322.

不得担任审判陪审团的成员。1302年，一个被告人（其身份为骑士）反对陪审员的理由是：他们曾经担任陈述陪审团成员；他们不是骑士，因而不是与其地位相等之人（his peers）。[31] 另外，S. F. C. 密尔松在《普通法的历史基础》一书中也提到，1352 年的法令似乎允许以某人曾经是起诉陪审团的成员为理由，而对小陪审团的组成提出异议。[32] 正是由于这个缘故，霍兹沃斯认为，陪审团脱掉其证人服装的过程是在个人可以申请陪审员回避的法律制度的帮助之下实现的。他说，无论是福特斯鸠还是科克都提到无数个可以申请陪审员回避的案例，而所有回避的事例都是以陪审团的司法功能为基础的。实际上，在14世纪时，证人已经与陪审团区别开来：证人可以是未成年人，而且不能被申请回避。[33]

六、陪审团独立地位之加强

（一）纠污陪审团[34]的消亡

尽管陪审团已经初步具备了司法者的身份和地位，并且在刑事诉讼中实现了起诉陪审团和审判陪审团的分离，在民事案件中其裁决通常也就是最终的裁决，但是，由于其证人的特征并未完全消失，所以，一旦当事人寻求翻案并且获得成功，陪审团的成员还是免不了遭受惩罚的命运。惩罚的方式最初是以剥夺财产及公权之令状的形式出现的。霍兹沃斯认为，在陪审员更像证人而不是更像法官时，他作出错误的裁决就类似于作伪证；正是为了防止陪审员的伪证

---

[31] Sir William Holdsworth, *supra* note 4, p. 325.
[32] 〔英〕S. F. C. 密尔松：《普通法的历史基础》，李显冬等译，中国大百科全书出版社 1999 年版，第 469 页。
[33] Sir William Holdsworth, *supra* note 4, p. 333.
[34] 为论述方便起见，笔者将因其裁决引起上诉而被推翻的陪审团称为"污点陪审团"，该裁决被推翻后对该案重新审判的陪审团称为"纠污陪审团"。

才发明了剥夺公权及财产的令状(attaint)。[35] 据记载,剥夺公权及财产的令状(attaint)出现于1202年。成功地引入这样的令状不仅使陪审团遭受惩罚,而且导致他们的裁决被推翻。1275年时,国王已经将这样的令状扩张到不动产诉讼案件的裁决中;1327年扩张到过错侵权案件;1360年延伸到所有的不动产案件和私人诉讼案件。[36] 很清楚,这一系列的制定法都只适用于民事诉讼,而不适用于刑事诉讼。这一方面是因为刑事诉讼程序本身已经对国王十分有利(偏向国王);另一方面则是因为反对双重危险这一古老的诉讼原则,同时也是因为国王还有其他手段对付拒绝作出有罪裁决的陪审团。

对大巡回法院陪审团(the grand assize)和小巡回法院陪审团(the petty assize)作出的错误裁决提供之救济的效果之间的差别似乎来自直接的立法。那时候,陪审团裁决尚未要求必须全体一致。这样,如果裁决被证明为错误,持少数意见的陪审员可免受处罚。当陪审员的数目经常以12出现时,纠污陪审团成员的数目就固定为24。当一致裁决的规则固定下来时,所有的陪审员都平等地承担责任。但对于同一事实不得再签发第二次污点令状(no second attaint on the same facts)。如果原陪审团被纠污陪审团定罪,量刑即以立体的形式作出:他们被监禁1年、没收财产、戴着不名誉的帽子,他们的妻子和孩子也被驱逐,土地则被荒芜。

这种实践自然会产生这样的问题:纠污陪审团是否能够看到比原陪审团更多的证据?对作出错误裁决的陪审团成员处以剥夺公民权的处罚是否也太严厉了?1451年的一个案例显示,受陪审团冤枉的当事人不愿意寻求救济,因为作出错误裁判的陪审员被吓坏了,而

---

[35] Sir William Holdsworth, *supra* note 4, p. 338.
[36] Sir William Holdsworth, *supra* note 4, p. 340.

且对他们加以如此严厉的惩罚也被认为是不公平的。[37] 1495 年,曾经有一次试图对这一制度予以改进的努力,这一努力形成法案,并规定,如果争议金额价值 40 英镑,则由法庭自由裁量,对作出错误裁决的陪审团成员没收财产 20 英镑,并使他们不名誉;如果争议金额价值低于 40 英镑,则他们应当被没收 5 英镑。[38] 但是,由于受伤害的一方有权在制定法和普通法的程序之间进行选择,而且他们通常选择不追究污点陪审团的责任,所以这一规定对于推行纠污陪审团制度而言实际上并无多大效果。托马斯·史密斯曾经指出:"剥夺公民权(的令状)极少被用到,部分是由于绅士们不愿意诽谤与羞辱他们的邻居,所以长时间以来他们宁愿付出少量的罚金,而不愿意提出这样的请求。"[39]尽管如此,在 1690 年,上议院居然提议将这一制度推广到刑事诉讼中去。这一提案遭到否决。18 世纪晚期,剥夺公民权令状停止适用。1757 年,曼斯菲尔德勋爵宣称这种令状"仅仅是空谷足音";1825 年,它被完全废除。[40]

(二)法官惩罚陪审团制度的废除

与纠污陪审团的取消同样重要的一件事情是,在刑事诉讼中,法官惩罚作出无罪裁决陪审团成员的权力也逐渐遭到废弃,同时,陪审团否决法律的现象也日益频繁。

尽管从理论上看,陪审团完全有作出任何他们认为正确的裁决的权利,但在实践中,一直到 1664 年,陪审团都会由于将被告人无罪释放而遭到例行公事的罚款。从 1670 年以后,这样的实践才慢慢地遭到否定。

---

[37] Sir William Holdsworth, *supra* note 4, p. 342.
[38] Sir William Holdsworth, *supra* note 4, p. 342.
[39] 转引自 Sir William Holdsworth, *supra* note 4, p. 342。
[40] Sir William Holdsworth, *supra* note 4, p. 342.

在1670年,一个叫威廉·佩恩的人由于在一次非法集会上对贵格会进行讲道而被审判,在这次政治审判中,4个陪审员在被监禁并饿了4天之后,仍然坚持要对佩恩无罪释放。这些陪审员遭到罚款并被监禁直至他们交出罚款为止。其中一个陪审员爱德华·布歇尔拒绝缴纳罚款并将其案件提交到普通上诉法院。该院首席大法官沃汉裁决:陪审员不能因其裁决而遭受惩罚。[41] 布歇尔案件是普通法陪审团的历史上最重要的发展之一,德怀尔曾对该案之审判给予高度赞扬:

> 爱德华·布歇尔及其勇敢之同事光荣地赢得了胜利——这不仅仅是他们自己的胜利,而且也是所有英美法律之继承者的胜利。法官从此不再侵扰陪审团之裁判。陪审员虽偶尔亦屈服于官方之压力,它像其他任何制度一样也有失灵的时候,但是通过该案,一个伟大的原则建立起来:陪审团而非法官决定裁判之结果,他们不受强制,亦不会因为诚实地作出裁决而受到制裁——即使法官认为其裁决错误时亦是如此。在法律的界限内,人民而非政府对于被告人有罪还是无辜拥有最终发言权。在法庭上从来还没有哪一次正义像这次那样获得伟大的胜利。[42]

布歇尔案件是陪审团抵制法官专横的一个成功的案例,但是在这之后的另一个案件中,陪审团在面对法官的压力时却屈服了:该案被告人是一个矮小的老太婆,她因为允许一个叫希克斯的男人——当时她

---

[41] *History of Jury nullification*, from: http://www.fija.org. See also, Clay S. Conrad, *Jury Nullification: The Evolution of a Doctrine*, Carolina Academic Press, Durham, North Carolina, pp. 24-28。佩恩在获得释放后继承了父亲的遗产,从此成为一个谨小慎微之人,甚至成为国王查理二世的密友。他结了两次婚,成为15个孩子的父亲,写了上百篇论文,并从国王那里获赠一大片位于特拉华河两岸的土地。1681年,他在那里建立了宾夕法尼亚殖民地。

[42] William L. Dwyer, *In the Hands of the People: The Trial Jury's Origins, Triumphs, Troubles, and Future in American Democracy*, Thomas Duune Books St. Martin's Press, New York, 2002, p. 59.

并不知道他在叛乱中已经站在蒙茅斯公爵一边——在她家里住了一夜而被指控犯有叛逆罪。由于希克斯并未受到审判,所以,她为自己提出的辩护理由是:应该首先对主要的叛徒进行判决,因为在她被判定为窝藏希克斯以后,希克斯却可能被宣告无罪释放。该案陪审团拒绝对被告人定罪,但是由于法官的反复坚持,陪审团最终还是屈服了。[43] 丹宁勋爵评论说:"由于一个不公正的法官,陪审团审判失败了。"[44]

不过,在1688年的一个案例中,也许是由于当时政治气氛的影响,陪审团居然又一次成功地抵制了法官的压力。这就是英国历史上著名的七主教案件。在这个案件中,国王詹姆士二世曾宣布他有废除英国法律的权力。主教们向国王呈交了一份请愿书,他们在请愿书中说国王没有废除王国法律的权力,因此这七名主教被控告犯有煽动性诽谤罪。英国人民完全支持这些主教。该案中,尽管主持审判的首席法官是罗伯特·赖特爵士(Sir Robert Wright)——一个"在英国法庭上出现过的最卑劣的人",但是陪审团在讨论了一个晚上之后,还是宣告七名主教无罪。结果出来后,整个伦敦市欣喜若狂。当陪审团走出审判大厅时,所有人都同他们握手。丹宁勋爵评论说:"他们拯救了英国宪法。他们的裁决意味着政府——国王——没有权力废除英国法律:唯独国会才能制定、修改或废除法律。"[45]

之所以在这里提到对陪审团进行纠污和惩罚之制度的消亡,是因为它对于陪审团实现其真正的司法功能有着十分重要的意义。它也许可以告诉我们,司法权的本质特征之一就是它的裁决的终极性;只有当

---

[43] 陪审团退庭后,屡次拒绝作出有罪的裁决,而首席法官杰弗里斯也屡次让他们回去,重新考虑他们的裁决。陪审团商量了很长时间。当时杰弗里斯派人告诉他们,如果不马上回到法庭,他将把他们整夜锁在里面。因此,陪审团回到法庭,但他们怀疑这个起诉是否有证据。在法官的压力下,陪审员商量了大约一刻钟后裁决她有罪。她是在温彻斯特市场的砍头台上被处死的,她沉着而又勇敢地迎接了她的命运。
[44] [英]丹宁勋爵:《法律的未来》,刘庸安等译,法律出版社1982年版,第48—50页。
[45] [英]丹宁勋爵:《法律的未来》,刘庸安等译,法律出版社1982年版,第51—53页。

陪审团的裁决具备这样特征的时候，我们才可以说，现代的、司法意义上的、作为争议事实之裁决者的陪审团才算正式诞生了。

不过，虽然从布歇尔案件开始，法官丧失了惩罚陪审团的权力，但是仍然在很多方面约束着陪审团。例如，法官可以对陪审团作出指示，有些指示明显地带有倾向性。有时候，法官指示的影响经常是原始的甚至可能是粗鲁的。有一个法官在总结其案件时对陪审团说："绅士们，这个男人偷了别人的鸭子。考虑你们的裁决吧！"[46]

如果法官认为陪审团可能会作出与其意见相反的裁决，他也可以在陪审团作出裁决之前解散该陪审团（Terminating a trial short of verdict），重组陪审团重新审判。如果陪审团作出的是定罪裁决，法官还可以通过王室的赦免令对被告人给予宽恕（Clemency），从而纠正法官认为是错误的定罪裁决。[47] 法官还可以让陪审团重新评议，以便达成一个他认为正确的裁决。[48] 如果法官不同意陪审团的裁决，可以命令重新组成陪审团进行审判。另外，根据1875年的制定法，法庭可以直接判决，而不必重开审判——如果它愿意的话。更为甚者，上诉法院还有权作出或下达任何必要的判决或命令。但是，正如赋予法官的许多其他的权力一样，这一权力的行使也十分谨慎。德弗林声称：法官不能作出裁决这一传统原则几乎雷打不动。[49]

---

[46] Sir T. Humphreys, *Criminal Days* (1946), p.75. W. R. Cornish, *The Jury*, Allen Lane the Penguin Press, 1968, p. 112.

[47] 以上讨论详见 John H. Langbein, *The Origins of Adversary Criminal Trial*, Oxford University Press, 2003, pp. 322−329.

[48] 1678年，一名被控强奸罪的被告人在老贝利受审，陪审团对被告人作出了无罪裁决，主持审判的法官杰弗里斯拒绝接受这一裁决。他对每个陪审员进行单独地提问，以便了解他们真实的想法；感觉到陪审员可能因为该案中一名被害的小孩以及另一名儿童作证时未经宣誓而拒绝作出定罪裁决，杰弗里斯重新传唤了这两名儿童证人，经宣誓后让其重新作证，然后陪审团作出了定罪裁决。See John H. Langbein, *supra* note 47, p. 327。

[49] Sir Patrick Devlin, *supra* note 5, p. 73.

第二编
陪审团审判与弹劾式诉讼

Jury Trial and
the Adversary System

第三章 纠问式诉讼之滥觞

就在英国发展出陪审团审判制度的同时,欧洲大陆的诉讼程序却在另外一种方向上越走越远。很简单,欧洲大陆国家在教会诉讼程序的影响下,其刑事诉讼逐渐走向了纠问式的诉讼模式。但是,即使是教会法院的诉讼程序,也不是从一开始就是纠问式的。无论是教会法院还是世俗法院,其刑事诉讼程序走向纠问式的泥坑都是一个缓慢的过程。有意思的是,这一过程与陪审团审判制度的产生和发展几乎是同步的。当英国开始建立陪审团审判制度的时候,大陆法系国家才开始建立纠问式诉讼;当英国的陪审团审判基本成熟的时候(16世纪),纠问式诉讼才步入鼎盛时期。本章第一、二、三、四部分,重点阐述纠问式诉讼建立的历史,并归纳其最本质的特征;第五部分介绍纠问式诉讼在世俗法院的扩张。

一、教会法院诉讼程序之起源

纠问式的诉讼程序起源于中世纪基督教的诉讼程序,因此,当我们提到它的时候,不能不从基督教会的诉讼程序说起。

在公元4世纪以前,基督教尚未获得合法地位的时候,作为一种宗教,它还没有建立自己在司法方面的权威。它有自己内部的规则,这些规则用来约束教徒的行为和信仰。但是,这些规则仅仅是一些纪律上的约束。公元303年,基督徒最后一次遭受迫害;313年,基督教成为唯一合法的宗教。由于王权和教权的合一,昨天的忏悔者成为了今天的迫害者。新的超自然的理论找到了另外一种说话的方式,罗马的教士开始成为立法者,也许是更为重要的立法者。[1] 528 年,查士丁尼开始了使他名垂青史的杰作;534 年,他的法典完成。大约在 600 年的时候,格列高利(Pope Gregory the Great,约 540—604 年)把奥古斯丁派到英国。从康斯坦丁统治时期开始,作为基督徒的国王就明确承认了主教(bishop)以及其他教会官员有关教义和道德问题的司法管辖权,并赋予其决定以公法的效力。从而,教会建立起了自己的法院。从此教会法成为强制性权力并且具有道德上的权威,教会层级则在效果上成为罗马政府的司法工具。[2]

教会法院,在英国有时候被称为基督教法院,运用教会的规则处理提交到它面前的争议,并可以对违反教会规则的行为施加纪律制裁。在地方,主教和宗教会议经常处理各种纠纷。实际上,由于长期的几乎成为日常事务的处理争议问题的经验,主教自己有时候就是令人敬畏的法律专家。[3] 到 12 世纪的时候,主教和宗教会议仍然是解决教会问题的首要机构,并且在有些地方,一直扮演着司法机构的角色。但是,这样的安排已经越来越不能令人满意,因为教会法律已经变得复杂和卷帙浩繁起来,而主教和宗教会议又总是必须处理其他宗教事务。因此,在 12 世纪末期,很多主教就任命代表履行其司法职责,这些被任命的代表往往是受过正规法律训练的专家,他们

---

[1] 教会法的发展经历了一个漫长的时期,其起源可以追溯到公元 4 世纪左右。公元 380 年前后由安条克主教梅雷提奥斯编辑成册的《教规集成》(*Corpus Canonum*),收录了 4 世纪安条克和其他地区主教会议所颁布的法令,后又增加了加尼西亚等公会议的法令以及教父们关于教会法纪的一些书信,这一法律集成被认为是第一部以宗教会议法令和教父著作片段为内容的教会法令汇编,并于 692 年在君士坦丁堡主教会议上得到确认、修改和增补。参见彭小瑜:《教会法研究》,商务印书馆 2003 年版,第 19 页。

[2] James A. Brundage, *Medieval Canon Law*, Longman Group Limited, 1995, p. 12.

[3] James A. Brundage, *supra* note 2, p. 120.

处理着大多数宗教方面的法律事务。[4]

二、教会法院刑事诉讼程序之发展

12世纪末叶以前,教会法院适用的程序长期以来都是弹劾式的。早期教会法主要借用了罗马法的诉讼程序规则,并且扩大了其在宗教事务方面的应用范围。但其结果却是使刑事诉讼程序出现了很多严重的缺陷。首先,启动一个刑事诉讼程序要求私人以个人身份提交告发书;同时,这一制度又打击了私人提起诉讼的积极性,因为诉讼的开销要由原告来支付。更为严重的是,如果原告败诉,他还要对被告人因此而遭受的损失承担责任,被告人可以因此而起诉他恶意控告。此外,起诉方的证明标准也非同寻常的高,起诉方必须为他提出的指控提供一个"完全的证明"。他提供的证据必须"像正午的太阳一样清晰"。[5] 它的实际效果则是要么起诉方让被告人招供,要么提供两个可信的目击证人。目击证人将作证他们看到或听到被告人实施了犯罪行为。这一标准实际上来源于圣经手稿上"对于一项指控而言至少需要两个或三个证人"这一教条。[6] 而实际上,尽管也有一些被告人在法庭上招供了,但也有很多犯罪分子成功地抵制了任何可能导向他自我归罪的劝说。因此,定罪的判决几乎总是很难获得。

另外一个阻碍定罪判决之获得的因素是被告人可以以证人与他有仇怨为由申请证人回避。被告人还可以某人曾经被定罪为由主张其不具有将某人陷于诉讼或在某个案件中作证的法律资格。如果被提出异议的人并未实施所谓的犯罪,诉讼程序实际上就转变为决定

---

[4] James A. Brundage, *supra* note 2, p. 121.
[5] James A. Brundage, *supra* note 2, p. 142.
[6] James A. Brundage, *supra* note 2, p. 143.

该人是否实施了这项犯罪。但是,即使最后发现该人确实实施了该项犯罪,也不会对他施加惩罚,只不过他不允许参加原先那个案件的审判。

这一程序被称为 ordo iudiciarius。显而易见,它并不是很有效率,因为哪怕被告人的恶行早已尽人皆知,也很难通过这种程序将其绳之以法。由于程序上必须要求 the ordo iudiciarius 的缘故,很多清楚的和公开的违反教会法的犯罪都未受到惩罚。这一已经确立的程序在惩治隐蔽性犯罪方面尤其不能令人满意,因为这样的犯罪分子在实施公众所不能容忍的穷凶极恶的犯罪之前,早就准备掩盖他们的犯罪行为。因此,在12世纪的最后10年以及13世纪的开头几年,教皇就开始试行一些惩治犯罪的替代措施。[7] 其中一个对付宗教犯罪的新策略就是新的定罪程序 per notorium。据说这一程序的原理被称为实现刑事正义的"常识"。它认为,如果犯罪事实和犯罪分子的身份已经明显并且在这个社区已经众所周知(well known),传统的、精密美好的 ordo iudiciarius 程序就与之无关从而不必适用。[8] 这一程序受到相当普遍的欢迎(enjoyed considerable popular appeal),因为它看起来似乎是经过精心设计的,在巧妙而又省钱的同时,还可以避免律师的诡计和程序的拖延。[9] 提倡这种程序的人甚至可以举出令人尊敬的教会权威来支持其立场,因为格里希安(Gratian)在评论来自圣安波罗斯的一段经文时曾注释说法官无须遵循传统司法程序的所有程序性步骤。[10] 在这种认识的基础上,教皇路修斯三世(Lucius Ⅲ,1181—1185年在位)和英诺森三世(Innocent Ⅲ)均授权法院在处理牧师公然与姘妇或妓女同居的案件中采

---

[7] James A. Brundage, *supra* note 2, p. 144.
[8] James A. Brundage, *supra* note 2, p. 144.
[9] James A. Brundage, *supra* note 2, p. 144.
[10] James A. Brundage, *supra* note 2, p. 145.

用精简过的刑事诉讼程序。[11] 在这样的程序中,不仅不要求有起诉人或告发(denunciation),而且法院还可以放松传统的 ordo iudiciarius 程序要求的严格的证明标准。如果两个目击证人所构成的完全的证明是不可达到的,那么,部分证明,一个证人提供的有情况证据(circumstantial evidence)支持的证言,也可以定罪。[12]

新的定罪程序 *per notorium* 只是简单地要求法官确信在被告人居住的社区有众多的人们相信被告人实施了某些犯罪,不需要提供目击证人。法官可以通过针对被告人的"依职权调查"(*ex officio*)这一职权主义程序来确定他的嫌疑是否已经臭名昭著。他只需要找到两名证人作证他在其生活的社区被普遍认为实施了犯罪。一旦他们完成这件事,法官就可以顺理成章地对被告人作出有罪判决并施加惩罚。传统的法理学家自然憎恶这种诉讼程序,他们认为这一惩罚程序太过于简化,坚持认为法官在作出判决之前必须至少传唤并讯问一下被告人,但是那似乎也仅仅是在这种程序中被告人有限的权利。[13]

新定罪程序许诺以快速和简便的方式解决使公众愤怒的不能容忍的罪行,它对于教会职员实施的非法同居,以及其他种类的性犯罪等,在 *ordo iudiciarius* 程序中非常难以证明的犯罪行为,是十分有用的。法理学家的确曾经将"公众的利益要求犯罪不能逃脱惩罚"作为这一程序的理论基础。权威们声称:"公共利益"已经使这一新的程序合法化(当然,他们自己已经俨然以公共利益的代表者自居)。[14]

这一程序几乎完全剥夺了被告人在传统的 *ordo iudiciarius* 程序

---

[11] James A. Brundage, *supra* note 2, p. 145.
[12] James A. Brundage, *supra* note 2, p. 145.
[13] James A. Brundage, *supra* note 2, p. 145.
[14] James A. Brundage, *supra* note 2, p. 145.

中享有的全部权利。这就打开了滥用教会刑事司法制度的大门。因为它可以使起诉者轻易地就获得胜利，而不好的名声就可以使一个人被定罪。当然，这一程序的合理化也存在着一个智识上的缺陷：如果一个人的恶行是如此明显，那么就不难找到足够的证人从而构成一个完全的证明；如果一个人的罪行如此难以找到相应的证人从而不能得到完全的证明，那么他的罪行是否存在就是如此地有问题以致根本不能用一个简易的程序来取代正式的程序。

由于这一程序过于危险，权威的法律教师和法律作家警告未来的律师和法官一定要尽量避免使用这种程序，并且在使用时也一定要慎重。[15] 纠问式诉讼起初是为了揭露和惩罚教士的不良行为，但却迅速地被采用来针对被夸大了的对异端的忠诚。晚至12世纪，教会对于异端还有一个模棱两可的政策，其刑事诉讼程序在实质上也是弹劾式的，并且对于具有纠问性质的成分也是十分痛恨的。[16] 并且，在刚开始的时候，异端也只是被视为一种错误的思想，还不是一种精神上或良心上的犯罪。只有在做礼拜这种外部行为以及在教义方面存在差异的时候，才作为犯罪来惩罚。但即便如此，教会也不拥有特殊的侦查犯罪的机构。因此，直到1184年，教皇路修斯三世还只是将顽固不化的异端革出教会并将其交给世俗政权予以惩罚——放逐、没收财产、毁坏其房屋、丧失所有权利等。[17] 但是这些惩罚并不意味着这个人有罪，他们既不会遭受肉体的伤害，也不会遭

---

[15] James A. Brundage, *supra* note 2, p. 146.
[16] 例如，格里西安对于刑讯逼供就十分痛恨。他认为没有通过正当法律程序就对被告人给予处罚是非正义的，以刑讯逼供或单凭嫌疑定罪则是最坏的司法，它来源于人的傲慢和狂妄，是对神的裁判的挑战。他冷静地说明，并非所有的罪行都应当由人来裁断，有些罪行是不可能在尘世得到证明的，只有留待上帝的末日审判。参见彭小瑜：《教会法研究》，商务印书馆2003年版，第327页。
[17] Leonard W. Levy, *The Palladium of Justice*, Ivan R. Dee, Chicago, 1999, p. 26.

到监禁。[18]

另外，在英诺森三世改革以前，对异端进行侦察和起诉的程序还是非常古老的，也是不那么奏效的。大体上，它的原始程度和那些英格兰和欧洲大陆的世俗法院采用的具有的弹劾式特征的诉讼程序是一样的。[19] 私人控诉引起当事人宣誓辩解，其誓言由共誓涤罪人予以支持，或者接受考验。此外，教会在很早的时候就开始寻求对参加宗教会议的证人进行的审讯，最后也以纠问式程序而告终。在这种教会的审讯中，主教——教会的法官，在他的管辖区内访问他的教区，将召集信徒的宗教会议或者集会。他挑选其中的一些人，让他们宣誓指责那些有罪并且需要侦查的人，然后他就紧密地讯问这些谴责者，或者宗教会议的证人，以便发现违法事实并检验他们的誓言。

三、纠问式诉讼之确立

但到 13 世纪的时候，一切都变了。托马斯·阿奎那主张：对于自我归罪的问题，被讯问人必须如实回答；对于异端，必须处以死

---

[18] 教皇路修斯三世还曾下令各教区主教建立异端审判法庭，这一命令被视为第一个用超越国家之上的观点对付异端的努力，但是由于忙碌的主教们几乎没有时间到自己的教区去主持审判而无法有效地履行这一职责，因此，这种异端审判法庭几乎没有什么效果。具体论述参见〔英〕爱德华·伯曼：《宗教裁判所：异端之锤》，何开松译，辽宁教育出版社 2001 年版，第 13 页。

[19] 例如，当时的《教会法汇要》对异端的惩罚程序提出了三项原则：首先，仅有嫌疑不足以对被告人定罪，随意的假设不能替代严格的程序，任何判决都必须以适当的法律程序为先导；法庭仅在对自愿坦白的罪行和公然的、正在进行的罪行才可以未经审讯即予判决；法庭不能以绝罚（教会的一种处罚方式，大致相当于开除教籍）处置尚未得到证实的罪行，对非法以绝罚处置他人者，教会亦须以绝罚惩罚之。其次，举证责任由控告方承担，只有公开和臭名昭著的罪行可以不经控告即行审判，但假如只有法官知道某人的罪行，在没有进一步调查该罪行的情况下不得交法庭审理，因为法官不能同时既是控告者又是审判者。最后，教会在作出绝罚判决之前，必须首先警告当事人，争取他们及早地改过自新，只有经警告无效的难以纠正的罪犯，才对施以绝罚。参见彭小瑜：《教会法研究》，商务印书馆 2003 年版，第 326—329 页。

刑,以拯救其被腐蚀的信仰。[20]　按照英诺森三世的说法,对异端的忠诚,就是对上帝的不忠。(因此),活着的必须处死,死去了的,如果安葬在圣地上,也必须挖出来予以诅咒,并以火焚烧。[21]

　　在教皇英诺森三世在位期间,一个更为广泛的刑事诉讼程序出现了。作为教皇反对非法同居、乱伦、买卖圣职等犯罪的战役的一部分,英诺森在1199年的教令中授权法官在传统的诉讼模式之外运用一种新的诉讼形式:*per inquisitionem*。[22] 这种新的诉讼模式可以说完全是英诺森三世的创造。教皇在1206年的饬令中更加充分地描绘了这一程序,而它坚定地作为一种常设的教会刑事诉讼程序,则是在1215年的拉特兰宗教会议。[23] 英诺森三世主持的这一会议有两大成就。第一个成就是通过了禁止教会职员参与考验审判的决议。据说,教会的这一决议的目的在于使君王和其他世俗权威认识到他们的统治离不开教会的配合。用英诺森三世的一个著名的比喻来说就是:"教会权力之于国家权力,就好比太阳的光辉之于月亮的光辉。"[24]

　　会议的第二个成就就是肯定了举世闻名的纠问式诉讼。但是,英诺森三世却像所有的改革者或革命者所做的那样,声称这一诉讼模式并非最近的创造,而是有着长期的传统支持。因为,上帝自己在调查所多姆(Sodom)和果姆拉(Gomorra)的丑行并在摧毁它们之前就曾经采用过纠问式的诉讼程序。[25] 英诺森三世还进一步宣称,上帝自己是赞成纠问式诉讼程序的。这些断言实际上把本来激

---

[20]　Leonard W. Levy, *supra* note 17, p. 26.
[21]　Leonard W. Levy, *supra* note 17, p. 27.
[22]　James A. Brundage, *supra* note 2, p. 147.
[23]　该会议于1215年12月1日在罗马开幕,参加会议的有400多位主教和800多位修道院院长,还有大部分西方基督教世界统治者的代表。
[24]　James A. Brundage, *supra* note 2, p. 141.
[25]　James A. Brundage, *supra* note 2, p. 148.

进的变革伪装成来自圣经的权威言论。尽管英诺森所做的合理化的努力所援引的权威言论实际上与纠问式诉讼程序并无必然联系,但是这一程序最终还是获得了合法性。

教会法官起诉被告人并决定其是否有罪这种纠问式的诉讼程序只是一个很短的步骤,英诺森三世跨出了这一步,第四次拉特兰宗教会议肯定了这一步。

四、教会法院纠问式诉讼之特征

人们已经习惯于将纠问式诉讼与弹劾式诉讼相比较。那就是,纠问程序的首要特征就是其程序的启动模式。私人的告发在理论上仍然启动和引导着英格兰的刑事诉讼程序。传统的观点认为,纯粹的弹劾式诉讼和纠问式诉讼之间最本质的区别就是,前者是当事人在寻求自己的权利,而后者则是国家追诉犯罪。

今天的历史学家给纠问式的诉讼程序赋予了两个主要的特征:第一,包括启动程序在内的诉讼程序的所有阶段全部官方化。换句话说,政府的机构有义务依职权引导整个诉讼程序。第二,这些机构自己进行侦查,并建立起客观上的事实和主观上的真相。这两个决定性的特征就足以划清纠问式诉讼程序与其他程序的界限。在任何地方,只要这两个因素结合到一起,它就是纠问式诉讼。纠问式诉讼程序的症结在于,国家官员,尤其是法官,有义务负责调查和收集证据以便为作出理性的判决准备基础。[26]

当然,以上两个要素的确已经足以概括纠问式诉讼与弹劾式诉讼的区别,但是也不仅仅是这些。达马斯卡就将历史学家对纠问式诉讼特征的归纳总结为十个方面:第一,刑事诉讼程序的启动是由国

---

[26] John H. Langbein, *Prosecuting Crime in the Renaissance*, Harvard University Press, Cambridge, Massachusetts, 1974, p. 131.

家的侦查官员在原先进行的秘密侦查的基础上发动的;第二,在侦查的第一个阶段,侦查员的任务是确定犯罪是否存在并辨认嫌疑人,一旦嫌疑人确定后,则程序进入侦查该特定嫌疑人的第二阶段;第三,通常,被告人在此阶段总是被关押并与外界失去联系;第四,无论是被告人还是证人都在宣誓的要求下单独受到讯问,对讯问的所有回答或其他反应都将制成笔录;第五,直至侦查进入最后阶段,被告人也不清楚自己被指控的罪名和归罪的证据;第六,在所有严重的犯罪案件中,情况证据都不足以对被告人定罪,唯一"合法"的证明通常就是被告人的口供;第七,在严重的犯罪案件中,如果被告人拒绝供述,而侦查人员又不能收集到能强有力地证明他有罪的证据,则通过拷打以迫使被告人供述的情形乃是家常便饭;第八,当侦查人员结束所有的侦查活动后,他会将所有的案件材料(通常称为卷宗)移送法庭以作裁决;法庭程序的进行就建立在这样的卷宗的基础上,而在很多国家法庭基本上不见被告人,审判并不实际存在,法庭的功能仅仅在于终结程序;第九,公诉人即使存在,其存在对于程序的启动、推动和结束也无关紧要;第十,在众多国家,被告人均不享有获得律师帮助的权利。[27]

  应当说,中世纪欧洲大陆的宗教法庭适用的诉讼程序完全具备这些特征——实际上,这些特征正是根据这样的程序总结出来的。在这个程序中,不需要起诉人,也不需要告发书,法官就可以强迫嫌疑人"依职权宣誓"。法官可以在稳固地、广泛地相信嫌疑人实施了犯罪行为的基础上启动一个诉讼程序。纠问式诉讼程序的整个过程——决定何时和是否提起刑事诉讼,决定指控的罪名和指控的对象,提供证人、获得他们的证言,对被告人的论证和争辩作出反应,以

---

[27] Mirjan Damaska, *Evidentiary Barriers to Conviction and Two Models of Criminal Procedure: A Comparative Study*, 121 U. Pa. L. Rev. 506, 557(1973).

及作出和宣告判决，均由法官来掌握。于是，整个调查和起诉的功能都集中于法官一人身上。这些功能集中在一个侦察者或起诉者或裁决者身上的做法明显将被告人置于非常不利的地位，它为偏见留下了广阔的空间。更糟糕的是，被告人在教会的任何刑事诉讼程序中都不允许有代诉人在法庭出庭作为他的代表，另外，他也没有资格接受辩护人的咨询。[28] 而在传统的 ordo iudiciarius 诉讼程序之下，一旦起诉被接受，被告人就有权了解指控的信息，他必须被传唤到法官面前，他必须获得辩护人的帮助，除非他愿意作有罪答辩。[29] 但是，的确有很多人相信，严格的证明责任会使很多有罪的被告人逃脱正义的惩罚。因此，他们坚持认为整个社区的利益要求遏制犯罪。还有一些人甚至相信，法官有权威胁甚至拷打被告人以便获得口供以及吓阻其他潜在的犯罪者。[30]

教会法的特征之一就是赋予法官在施加惩罚方面对犯罪和犯罪环境的考虑以广泛的自由裁量权，这也在一定程度上反映了教会法所主张的疗救式惩罚方式。换句话说，他们相信惩罚的首要目的是让犯罪分子重新做人。疗救式刑罚一直到 11 世纪晚期都是教会刑法的规范目标。教会规则在中世纪早期的适用都是插话式的和互动的；教会权威仅仅是在犯罪如此嚣张、公然以致有可能导致丑闻和其他方面的误入歧途的情况下才采取行动。在其他情况下，中世纪早期的教会人士一般都不愿意对个人的秘密犯罪活动进行侦察和惩罚。他们的第一个目标是拯救不信神的人，而不是追究违法失职的人并对他们施加严格的纪律惩戒。[31]

然而，从 11 世纪末叶开始接受教会王冠的教皇就变得越来越气

---

[28] James A. Brundage, *supra* note 2, p. 149.
[29] James A. Brundage, *supra* note 2, p. 149.
[30] James A. Brundage, *supra* note 2, p. 150.
[31] James A. Brundage, *supra* note 2, p. 151.

势汹汹。他们以及他们的支持者充满激情地为刑法设置了强有力的和激烈的惩罚措施。主教和其他高级教士都坚信必须挖掘出与正统观念相悖的信仰和行为,对他们的惩罚必须是相似的、公开的和残忍的,只有这样才能使那些潜在的犯罪分子在崇拜异端之前三思。因此,教会刑法在实现纠错功能的同时,也必须实现其吓阻功能。[32] 到14世纪的时候,拉丁教堂已经创造出了一套可怕的法律执行和裁判机构。

在纠问式诉讼程序中,教会的法官成为他自己的法律,以秘密的方式控制着诉讼程序。每一种辩护手段都受到拘束,每一条逃脱的路径都被堵死,被告人完全只能寄希望于得到他的法官——纠问者的同情。法官被任命为履行神圣的职责,其任务就是通过铲除异端的方法为上帝复仇并纯洁信仰。他不仅是犯罪行为的法官,而且也是他的牺牲者的忏悔之父,他还必须寻求他的有罪供述,以便使他的灵魂得救,而不顾他曾经犯有可能导致永久受罚的良心上的错误。从而,纠问者的任务,就几乎是不可能的任务,因为它要求辨别被告人秘密的思想和观念。信仰者必须有固定的和不可动摇的信念,而这就是纠问法官的任务——辨别他的思想状态。

秘密的侦查、自我归罪誓言的要求,以及最后拷问的使用,都只有一个目标:那就是被告人的口供。14世纪的一个纠问法官写道:除非被告人招供或者被证人定罪,否则,他不能受到谴责。所以,法官在深信被告人有罪但是又缺乏罪证的情况下,就必然会采取拷问的方式获取口供。纠问式诉讼程序是一个以目的正当的方式,证明其手段正当的经典例证。1252年英诺森四世签署了一个文件,指示建立一个制度化地迫害异端的机器,并授权使用拷打手段。这一文件授权世俗的政权拷问嫌疑犯,目的在于迫使他供认出同谋并供认

---

[32] James A. Brundage, *supra* note 2, p. 152.

自己的异端罪行。4年以后,教皇又授权教会法官免除相互之间的分工,因而他们可以直接运用拷问程序。[33]

通过拷打获得的口供还必须在拷打之后"自由地"复述一遍;如果被告人收回供述,他必须被送回拷问台重新接受折磨。毫无疑问,拷问是一种很有效的侦查方式,它既节约时间,也省去了很多麻烦。但是教会法官还有很多其他方法说服被告人招供。他可以将被告人无限期地关押,经常是一关就是好几年。被告人在漆黑的地牢里,单独遭到监禁,并且总是处于半饥饿状态;他还经常受冻,有时候不许睡觉。当他被带到纠问法官那里接受肉体的拷问的时候,已经根本没有能力为自己进行防卫了。

五、世俗法院诉讼程序之纠问化

1973年,达马斯卡在其一篇长文中指出,宗教裁判所(inquisition)是教会为镇压反对教会的特定犯罪——异端而设立的特别法庭。其程序包括许多一般的世俗法院适用的程序中没有的内容。他认为,对于纠问式诉讼程序的描绘通常混淆了世俗法院适用的诉讼程序与宗教裁判所适用的诉讼程序的区别。[34] 达马斯卡似乎相信,在宗教裁判所之外的世俗法院中,存在着一种与纠问式诉讼完全不同的诉讼程序;至少,这种程序不像纠问式的诉讼程序那么气势汹汹。

更多的学者持相反的观点。利威就指出:教会是第一个将弹劾式诉讼转变为纠问式诉讼的权力机关,由于它无上的权威和榜样作用,这种程序迅速地激发了大陆国家的灵感,开始按照罗马的模式改造自己的世俗的刑事诉讼程序;在除英格兰以外的任何地方,秘密讯问、纠问誓言和拷打都成为标准,刚开始的时候还只运用于"特别突

---

[33] Leonard L. W. Levy, *supra* note 17, p. 34.
[34] Mirjan Damaska, *supra* note 27, p. 558.

出"的案件中,但是迅速地就蔓延到除最轻微的刑事案件以外的所有案件的诉讼程序中。[35]

布伦戴奇也认为,在刑事诉讼程序方面,不管是教会法院还是世俗法院,在 13 世纪都发生了根本的改变。最基本的变化是在世俗法院中取消了考验这种审判方式,并在教会法院中引进了纠问式的审判方式。[36]

郎本对欧洲大陆纠问式诉讼程序的产生和发展进行了更为细致的研究和阐述。他指出,人们从来没有怀疑过,成熟的纠问式诉讼程序在 16 世纪的时候已经出现于德国、法国以及其他欧洲大陆国家的法典中。[37] 郎本主要是对当时欧洲大陆在 15 世纪到 16 世纪颁布的一些有关刑事诉讼的法典进行的研究,并且在其著作中也提供了这些法典的原文。应该说,在这样的材料的基础上得出的结论是比较可信的。虽然我们也可以争辩说法律的实际执行情况与法律规定本身可能会有很大的差距,但是作为一个历史研究,除了法院对案件审理的详细记载,对当时的法律进行描述的最权威依据就是政府公布的法典。

根据郎本的叙述,到 16 世纪中期的时候,欧洲大陆的刑事诉讼程序尽管也还存在着一些细微的差别,但在总体上却十分相似。德国于 1532 年颁布了法令,法国于 1539 年颁布了法令,西班牙于 1570 年颁布了法令。到 16 世纪,罗马教会的纠问程序在欧洲大陆已经随处可见。[38]

---

[35] Leonard W. Levy, *supra* note 17, p. 35.
[36] James A. Brundage, *supra* note 2, p. 140.
[37] John H. Langbein, *supra* note 26, p. 133. 该书第二部分一共四章,全部都是探讨欧洲大陆的纠问式诉讼程序,相关的法典则在附录中列出。
[38] John H. Langbein, *supra* note 26, p. 129.

霍兹沃斯认为,这些法令在这些国家本身也是一种新生事物。[39] 也就是说,这些国家在新的法令中采用纠问式的诉讼程序也就是最近才发生的事情。但郎本却不这么认为。相反,在欧洲大陆的世俗法院中,纠问式诉讼早在 13 世纪的时候就已经开始发展了。纠问式诉讼的建立是为了废除一种不合理的制度,但是它同时创立了另一种不合理的制度。德国花了三个世纪的时间来建立纠问式的诉讼制度,后来又花了三个世纪的时间来控制并彻底从刑事诉讼中废除刑讯制度。在 1496 至 1497 年的法律改革运动中,曾经对是否保留刑讯进行了争论。在整个 16 世纪,对这一争议的回应都是普遍的妥协,即设计一个可以仅仅将无辜者从刑讯的宫殿里拯救出来的制度。[40]

德国纠问式程序的中世纪传统在 1499 年颁布的法令中达到顶峰。1506 年,该法令在作轻微改动的情况下在哈布斯堡(Hapsburg)公布。这两部法律就是人们所熟知的"国王马克西米利安一世刑事法院法令"(*Maximiliannischen Halsgerichtsordnungen*: The Criminal Court Ordinances of Emperor Maximilian)。郎本认为,这一法令所规定的诉讼程序所具有的纠问式诉讼的性质是毋庸置疑的。[41] 它规定:

> 在对某人,不论是男人还是女人,进行刑讯之下的讯问的场合,法官必须带领来自御前会议或者舍芬庭的三个人。他们在场的时候,以及法庭进行记录的场合下,指定之人接受讯问。违法者承认其罪行并肯定之。法庭记录必须无讹误地反映被告人

---

[39] Sir William Holdsworth, *A History of English Law*, Methuen & Co Ltd., Sweet & Maxwell Ltd., London, 1956, p. 170.
[40] John H. Langbein, *supra* note 26, pp. 157-158.
[41] John H. Langbein, *supra* note 26, p. 158.

之供述。法官以及跟他在一起的人必须将供述念给他听。当需要作出判决的时候，还必须读给舍芬庭或御前会议官员听。然后三名参与审讯的人必须在法官和其他舍芬庭官员的面前一致地宣誓证实这一供述。如此，这一供述就满足条件了。然后，在舍芬庭，三个人中的其中一个首先被问到他关于本案的判断。[42]

这一程序的惊人之处并不在于它与以前的程序形成对比的方面，而在于它与将来的程序形成对比的方面。按照规定，刑讯是在一个外行侦查人员组成的委员会的面前进行的，这个委员会在将来会证明这一供述的真实性，如果被告人撤回该供述的话。古老的仪式性的程序消失了。但是，对于刑讯的限制性规定——在何时以及由谁出于何种需要进行刑讯——在后来的《卡罗琳娜法典》中均有规定，但是在这两部法典中却是没有的。

1498年沃姆塞法律改革(the *Wormser* Reformation)的内容，对于刑讯进行了比较文明的限制。它规定了在哪种情况下可以刑讯，对哪种人可以刑讯，对哪些人不能刑讯。并规定，当对很多人必须刑讯时，必须首先刑讯最可能开口说话的那个人。比如，年轻人先于老年人，体弱的人先于强悍的人，儿子先于父亲，妻子先于丈夫。[43]

在此之后的就是《卡罗琳娜法典》(the Carolina)。《卡罗琳娜法典》尽管也包括一些实体的内容，但主要还是一个程序性法典。其程序内容主要包括：法庭的结构和职员；程序的启动，包括依职权启动和依私人的正式告发而启动；讯问程序，包括对刑讯进行调控的规定，以及对口供和证人证言进行控制的规定；最后的定罪和执行的仪式性程序；讯问程序中的记录制度以及最终判决的程式性规定；法庭

---

[42] John H. Langbein, *supra* note 26, p. 159.
[43] John H. Langbein, *supra* note 26, p. 161.

花费的调控以及特定财产的整合;听取外界法律建议的规定。[44] 郎本认为,《卡罗琳娜法典》一个最重要的方面就是限制刑讯的使用,这也是德国的世俗政权第一次在这方面的努力。[45] 当时的人们已经认识到强迫供述的危险性,所以《卡罗琳娜法典》的有些规定就在于削弱强迫供述的不真实的危险性。它规定:

> 在被告人否认所指控的犯罪的时候,就必须勤勉地问他,当指控的犯罪发生时,他是否和什么人在一起,或者他在一个可以辨认的地方而且如果他在该地方就不可能实施所指控的罪行,以此来证明他的无辜。这样的措施是必要的,很多人因为头脑简单或者因为害怕,甚至即使他是无辜的也不知道必须怎样做才能开脱自己。并且如果被告人以这种方式或者以相似的方式表明自己的清白后,法官就必须立即调查被告人所提供的情况是否存在。[46]

当开脱的借口被否定掉以后,法官还有一种获得真相的替代措施,那就是威胁要使用拷打。

《卡罗琳娜法典》并不相信自己规定的拷打所获得的口供;相反,它规定,在拷打的时候,不允许作笔录。必须等拷打停止的时候,被告人的供述才可以记录下来。无论如何,这一规定都显示了该法典的起草者认识到拷打这种程序获得的供述是有问题的。所以,它又规定:

> 在拷打和供述两天后,被告人还必须被带到法官和两名陪审员面前;向他宣读两天前他作出的供述,并让他签字,然后他

---

[44] John H. Langbein, *supra* note 26, pp. 167–175.
[45] John H. Langbein, *supra* note 26, p. 155.
[46] John H. Langbein, *supra* note 26, p. 183.

还要再次被问到,他的供述是否真实。他的回答也被制成笔录。[47]

提高供述证据可信性的一个更有效的机制是调查和核实。一旦被告人认定供认有罪,就应当停止拷打,并继续讯问以便获得更进一步的信息,下面的规定是一个比较典型的例子:

> 如果被告人供认自己杀人,则法官必须问他为什么杀人,在哪一天杀的,具体哪个时候,在什么地方,是否有人帮助,如果有,都是谁,尸体埋在何处,或者放在何处,用的是什么工具,他是怎样殴打或者伤害或者刺伤被他杀害的那个人,或者他是怎样杀死他的,被害人的什么东西、金钱还是其他,吸引了他,他从他身上拿走了什么;他把这些东西放在何处,或者卖了,或者分散了,或者分开了,或者藏起来了……[48]

在获得相关的细节后,法官就必须进行可能的核查。他必须到讯问时被告人供认的地方去察看,以便证实被告人口供的真实性。当然,这样的程序可能会引导被告人说出无辜者不可能知道的地方。

尽管《卡罗琳娜法典》也处理其他问题,但是其最主要关心的还是如何调控刑讯的问题。一方面,刑讯使纠问式诉讼成为打击犯罪的有效工具,但是它的有效性已经过头了。在足够的压迫下,一个无辜的人同有罪的人一样急迫地供认自己有罪。另一方面,刑讯制度还使官员过分依赖通过刑讯口供获得其他证据。在很高的定罪要求下,对于以刑讯这种方式收集证据就没有可行的替代方式。在开始的时候,需要口供来废除古老的证明方式。后来,罗马—教会法制度又规定可以2名能够证明控诉要旨的目击证人代替口供。证据收集

---

[47] John H. Langbein, *supra* note 26, p. 185.
[48] John H. Langbein, *supra* note 26, p. 186.

机关的地域限制、他们的管辖权,通常受到严格的限制。并且,现代的侦查技术在那时候也并不存在。

更为重要的是,他们缺乏对证据进行评价的能力。一方面,证明的要求如此之高;另一方面,司法人员的专业化要求又如此之低。这两个方面的因素结合起来,刑讯逼供就不可避免。

第四章　陪审团审判之运作原理

如前所述,13世纪以前,在欧洲大陆,也与英格兰一样,曾经盛行过弹劾式诉讼。为什么在13世纪以后,欧洲大陆刑事诉讼程序在教会纠问式诉讼程序的影响下,纷纷走进了纠问式诉讼的泥坑,而英格兰的诉讼却仍然保持着古老的弹劾式诉讼之特征?是什么原因独使英国的刑事诉讼程序逃脱了欧洲大陆国家的命运?

众多学者认为,陪审团审判制度在其中发挥着至关重要的作用。是陪审团审判制度保障了英国的自由传统,使英国人民免受专制与暴政的压迫。早在1768年,布莱克斯通就让陪审团作为智慧女神的光辉照亮了每一个英国人的心灵,他将陪审团视为自由的堡垒。[1]利威亦指出:

> 由陪审团进行公开审判以及法官只握有极小权力的设置拯救了英国的刑事诉讼程序,使它没有滑入纠问式诉讼的泥坑。法庭对所有在意其审判或与审判有利害关系的人以及对审判感到好奇的人开放,这种设置的确与众不同;但真正重要的是,陪审团的权威不仅解决了各种案件,而且保留了弹劾式诉讼制度。[2]

---

[1] William Blackstone, *Commentaries on Laws of England*, Vol. 4, University of Chicago Press, November 1979, Vol. Ⅲ, p. 379, Vol. Ⅵ, p. 342.
[2] Leonard W. Levy, *The Palladium of Justice: Origins of Trial by Jury*, Ivan R. Dee, Chicago, 1999. p. 45.

对以上论断笔者深表赞同。但是,陪审团审判究竟如何保留了古代弹劾式诉讼之特征,至今仍然语焉不详。因此,本章之中心目的,就是探讨陪审团在多大程度上影响了英国刑事诉讼,以及这些影响如何发挥效用。

笔者认为,陪审团至少在以下几个方面对英国中世纪的刑事诉讼产生影响,并决定其诉讼特征:第一,陪审团审判不仅体现着放任自由主义之意识形态,而且决定着当事人主义诉讼模式,因此,陪审团审判对于该意识形态所要求之原则亦能发挥能动之作用,它与放任自由主义意识形态一起构成当事人主义的基石;第二,陪审团评议奉行朴素的无罪推定原则,它确保被告人在刑事审判中能够获得较好的保障;第三,陪审团审判本身是一个中立的裁决机制,同时它又在很大程度上促进了法官独立与中立身份之实现;第四,陪审团否决法律之权力以及反对双重归罪原则之确立,既保证了陪审团裁决的终局性,又在一定程度上保障着陪审团独立与中立之地位,并且可以有效地保障社区成员按照自己所习惯之生活方式生活;第五,陪审团审判作为一种广场化的司法形式,有助于实现刑罚目标所需要之剧场化效果,并使古代法庭审判中争斗之风格得以延续。因此,整个中世纪英国的陪审团审判程序与欧洲大陆的纠问式诉讼存在着本质上的区别,这些区别共同构成了今天英美法系与大陆法系诉讼程序之区别的基础。

以下第一、二、三、四、五部分分别就陪审团审判制度与弹劾式诉讼的五大基本特征(当事人进行主义、无罪推定、法官中立、终局性、戏剧性)之间的关系进行阐释;第六部分对陪审团审判与纠问式诉讼之特征进行比较,并对本章内容做一小结。

一、放任自由主义与当事人主义

(一)放任自由主义意识形态与当事人主义诉讼模式

弹劾式诉讼模式是人类诉讼的原初状态。之所以如此,是因为当时的国家观念不发达,放任自由主义意识形态主导着诉讼,因而,诉讼被认为是私人间之争斗,是一种纯粹个人利益的斗争。[3]在这样的诉讼形态之下,法院对案件的管辖一般都出自当事人的选择而不是来自国家的权威;法院的判决仅仅具有道德上的说服力,而不具有当然的执行力,其执行有赖法官自身的权威(如果法官有权威的话);诉讼过程实行两造对抗、言词辩论的形式,或者采取非理性的形式;判决往往体现着形式上的正义,实质的正义还是遥远的未来的事情。

这种弹劾式诉讼程序中有一个核心的因素:国家观念的不发达以及国家暴力的缺席。可以想象,在人类尚未完全开化的阶段,当对资源的占有和利用发生争议时,最简单、最普遍的方法就是个人暴力。以暴力手段解决纠纷在西方甚至一直保留到12世纪早期,它代表了人类在野蛮时期解决争议的最初形态。随着人类的不断进化,人们逐渐发展出一种不需要通过互相伤害而解决资源分配问题的手段。这种手段如何发展起来现在已经无从考证,但是显而易见,这经历了一个相当漫长的过程。在这个过程中,人类自身发展的需要,如种族的繁衍、部落的强大、狩猎的需要等,这些经济上的因素必然在发挥着深层的作用。

因此,在国家尚未充分建立起来的时候,诉讼乃是当事人自己的

---

[3] 关于古代诉讼形式具有弹劾式诉讼特征之具体论述,可参见 A. Esmein, *A History of Continental Criminal Procedure—With Special Reference to France*, translated by John Simpson, The Lawbook Exchange Ltd., New Jersey, 2000。

事情,诉讼结果具有不确定性,当事人可以自行和解;法官居中裁断,其裁断的合法性(legitimacy)主要取决于法官的权威(authority),而不是像后来那样主要取决于法官的权力(power)。而当国家建立起来并且中央集权逐渐强大时,国家和社会这种"必要的恶"的负面效应即开始显露出来。纠问式的诉讼程序仅只是其中一例。

所以,弹劾式诉讼实行当事人主义。所谓当事人主义就是诉讼由当事人主导进行,法官不主动提起诉讼,不主动调查证据,也不主动询问证人,他对于哪一方能够胜诉漠不关心,也没有义务加以关心。当事人自己必须充分注意保护自己的权利,如果他自己没有能力保护自己,那么也只能怨他自己("命苦不能怨政府",因为本来就没有"政府")。他不能对法官抱有太大的希望,如果他抱有太大的希望,他必然会失望。这种模式强调充分调动个人的积极性和主动性,强调最大可能地避免依赖别人。

诉讼模式也具有自然的惯性,在弹劾式的诉讼模式下,人们已经习惯于依靠自己的力量伸张正义,自然也就不会对法官寄予过高的期望。

但在积极行动主义意识形态之下,任何对个人身体或生命的伤害都是对社会秩序的侵犯,都是对国家安宁的威胁。因此,国家运用其已经获得的权力,将这种行为规定为犯罪,并运用国家机器对其施加惩罚。从而一旦发生这样的事件,国家就大包大揽,将侦查犯罪、缉拿凶犯的重任全部扛在自己肩上。国家不仅自己主动侦查犯罪,而且鼓励受到伤害的个人向其设立的机构告发,以保卫国家的安全和社会的秩序。

当积极行动主义开始抬头,并在法律程序中建立起纠问制或类似纠问式诉讼之制度时,他们同时也就采用了职权主义。所谓职权主义就是法官主动受理案件,并且主动调查证据,主动询问证人,积极地追求案件事实真相;对于伸张正义而言,法官比当事人还要积极,因为法官同时肩负保卫国家安宁、维护社会秩序之重任。在这里,个人权利被国家利益和社会利益所吸收,个人的伤害之所以能够得到国家的救济,不是因为国家真正对个人权利表示尊重,而是因为国家的利益也受到了伤害。所有的合法要求都必须转化为符合国家整体利益的主张才能够得到保护,或者说,所有的个人利益都必须以国家整体利益之名得到保护。

在这样的诉讼模式之下,法官依职权主动受理案件,主动调查证据,询问证人,并自如地影响案件的结局。诉讼不仅仅是当事人自己的事情,而且也是整个国家的事情。诉讼的结局不仅关系到当事人自身的利益,而且也被视为关涉国家的安宁和社会的稳定。所以,当事人的利益被国家利益充分吸收,当事人的声音自然也就显得十分微弱。当事人推动诉讼进程的能力十分有限,其影响诉讼结局的能力更是受到严格的限制。

久而久之,出于惯性,当事人自然会对国家产生极大的依赖。既然国家已经从公民手中夺走了那么多的权利,既然国家许诺要保卫国民的安全以保证国家的安宁,既然政府反复宣扬实质的正义,既然司法制度不断地重复"发现真实"之论调……总而言之,既然国家期望国民对自己抱有希望,那么,它的国民最终自然就像这个国家的政府所希望的那样,对它们充满了希望。人们一旦受到伤害,利益一旦受到侵犯,他们就希望国家能够并且一定要给他们一个说法。具体到诉讼当中,就是要将犯罪分子(有具体被害人的犯罪案件)和违约及侵权之人绳之以法,要为权利受到侵害之人伸张正义。法官的职权是因为曾经许诺要为每一个受到侵犯的当事人伸张正义而获得的,因此也只有当法官真正做到这一点的时候,其职权的存在才继续具有正当性。如果法官不能满足当事人发现事实真相的要求,法官的地位将受到动摇。因此,法官必须尽其所能地发现案件事实真相,法官依职权主动调查证据不仅是职权主义的原因,也是职权主义的结果。他们必须为自己所作的承诺负责(虽然他们经常做不到这一点);而一旦他们令当事人失望,受到指责也就是合情合理的事情,他们也的确经常受到指责。"不怨天,不怨地,只怨自己不争气"的理论,只适用于当事人主义之诉讼,不适用于职权主义之诉讼。

(二)陪审团审判下的放任自由主义与当事人主义

在中世纪英国,所有的刑事案件均严格实行私人告发主义,诉讼中既没有检察官,也没有律师,对此,郎本称其为"无法律家之刑事审判"(Lawyer-free criminal trial)。[4] 无论是重罪案件还是轻罪案件,均无检察官代理控告。即使在杀人案件当中,也是由被害人的亲属或者当地的验尸陪审团(coroner)提出指控。恰如布莱克斯通所言:"尽管大陪审团告发书在名义上是国王签署的,但实际上在任何案件中都是私人进行诉讼。"[5] 只有在叛逆案件中,国王的检察官才必然出现在法庭上支持指控,这是因为国王不能在自己的法庭上出庭指控自己的臣民,因而只能由国王之检察官代理其出庭控告。[6] 通常,这样的案件都是由王国的高级官员主持审前之调查,然后由法律官员在审判中履行控诉职能。但是这样的案件在任何时代都是极少数的。

不仅起诉实行私人告发主义,而且无论在何种案件中,被告人均有机会为自己辩护。这一点在众多法史学家的论著中均有论述,在有明确记载的第一个案件——发生于1554年的思罗克莫顿(Throck-

---

[4] John H. Langbein, *The Origins of Adversary Criminal Trial*, Oxford University Press, 2003, p. 2. 18世纪30年代以后,由于律师的介入使英美的刑事诉讼为律师所掌控,对此,郎本称其为"法律家操控之刑事审判"(lawyer-control criminal trial)。

[5] William Blackstone, *supra* note 1, Vol. 4, p. 300.

[6] John H. Langbein, *supra* note 4, 2003, p. 12.

morton)案件中亦有充分体现。[7] 在说到中世纪英国的刑事审判时,史蒂芬指出:

> 审判是短暂而严厉的,他们直接奔向各自的主题,并且尽管被告人由于外行而处于不利地位,但是他却被允许进行任何辩护——只要他乐意。他的注意力集中在每一个针对他的论点上,并且如果他真的有什么需要作出回答,他完全有机会有效地、具体地作出回答。尽管有时候他也会遭受虐待或侮辱,但是这样的情形毕竟很少见。[8]

唯一让现代法学家感到遗憾的,可能是那时候被告人还不允许获得律师帮助。因此,被告人除自己为自己辩护以外,几乎别无选择。这一制度设置的主要目的据说是保证真实的发现。[9]

因此,中世纪英国的刑事诉讼程序完全充斥着私人告发主义因素和当事人主义观念;甚至,被告人不被允许获得律师帮助之机制亦可视为当事人主义之体现。因为在放任自由主义意识形态之下,国家只有义务不干预当事人实现自己的目标,而没有义务帮助私人实现自己的目标。因此,当事人主义是中世纪英国刑事诉讼的基本特征。之所以如此,是因为放任自由主义意识形态占主导地位时期确立的陪审团审判制度在一定程度上抵制了积极行动主义观念的入侵,从而防止了其诉讼程序走向纠问式诉讼。

---

[7] 该案之详细论述,可参见 J. F. Stephen, *A History of the Criminal Law of England*, Vol. 1, MacMillan and Co., 1883. pp. 326-329。
[8] 转引自 John H. Langbein, *Prosecuting Crime in the Renaissance*, Harvard University Press, Cambridge, Massachusetts, 1974, p. 40。
[9] 对此,郎本称其为"被告人说话模式之审判",而被告人可以获得律师帮助的审判则称为"辩护律师检验起诉模式"之审判。具体论述可参见 John H. Langbein, *The Origins of Adversary Criminal Trial*, Oxford University Press, 2003; Helmholz, R. H. et al., *The Privilege Against Self-Incrimination: Its Origins and Development*, The University of Chicago Press, 1997。

陪审团的这一功能可以从两个方面获得论证。

首先,陪审团的审判被视为国民的审判,亦即人民的审判,它区别于政府的审判。换句话说,陪审团审判是放任自由主义意识形态的体现。只有在放任自由主义意识形态之下,陪审团这种由外行、与被告人身份地位平等之人组成的审判组织才能成为保障诉讼公正的必要设置,也只有在这一意识形态之下,这样的审判组织才可能得到认同。相反,一旦积极行动主义乃至其极端形式专制主义意识形态占据主导地位,陪审团审判制度即使得到确立,也会受到压制甚至予以废除。道理其实很简单:当国家产生以后,代表国家的政府不可避免地会成为诉讼的一方;只有当"审判"不是国家的工具、也不是政府的工具的时候,才有起码的公正可言。也只有这样,刑事审判才不至于沦为一种行政治罪程序,一种统治者压迫被统治者的程序。笔者以为,提倡由"国民来审判"或"由人民来审判"的说法,而不是"由政府来审判"的说法,正是为了防止来自政府的任何形式的压迫。陪审团审判正是"国民的审判"的标志,而且也是实现"国民的审判"而不是"政府的审判"的唯一方式。也正是因为陪审团审判代表着人民的审判,所以被告人接受陪审团审判的答辩,也就是"将自己的命运置于国民的决定"(put himself upon the country)的答辩。从 13 世纪以来,陪审团审判制度在发展,刑罚制度在改革,诉讼程序也在变化,而这一答辩形式却没有任何改变。

说陪审团审判抑制了政府对人民的压迫,并不是说政府的压迫从来都不存在,而只是说,政府要利用刑事诉讼来实现自己的意图比较困难(如果不是不可能的话)。实际上,任何一个专制政府,其对人民的压迫都可以通过刑事诉讼实现。但是在英国,这样的事例虽然不是没有,但的确罕见。由于陪审团的存在,刑事诉讼程序中专制主义的成分已经大打折扣。也正是由于这个缘故,德弗林指出:

白宫任何一位独裁者的第一个目标就是将议会置于自己的从属地位,第二个目标就是推翻或者减少陪审团审判(制度)。因为任何一个独裁者都不愿意将决定一个人是否自由的权力交给他的12个臣民去行使。所以,陪审团审判就不仅仅是实现正义的工具,也不仅是宪法运转之轮,同时也是象征着自由永存的明灯。[10]

其次,在陪审团审判的制度之下,不可能发展出职权主义的诉讼模式。职权主义诉讼模式是建立在对国家及其政府官员高度信任基础之上的,它实际上是积极行动主义意识形态的体现。因此,说陪审团审判不可能发展出职权主义的诉讼模式,实际上意味着陪审团审判不仅仅是放任自由主义意识形态的被动体现者或接受者,而且在很大程度上保障了放任自由主义意识形态中的若干原则在审判程序中得到遵守和执行。这是因为:

第一,由12个或更多的平民组成的团体不可能进行大规模的证据调查——尽管他们也曾这样尝试过,但是这种尝试很快就被证人出庭的制度所取代。或者,即使他们能够进行这样的调查,这一调查的功能也已经赋予了起诉陪审团;同时,由于自然正义观念的发达,使他们不能接受起诉陪审团同时又是审判陪审团的制度,这样,他们就发展了双重陪审团的制度。在这一制度中,由于起诉陪审团已经担负了调查的职能,审判陪审团就不需要再承担这样的职能。而在法庭上,陪审员很少向证人发问与其说是出于公正的考虑,不如说是出于效率的考虑:如果12个人每个人都向证人发问,显然会使法庭审判变得拖沓冗长,不仅当事人不堪重负,国家也会承受经济上的损失。所以,最便捷的方式就是让当事人自己充分地陈述事实,让

---

[10] Sir Patrick Devlin, *Trial By Jury*, Stevens & Sons Limited, London, 6th Impression, 1978, p. 164.

当事人自己对证人进行直接询问和交叉询问,只有在当事人充分努力之后陪审员还有什么问题不明白的时候,陪审员才对证人进行发问。所以,当事人的主动性和积极性得到充分发挥,他们也经常被鼓励这样做。

第二,在陪审团审判的情况下,当事人几无任何可能对陪审团产生依赖之感觉。这是说,他们不会指望陪审团主动地替自己收集证据,主动地为自己报仇雪恨,就像欧洲大陆和中国古代的法官所做的那样。由于决定事实的是与被告人一样普通甚至更加普通的平民,或者在一定历史时期内是与被告人地位平等之贵族,因而当事人不可能对这样的事实法官产生神一样的信任与期待——"断案如神"的想法,从来不曾在英格兰人的脑海中出现。恰恰相反,当人们遭受不幸之时,他们宁愿选择一个聪明的律师,也不会幻想出现一个"铁面无私""明察秋毫"的"青天"。如果他们要获得胜诉,就必须凭借自己的力量。他们必须说服陪审团相信自己的主张,必须让证人出现在法庭上(刚开始被告人无权以自己的名义传唤证人,但是这种做法逐渐遭到废弃)。

另外,虽然陪审团的裁决并不"断案如神",可是其裁决却经常被视为神意的体现。所以,每当被告人答辩无罪时,检察官就会说:"好极了,上帝会给出一个满意的答案!"可以说,陪审团的裁决一开始就是有权威的,其权威既来自陪审团这个庞大的阵容,也来自人们认为陪审团的裁决代表着上帝的声音。更明确地说,陪审团裁决的合法性与正当性不是来自其正确性,而是来自其本身的权威性。

总而言之,陪审团从未向任何人许诺要给他们"说法",也从未向任何机构许诺要保卫个人生命财产安全和国家的安宁与社会的稳定。他们只按照自己的良心来裁决案件。除了自己的良心,他们不对任何人、也不对任何机构负责。陪审团审判制度内在地反对对这个团体的依赖。它的审判方式内在地导致了当事人主义的延续,从而避免了其诉讼模式走向职权主义。

二、非犯罪控制程序与无罪推定原则

根据帕卡的两个模式理论,刑事诉讼被分为犯罪控制模式和正当程序模式两大类型。[11] 如前所述,中世纪英国的陪审团审判虽不能说是正当程序模式之诉讼,但亦绝无可能是犯罪控制模式之程序。因此,笔者称其为"非犯罪控制模式"之诉讼。通常而言,只有在放任自由主义意识形态之下,其诉讼模式才可能是正当程序模式;在积极行动主义意识形态之下,其诉讼模式通常都是犯罪控制模式。因此,虽然放任自由主义并不一定意味着正当程序,但是在这一意识形态之下,其诉讼模式更有可能是正当程序模式,从而也更有可能实行无罪推定;而在积极行动主义意识形态之下,则更有可能实行有罪推定。

本书所称之"无罪推定",主要是作为观念的无罪推定,而不是作为制度的无罪推定。作为一种观念,无罪推定很早就已经产生,并且几乎在任何一种文明的源头都可以找到。就其作为制度而言,其生根发芽则是晚至18世纪的事情,而且其实际执行情况也并不十分清楚。在中世纪的英国,其法律虽然没有明确规定无罪推定,但是这种观念是从古老的弹劾式诉讼中继承下来的,而且正是由于其诉讼的原始性,所以比较完整地保留了原始的无罪推定的观念。这从前述英国法官的论述中可以得出结论。更为重要的是,无罪推定作为一种诉讼观念,在普通民众的心目中更有着雷打不动的地位。无罪推定之所以能在英国生根发芽,与陪审团审判有着直接的关系。这是由陪审团审判制度下的举证责任规则所决定的。在英美法系国

---

[11] Herbert Packer, *Two Models of the Criminal Procedure*, 113 U. Pa. L. Rev.1, 10–11 (1964); 亦可参见本书"绪论"部分。

家,众多的学者认为,无罪推定首先解决的是举证责任问题。反过来,我们也可以说,举证责任的分配也决定了究竟是实行无罪推定还是实行有罪推定。在举证责任分配给被告人的情况下,该诉讼制度实行的是有罪推定;在举证责任分配给控诉方的情况下,该诉讼制度实行的就是无罪推定。

不仅如此,无罪推定还应该是一个可以量化的原则——或者说,是一个可以进行定量衡量的原则。这个定量衡量的标准,就是刑事诉讼中无罪判决的比例。在一个宣称已经确立了无罪推定原则的国家,其有罪判决的比例却高达99%或者更多,我们无论如何也不能相信在这个国家真有所谓无罪推定;反之,即使一个国家没有在任何法律文件中确立无罪推定,如果其无罪判决的比例比较高或者很高,我们仍可断定这个国家的刑事诉讼中的确存在着无罪推定。从这个意义上说,在英国的陪审团审判制度下,控诉方承担举证责任的原则,也就是无罪推定原则,一直得到很好的执行。或者说,从人类诉讼产生以来,无罪推定的观念就随之产生,这种观念随着弹劾式诉讼程序的消失而消失,但在英国,由于陪审团审判保留了弹劾式诉讼的特征,从而也继承了弹劾式诉讼中无罪推定的基本观念,所以这一原则虽然既无制定法之肯定,亦无判例法之支持,但是,它却一直作为自然法的一部分而存在。这可以从定罪裁决和无罪裁决之间的比例得到显示。很多统计资料都清楚地表明,在中世纪,陪审团裁决无罪释放的比例非常高,有时候居然到了令人惊讶的程度。

从表4-1可以看出,在1328年的陪审团审判中,被陪审团释放的被告人占出席审判之被告人总数的28.4%(146/514)。也许有人会争辩说,那些确信自己肯定会被定罪的人没有出席审判,从而自我放逐,如果这些人出席审判,定罪的比例肯定会更高。但是,这种说法对于本书的主题并无影响。恰恰相反,即使假定没有出席审判的人都是有罪的,28.4%这个数字仍然不变,因为这里讨论的是控诉方的举证责任问题。笔者甚至也相信这些出席审判的人很可能都是坚信自己无罪,从而会获得释放或者确信自己能够得到宽大的人。但是这种确信,尤其是确信自己无罪从而会获得释放的信念,正好说明了人们对于陪审团无罪推定观念存在的信任,这也从正面告诉我们,由于举证责任由控诉方承担,真正无辜的被告人在陪审团审判制度之下是没什么可怕的。

表 4-1 1328 年的程序中对被告人的处理[12]

	被告人总数	重罪案件	重罪与过失罪	一般罪过	官员的罪过
因未出席审判而被放逐	780	723	39	6	12
1328 年出席审判的人	253	58	34	137	24
对出现在王室法官面前之被告人的处理					
无罪释放	143	114	3	22	4
裁决为自卫行为	3	3	—	—	—
给予宽恕	42	30	10	1	1

其实,麦克兰在其分析中就指出:

> 除那些被抓住的以及获得法官宽恕的被告人以外,剩下的愿意接受审判的被告人很可能都是坚信自己无辜,或者至少对陪审员给予自己的待遇很有信心的被告人。另外,很多受审判的被告人之所以无罪释放不是因为他们事实上确实无罪,而是因为陪审团不知道他们是否有罪。[13]

---

[12] Bernard William McLane, "Juror Attitudes toward Local Disorder: The Evidence of the 1328 Lincolshire Trailbaston Proceedings," in J. S. Cockburn, Thomas Green, *Twelve Good Men And True: The Criminal Trial Jury in England, 1200–1800*, Princeton University Press, Princeton, New Jersey, 1988, p. 55. 其中与本书主题无关的数据已删除。

[13] Bernard William McLane, *supra* note 12, p. 56.

也就是说,控诉方没有完成提出证据说服陪审团的任务,所以陪审团将被告人无罪释放。这正是无罪推定的基本精神。

这种较高的无罪释放比例在中世纪英国一直得到保持。据劳森统计,在 1573—1624 年期间,男性被告人被无罪释放的比例高达38%,女性被告人被无罪释放的比例竟高达59%。[14] 如此之高的无罪释放比例,应当能够很清楚地表明陪审团无罪推定观念的强烈,也清楚地显示了举证责任的分配在当时得到严格的执行。[15] 除劳森提供的数据外,1560—1670 年期间肯特郡的陪审团在财产案件中的裁决,也能证明这一主题(见表 4-2)。

表 4-2　1560—1600 年肯特郡的陪审团在财产案件中的裁决[16]

年代 (年)	案件数 (件)	无罪释放		如所指控的罪名定罪		偏袒性裁决	
		案件数量 (件)	%	案件数量 (件)	%	案件数量 (件)	%
1560—1569	237	113	47.7	124	52.3		
1570—1579	257	89	34.6	166	64.6	2	0.8
1580—1589	445	149	33.5	291	65.4	5	1.1
1590—1599	569	184	32.3	367	64.5	18	3.2

以上数据无不显示,在陪审团审判制度下,被告人无罪释放的比例是很高的。尤其值得注意的是,表 4-2 显示的是财产犯罪的情况,而不是极具政治色彩的叛国罪、煽动罪的情况。在叛国罪、煽动

---

[14] P. G. Lawson, "Lawless Juries? The Composition and Behavior of Hertfordshire Juries, 1573-1624," in Cockburn and Green, *supra* note 12, p. 151.

[15] 如此高比例地将被告人无罪释放的陪审团在历史上被称为"无法无天的陪审团";劳森在其文章中对陪审团如此"无法无天"的原因进行了分析。参见 P. G. Lawson, *supra* note 14, pp. 117-157。

[16] J. S. Cockburn, "Twelve Silly Men? The Trial Jury at Assizes, 1560-1670," in J. S. Cockburn, Thomas Green, *supra* note 12, p. 171. 部分数据已删除。

罪的案件中，也有很多被告人是被无罪释放的，但是由于其政治色彩过于浓厚，而通常情况下政治案件总是很难代表一个国家刑事诉讼程序之全貌。因此，对于本书之主题而言，与政治无关之犯罪案件的统计数字，当更说明问题之意义。

三、中立的陪审团与独立的法官

(一)法官中立与独立之概述

法官中立意味着法官对待案件事实真相的消极态度。当然，这并不是说法官不希望查明案件事实真相，而是说法官没有义务查明案件事实真相。既然没有义务查明案件事实真相，自然也就没有义务收集证据、询问证人。从严格的意义上讲，法官收集任何证据的行为都将使其丧失中立的地位。

在刑事诉讼中，法官中立还体现为法官对被告人的定罪与否漠不关心。他决不像控诉方那样积极地追求定罪的结果。即使一个明显有罪的被告人被宣布无罪释放，谁也不能以国家安全和社会公共利益之名，把被释放的被告人抓起来重新进行一场审判。

法官之中立地位直接渊源于放任自由主义，具体体现为当事人主义。在国家观念不强的情况下，法官不承担保卫国家安宁和社会稳定的重任。国家与社会是两个不同的概念，国家担负着保卫人民生命财产安全的任务，而法官则代表社会对国家提起的刑事诉讼进行审判。在理论上，任何阶级社会均由两个基本主体构成：一个是代表国家之政府；另一个是每一个单个之个体。在原始社会，由于国家尚不存在，国家与个人之间的纠纷也就无从谈起。也正是在这样的社会，诉讼才被视为纯粹私人的事务，弹劾式诉讼也由此产生。后来，由于社会的发展，出现了国家，从而产生了国家与个人的对立，产生了国家(其代表机关为政府)对个人提起的刑事诉讼。在实行对抗式诉讼的国家,虽然也存在着代表国家的政府,在观念上也将犯罪行为视为对国家安宁和社会秩序的破坏,但是在理论上,只有国家负有保卫人民、打击犯罪的职能,并且,由于国家对于个人来说是一种"恶"——尽管是"必要的恶"——所以,必须由一个中立的机构对国家的权力进行约束,至少,在国家与个人之间发生纠纷的时候,不能够由国家自己来对自己的案件进行裁判,因为任何人都不能做自己案件的法官,这是古典自然正义思想的第一个原则。[17]

所以,就必须由一个超脱于国家之上的主体来对刑事案件进行审判。该主体既可以是代表国家之政府任命的,也可以是享受政府津贴的,但有一点必须明确:他自己不能代表国家,而是必须超脱于国家之外。在刑事案件中,他必须站在整个社会的立场,维护社会的正义,而不偏袒诉讼中的任何一方——尤其是代表国家的控诉方。必须指出,法官的中立主要就是指法官不偏袒控诉方,这也是法官中立的所有要求中最难实现的目标。

法官中立的前提是法官独立。尽管法官可以由政府来任命,可以由政府发放薪金,但是法官一旦被任命之后,就必须保持独立不羁之地位,不偏不倚地站在第三方的立场裁决任何提交到他面前的案件。

陪审团审判恰恰成功地使英美法系的诉讼制度实现了这一目标。陪审团在实现审判独立的功能上从两个方面发挥着影响:第一个方面是陪审团本身作为事实的裁判者是中立的,也是独立的;第二个方面则是陪审团审判对于培养法官的独立意识做出了积极的贡献。

---

[17] H. H. Marshall, *Natural Justice*, The Eastern Press Ltd. of London and Reading, 1959.

(二)陪审团之独立地位及其效果

有些论者并不认为中世纪的陪审团在刑事诉讼中具有独立地位。科伯恩曾经在其研究中指出,审判程序削弱了陪审团的独立性并加强了法官的地位,从而保证陪审团的行为在很大程度上是由法官控制的。他推论说,在中世纪,盛行的审判形式都是陪审团屈从于或习惯于服从法官的意志。至于陪审团可以使现行法律无效的说法,可能只是一种表面现象,或者根本就是一种幻觉。[18] 在另一本著作中,他还着重强调了法官推翻陪审团裁决和强迫陪审团作出符合自己意志的裁决的各种手段。[19]

然而更多的研究表明,陪审团在中世纪是一个独立地作出裁决的团体;陪审团与法官之间更多的是一种合作关系,而不是冲突关系。陪审团之所以能够独立在很大程度上与其成员之财产状况,以及由此所决定之社会地位存在着极为密切之关系。

詹姆斯·郭波特(James Gobert)认为,陪审员财产资格限制之理论基础在于,只有符合条件的人才可能严肃地履行其对社会的责任。这样的人同时也被认为受过更好的教育、更加聪明和更少可能腐败。其实际效果则是能够充任陪审员的仅限于上等和中等阶级的人。而大多数被告人却不属于这些阶级。因此,大宪章所规定的受与其地位平等之人的审判,实际上就变成了不受地位在其之下之人的审判。[20]

这种财产限制的另一个效果是,充任陪审员的只能是富有的男

---

[18] J. S. Cockburn, *Assizes Introduction*, see from Cockburn & Green Edited, *Twelve Good Men and True*, p. 118.

[19] J. S. Cockburn, *A History of English Assizes: 1558-1714*, Cambridge University Press, 1972, p. 123.

[20] James Gobert, *Justice, Democracy and the Jury*, Published by Dartmouth Publishing Company Limited, Ashgate Publishing House, Gower House, 1997, p. 114.

人。女人一般是没有财产的。对于这种性别的歧视直到1919年才正式取消。但是,35年以后,德弗林勋爵还在批评说:他从来没有看到过一个陪审团的组成人员中有超过4名妇女的;而且也很难找到有3名妇女的陪审团;最普遍的现象是只有2名妇女,而只有1名妇女的陪审团也很常见。[21] 毫不奇怪,在陪审员资格有财产限制的情况下,陪审团不仅是由男性统治的,而且一般是由中年或中年以上的男性统治的,因为年轻的男人一般都没有财产。

对财产资格的这些批评主要着眼于陪审团组成的民主化。就陪审团的功能而言,虽然民主的陪审团也可能会保障自由,但是贵族化的陪审团却更有可能保障自由。从某种意义上说,正是由于陪审员的中产阶级身份,决定了他们不是任人摆布的工具。对此,劳森的研究恰恰表明,财产资格的限制实际上有利于陪审员履行其职责。通过对1573—1624年期间赫特福德郡陪审员组成情况的考察,劳森指出,当时的起诉陪审员是郡上最富足的不动产保有者,而审判陪审员也基本上来源于与起诉陪审员具有相同社会地位和大致相当财富的人群;赫特福德的历史资料显示,该郡的陪审员在社会地位和财富上至少属于中等;法庭的记录显示,在这里,本地精英占统治的地位。[22]

研究还显示:如果陪审团受到来自法官的压力,陪审员都会表现出一定的抵制;另外,也只有极少数法官运用他们手中约束陪审团的权力;即使在高度恭顺的都铎王朝和斯图亚特王朝,也仍然可以看到陪审员在自己社区中的重要性,并且一定程度的独立应当是很自然的。所以,尽管司法权力可能限制陪审团的独立性,却并不必然消灭

---

[21] James Gobert, *supra* note 20, p. 114.
[22] P. G. Lawson, *supra* note 14, p. 127.

陪审团的独立性。[23]

从经验的角度,陪审团顶撞法官而显示自己独立的性格的案例是极为丰富的。其中最著名的可能要数对思罗克莫顿的审判。该案中,思罗克莫顿被指控与瓦特共谋反叛,但是陪审团拒绝对他定罪,他被无罪开释。利威指出:陪审团的裁决确定无疑地证明了当时的审判程序即使相对于完美的弹劾式诉讼程序也应该算比较公平。[24] 不过,在这个案件中,陪审团也因为自己的大胆付出了代价。法庭没能把思罗克莫顿怎么样,却将12名陪审员监禁起来。4名陪审员表示投降,并在承认了自己的错误后被释放。但是剩下的8名陪审员在被星座法院监禁了6个月以后,还被判罚了严厉的罚金,然后才被释放。

大约10年以后,托马斯·史密斯说道:如果陪审团将有充分证据证明有罪的被告人释放——他们有时候确实这样做——则被告人获得了自由,而陪审团却会受到法官的指责,并被威胁要遭受惩罚。不过,这种惩罚威胁的次数远胜于执行的次数。在提到思罗克莫顿这一案件时,史密斯注意到陪审团的确受到了惩罚,但是他补充道:"但是这种做法即使在那时候也被认为是残暴和专制的,并且也是与英国国土上自由之传统相违背的。而且,这样的惩罚实际上也很少使用。"[25]

应当承认,作为事实裁判者的陪审团的独立地位经历了漫长的历史发展过程。但是,这并不是说,在这个过程没有终结以前,陪审团就是不独立的。本书第二章曾经指出,陪审团的独立地位是在1670年的布歇尔案件中确立的。在这之前,法官可以通过不供给饮

---

[23] P. G. Lawson, *supra* note 20, p. 141.
[24] Leonard W. Levy, *supra* note 2, p. 48.
[25] Leonard W. Levy, *supra* note 2, p. 49.

水、食品,或者威胁要对他们施加惩罚等方式,干预陪审团的裁决。在极端的情况下,法官还会三番五次地拒绝陪审团的裁决,压迫他们作出符合自己心愿的裁决。但是,法官与陪审团之间的这种紧张并非常态。几乎只有在政治案件中,法官与陪审团才可能形成这种僵局;而在更具普遍意义的一般刑事案件中,法官与陪审团配合的成分远远多于对抗的成分。换句话说,在一般刑事案件中,即使陪审团作出了与法官认识不一致的判决,法官也会尊重陪审团的裁决。道理很简单:在这样的案件中,陪审团怎样裁决与法官没有利害关系;无论陪审团怎样裁决,他判完案件要么就度假去了,要么到下一个巡回审判区接着主持审判。相反,裁决只与陪审员有利害关系——他们裁决完了以后还得继续生活在被告人所在的地区,这个地区即使与陪审员不在一个村庄,应该也离他不远;如果他冤枉好人,他回到社区会受到谴责;如果他放纵坏人,只能使他自己的生命、财产安全受到更多的威胁。

(三)陪审团对法官独立之促进功能

从历史上看,英国法官虽然为国王所任命,但是一旦他们得到任命,他们就希望自己获得一种完全的独立性,这种独立之品格与陪审团审判制度存在着密切的关系。在陪审团审判制度之下,法官的审理活动实际上处于公众的关注当中,陪审团参与审判也可以理解为对法官的一种监督,这是来自公众的一种监督,他们代表了整个社区的成员对国家司法制度的运作进行约束。如果这个团体只有一两个人或者只有两三个人,可能无法起到约束法官的作用。但是,一个12人组成的团体已经足以构成对法官的心理约束,正如这个团体赋予了它所做的裁决足够的权威性质一样。在这样的团体面前,即使最不追求上进的法官,也会竭力装出努力的模样。更何况,在英国,由于法官人数很少,极其不上进的法官恐怕也很难见到(当然也不是完全没有)。所以,他们在审判中哪怕真有任何倾向,至少在表面上也会做到大致的公平。例如,他不能三番五次地打断被告人的辩护,变相剥夺他的辩护权;他不能像检察官那样对被告人声色俱厉,哪怕他真的对这个被告人充满仇恨;他也不能在控诉方发言时侧耳倾听,而在辩护方发言时则漫不经心……总之,如果他不希望自己在社区的形象受到丑化,如果他不希望引起陪审团对他的反感,如果他不希望真正有罪的被告人被陪审团无罪释放,他就必须表现出起码的公正。

经验性研究也表明,在无陪审团审判的案件中,法官就是干预主义者。费城审判的研究表明法官在询问证人和律师的总结陈述时都喜欢积极行动。[26] 在迪普洛克法庭,法官的干预也比有陪审团参与的案件要多。有些法官的干预可能会少一些。但即使在这样的法官面前,律师也通常都能预见到法官的态度。[27]

与之形成对照的是,在有陪审团的程序中,法官通常都会显得更加消极一些。例如,在美国诉柯丁一案中,法院指出,在陪审团审判程序中,法官必须保证他的询问不能给陪审员以有偏见的印象。[28] 在另一个案件中,法院指出,在陪审团眼里,法官占据着十分重要而且也特别有说服性的位置,所以他必须控制法庭并使之不受激情左右,并且公平、没有偏私。[29]

正是在陪审团的期待和监督下,法官才壮起胆子对被告人的权利给予尊重。在这里,起作用的不仅是陪审团严厉的目光,还有他们集团的力量激励或者鼓舞着法官在必要的时候与王权对抗。在特定

---

[26] Stephen J. Schulhofer, *Is Plea Bargaining Inevitable*?, 97 Harv. L. Rev. 1037, 1062 (1984).
[27] John D. Jackson, Sean Doran, *Conventional Trials in Unconventional Times: The Diplock Court Experience*, 4 Crim. L. F. 503, 519 (1993).
[28] *United States v. Kidding*, 560 F. 2d 1303, 1314 (7th Cir.)
[29] *Pollard v. Fennell*, 400 F. 2d 421, 424 (4th Cir. 1968). 此处引用之案例虽为现代案例,但对于说明中世纪英国陪审团审判之消极性而言并无不当。

的环境需要法官这样做的时候,法官会意识到自己并非孤军奋战,在他的背后,是代表着广大人民的陪审团。所以,法官不仅必须表现得公正和独立,而且也能够表现得公正和独立(尽管他们偶尔也违反这一原则)。法官在很早的时候就对陪审团给他们责任的减轻十分感激。黑尔和史帝芬都强调过这一点。它不仅可以减轻法官的责任,而且可以使法官在作出指示时保持一种真正的司法的态度。这样,它也就有助于维持法官的尊严。如果法官能保持司法的态度,无论陪审团的裁决是什么,都不会导致对他个人的厌恶(憎恨)。所以,托克维尔说:"陪审团看似降低了法官的权力,而实际上它给予法官无上的权威。"[30]

四、依照良心裁决与反对双重归罪

从理论上说,依照良心裁决之机制(即陪审团取消法律之权力)与反对双重归罪之原则均在一定程度上有助于保障陪审团独立审判之目标。但是,陪审团取消法律之权力除保障陪审团审判之独立性以外,还有一个重要的功能,就是防止国家意志对社区意志之侵犯,从而维护社区之自由;而反对双重归罪原则,则有力地保障着陪审团这一目标之实现。因此,尽管这两项制度与陪审团独立密切相关,为突出其作用与地位,以下将专门对这两项制度进行论述。

(一)陪审团使法律无效之权力

虽然中世纪英国的陪审团在很多方面受到法官的控制,并且从

---

[30] "The Jury which seems to diminish the power of the magistrate really gives it its preeminent authority." 参见〔法〕托克维尔:《论美国的民主》(法文版),第192页。转引自 Sir William Holdsworth, *A History of English Law*, Vol. 1, Methuen & Co Ltd., Sweet & Maxwell Ltd., London, 1956, p. 348. 在中文版《论美国的民主》相关章节中,未找到相应文句。比较近似的一句译文是:"表面上看来似乎限制了司法权的陪审制度,实际上却在加强司法权的力量。"参见〔法〕托克维尔:《论美国的民主》,董果良译,商务印书馆1988年版,第318页。

较早的时候就已经存在着事实与法律的区分,但是从总体上看,陪审团在作出裁决时是不受任何约束的。作为一种制度,陪审团的独立性经历了一个渐进的发展过程;作为原则,陪审团一直是依照良心作出其裁决的。

陪审团以自己的良心对案件作出裁决,是指陪审团在判决案件时不受审判法官的约束,不受任何行政官员的约束,也不受议会或国王颁布的法律的约束。

之所以出现这种结果,其中一个可能的原因是,在大宪章时代,法律都是用拉丁文写的,而当时除牧师以外,没有人懂得拉丁文。议会之下院用英文记载的第一部法案颁布于1415年。直到这个时候,甚至直到1485年,法律都是用拉丁语或法语写的,一般人别说看不懂,就是念给他们听,也不一定能听得懂。所以,国王的法律一般都是通过口头的传播而使民众知悉的;而这样的传播在内容方面自然会受到限制,而且国王的法律很可能会互相冲突,这又势必降低了这些法律对民众的约束力量。

陪审员的宣誓内容从另一个侧面加强了上面所述的观点,即陪审员无须按照制定法的规定进行裁判,而只须凭自己的内心价值进行判断。按照苏迈斯的说法,英格兰大陪审团的宣誓内容是:

> 你们必须坚持不懈地查究、忠实无欺地描述因指控而呈现在你们面前的事物、问题、事件,以及与本案有关的其他问题和事件;国王的顾问、你们的同行以及你们自己,都必须保守秘密。你们对任何人都不得有仇恨和恶意,也不得对任何人因为你们的喜好,或友谊,或爱情,或利益,以及任何诸如此类的希望,而对他怀抱好感。在任何事情上,你们都必须充分运用你们的知

识,说出真相,全部真相,别无其他,只有真相。愿上帝帮助你们。[31]

此处所说的誓言和义务同样适用于小陪审团。无论是民事案件还是刑事案件,法官的指示、国王的制定法,都不能规定陪审团的义务;而只有这一誓言,引导陪审员如何履行自己的义务。

因此,陪审团是一个良心法庭,陪审员依据自己关于正义与衡平的观念进行判断,而不是依据国王的法律进行判断,除非他们认为国王的法律与正义相符合。任何法律对于决定案件而言并不具有优于陪审员自己关于自然正义之信念的效力。

陪审团依照良心作出裁决的形式,就是通过不断地在同一类案件中宣告被告人无罪从而否定某一法律之效力。这一制度通常被称为"陪审团取消法律"(Jury nullification)。有时候陪审团会作出没有证据支持的无罪裁决,这既可能是因为陪审团没有听从法官关于控方没有进行任何证明的指示,也可能是因为陪审团不喜欢适用于该案之法律,从而作出了与证据显示之情况相反的裁决。在任何一种情况下,法官都必须接受该裁决。换句话说,对于无罪裁决,没有任何途径可以推翻。曼斯菲尔德爵士早在1784年就指出:"在任何案件中,法官都有责任告知陪审团如何正确行使权力,尽管他们有权错误地行使权力,而究竟是正确还是错误行使他们的权力则完全取决于上帝和他们的良心。"[32]魏勒斯也说:"我承认他们有权力作出与法律相悖的裁决,所以他们也有权力作出与证据相反的裁决,但是我不认为他们有权力作出这样的裁决。"[33]

陪审团审判案件只服从自己的良心,这一制度安排是令人瞩目

---

[31] Lysander Spooner, *An Essay on the Trial by Jury*, 1852, p. 90.
[32] Sir Patrick Devlin, *supra* note 10, p. 87.
[33] Sir Patrick Devlin, *supra* note 10, p. 88.

的。李桑德·斯博那指出:

> 司法的运作和法律的执行决定了一个国家的国民是自由的还是遭受压制的。如果司法的运作必须屈从于立法者的意志,这个政府就是专制的,其人民则是被奴役的;相反,如果司法的运作是根据自然衡平和正义的原则,即最终由人类的一般良心来体现,即由人类良心来启迪的原则而作出决定,那么,在这样的体制下,人民就是自由的。[34]

法律历史学家也把它视为普通法制度的美德。密尔松(S. F. Milson)曾指出:"如果说正义在整个世纪得到伸张,它伸张的方式就是陪审员抛弃野蛮的法律。"罗桑亦认为,陪审团是刑法适用的调节器,它通常盖过严厉的刑法典而使被告人免受过于严厉的惩罚。[35]

(二)反对双重归罪之原则

反对双重归罪原则之发展也经历了一个渐进的过程。利威认为,在英国15世纪末期的《年鉴》中即可找到反对双重归罪原则的微光,詹姆斯国王的《圣经译本》一书中就提到"痛苦不可两次施加于一人"[36]。据德弗林之叙述,1534年的法律规定如果陪审团作出针对国王的不真实的裁决,就要对其施加惩罚;这种惩罚经常由更高级别的法院比如星座法院行使,但是法官们自己也经常行使。在1602年的一个案例中,陪审团将一个杀人犯无罪释放,结果其中3名陪审员遭到罚款和监禁;但是所有这些案件也仅止于惩罚陪审员。换句话说,陪审员受到惩罚后,对于被告人无罪释放的裁决仍然得到执

---

[34] Lysander Spooner, *An Essay on the Trial by Jury*, 1852, p. 63.
[35] P. G. Lawson, *supra* note 14, p. 117.
[36] Leonard W. Levy, *Origins of the Bill of Rights*, Yale University Press, New Haven and London, p. 203.

行,而不是重新组成陪审团对他审判。[37]

但是,那个时代即使存在着反对双重归罪原则,也应当是十分有限的。1487年,亨利七世就曾经颁布过一个法令,它规定在杀人案件中,控告方可以对已经被宣告无罪的被告人通过上诉的方式重新开启审判程序,只不过这一"上诉"必须在1年零1日之内提出。[38]

17世纪初期,大法官科克亦曾经签发布告宣布曾被剥夺财产及公权之人不得被起诉;科克还相信,一个在杀人指控中以自卫作为辩护理由而被无罪释放之人,不得因其行为再次遭受审判。[39] 虽然反对双重归罪原则在那时仍处于朦胧阶段,但可以断定,从科克的时代开始,这一原则就逐渐得到确认。利威认为,从那时开始,被告人无论是答辩"已被定罪"还是答辩"已获释放",在法律上均不得再对其进行审判。[40] 不过,刚开始时这一原则显然是比较模糊的,如一个人如果第一次被指控杀人而被无罪释放,能否对其同一行为再以"抢劫罪"加以审判?1696年,英国最高刑事审判机关——王座法院对此给予了否定的回答,法院的立场是:只要被告人已被无罪释放,就不得对"同一事实"(the same fact)再"提出任何指控"。[41]

这样的规则是有利于被告人的,他不能因为同一行为遭受两次危险。首席大法官普拉特(Pratt)在1724年就指出:"迄今为止,在任何以刑事起诉为基础的案件中,还没有听说过哪个将被告人无罪释放的裁决被搁置一旁。"[42] 但是,如果是被告人遭受冤枉,1907年的制定法允许法庭在认为裁决与证据不一致的时候搁置判决。从

---

[37] Sir Patrick Devlin, supra note 10, p. 76.
[38] Alfredo Garcia, *The Fifth Amendment: A Comprehensive Approach*, Greenwood Press, Westport, Connecticut and London, 2002, p. 26.
[39] Leonard W. Levy, supra note 36, p. 203.
[40] Leonard W. Levy, supra note 36, p. 204.
[41] Leonard W. Levy, supra note 36, p. 204.
[42] Sir Patrick Devlin, supra note 10, p. 77.

此,在新法之下,由于只有被告人有权上诉,因而有罪的裁决可能会被推翻,无罪的裁决仍然不可挑战。

笔者以为,该制度在英国法律史上的地位是显而易见的。人们通常认为陪审团审判制度有效地保障了英国的自由,也与这一制度密切相关。如果没有这一制度,政府就可以无数次地对同一公民就同一事实提出指控,直至其达到目的为止。即使所有陪审团都拒绝对被告人定罪,只要政府拥有不断起诉之权力,公民的自由就不可能得到有效的保障。因为政府可以将公民无限期地关押下去,直至其身心俱毁。

五、广场化的司法与剧场化的审判

(一)广场化之司法与剧场化之审判界说

司法的广场化是一个法律地理空间概念,它表明,历史上有些司法活动是在广场或其他露天的空间进行的,诸如"游街示众""弃市"等。司法的剧场化则是指司法在以"剧场"为符号意向的人造建筑空间内进行的司法活动类型。[43]

司法的广场化可以追溯到古代先民对司法仪式之神圣性的崇拜和对法的形象的感性认识。人类历史上最早的司法活动包括神明裁判、共誓涤罪、决斗等都是在露天广场进行的。露天广场是可以从不同路径和方向自由进出的场所,它使人们通过自由地观看法律活动而直接感受法律之生动形象(有时甚至紧张刺激)的过程及其效果,它将司法活动的所有细节置于众人的瞩目之下,防止司法"暗箱操作"所可能导致的冤假错案及司法腐败,以此实现"阳光下的司法"这一目标。它强调直接从人的内心和历史传统中生发"活的法

---

[43] 以上概念参见舒国滢:《从司法的广场化到司法的剧场化——一个符号学的视角》,载《政法论坛》1999年第3期,第12—19页。

律"而轻视所谓"法律的书写(本本上法律)"。在这里,人们很难培养起现代法治所要求的冷静、谦抑和客观公正的判断力。同时,司法的广场化因诉诸人们直观的情感而注重实体的正义,从而也就忽略了程序的正当性与合法性。[44]

司法的剧场化则是文明的法律制度下的产物。它的真正价值在于通过"距离的间隔"来以法律的态度和方式处理"法律的问题"。它一方面可以内化人们的理性精神、凸现程序与秩序观念、促成法律活动的技术化与专门化;另一方面又可能使法律失去可触及性和亲近感。舒国滢指出:

> 人们在建筑空间的法律活动中旁听(旁观)法律,而不可能忘我地投入法律表演的过程;法律活动是被文明伪饰过的活动,是完全异己的活动,在这种活动中所有的参与者(包括法官本人)都不能再寻找到往昔那种"节日"的感觉。[45]

因为司法活动相当于剧场表演,因此法官和当事人都必须通过各种繁文缛节才能"合法地"进入法律空间。也因此,它是一种成本高昂的司法活动方式,而且有可能在"阴影"的遮蔽之下掩盖可能的腐败和浑浊。

因此,无论是司法的广场化还是司法的剧场化,均存在一定弊端,又各有一些优势。正如舒国滢先生所言:

> 从更为宏大的背景来看,司法的广场化和剧场化问题代表着自由/秩序、民主/独裁、实质正义/程序正义、大众化/精英化、通俗化/职业化、简单化/复杂化、感性创造/理性选择、多样化/单一化等二元对立的语路和价值倾向。在这样复杂的语境和语路

---

[44] 同前注43,第14—15页。
[45] 同前注43,第17页。

中,谈论司法的广场化或司法的剧场化哪一个更具有优位的正当性,实际上是没有任何意义的。[46]

舒国滢先生的意思似乎是,人们通常必须在司法的剧场化与司法的广场化之间择一而定,鱼和熊掌不可得兼。

然而,当人们用心地观察陪审团审判的时候,也许会惊奇地发现:这一审判模式实际上综合了司法的广场化与剧场化特征,从而也综合了二者的优点(在很多人看来也综合了二者的缺陷)。也就是说,陪审团审判本身是一种广场化的司法形式,但是其效果却是剧场化的司法效果。这种剧场化的司法效果来自两个方面:一是由于当时的历史环境需要陪审团实现有选择地伸张正义的目标;二是由于陪审团审判所决定的言辞辩论风格,以及陪审团裁决的终局性所带来的法庭审判的戏剧化效果。

(二)广场化司法之剧场化效果

按照劳森的说法,陪审团的独立性能够保证其完成另外一种任务:有选择地执行作为象征的刑事法律。劳森指出,象征和仪式是行使权威的重要组成部分,也是都铎王朝和斯图亚特王朝维持秩序的重要成分;在一个武力镇压既不存在也不可能挥舞的社会,国家必须依赖意识形态的工具。[47] 劳森之所以认为刑罚的执行具有象征性和选择性,是因为刑事审判实际上具有一种剧场化的意义。这很可能与英国实行判例法有关,或者至少与关于犯罪与刑罚主要还是体现着比较原始的习惯法有关。正如梅特兰所指出的那样:"只要法律是不成文的,它就必定被戏剧化和被表演。正义必须呈现出生动形

---

[46] 同前注43,第18页。
[47] P. G. Lawson, *supra* note 14, p. 141.

象的外表,否则,人们就看不见它。"[48]

同样地,在刑事审判中,权威也是以象征和仪式的形式呈现的。巡回法院法官入席的每一步骤都具有戏剧化的品质,从法官抵达郡的边界,到他们进入法院的行列,以及最后主持审判的法官宣布判处死刑的时刻。但是巡回法院既是一个特殊的社会广场,同时也是一个血腥的剧场。最关键的仪式,是绞刑架上的仪式。国家权力之下的公开处决,以最传神的方式传递了威吓与服从的信息。这一信息在关注的公众面前一年要重复若干次,不仅是在伦敦,而是在全国各地。观众们反复地观看千篇一律的情节剧:被告人走向绞刑架,布道,临死前充满悔恨的演讲,警告犯罪的后果,最后是执行。我们当然不能怀疑这些仪式给人们的深刻印象。1582年的一个谋杀犯被定罪后执行绞刑,霍林希德在评论这一案件时说,他注意到被告人明显已经悔改,并且其充满爱心的演讲也打动了在场群众的心。那些制定法律并领导法律执行的人应当已经预料到这种效果,但是它对于秩序的维持却很关键。就像福柯所说的那样:

> 在处决犯人时,有时甚至完全戏剧性地重现犯罪——使用同样的器具和动作——这样,司法正义便可以在公众面前重现犯罪,揭示其真相,使这种罪行与犯人同归于尽。[49]

因此,法律的执行,包括死刑裁判的执行,必须通过广场化的形式达致剧场化的效果。同时,由于死刑罪名名目繁多,如果过分渲染的剧场化情景过于普遍,则很可能削弱其紧张、刺激之感觉,从而削减其惩罚与规训之效果。因为,当刑罚得到执行时,"刽子手不仅在

---

[48] 转引自〔美〕哈罗德·J.伯尔曼:《法律与革命》,贺卫方等译,中国大百科全书出版社1993年版,第69页。
[49] 〔法〕米歇尔·福柯:《规训与惩罚》,刘北成、杨远婴译,生活·读书·新知三联书店1999年版,第49页。

执法,而且也在施展武力。他是某种暴力的使用者,为了战胜犯罪而对犯罪的暴力使用暴力"[50]。然而,暴力的过度张扬,亦极有可能形塑人们暴力化之倾向。因此,它的使用就必须限定在一定的范围之内。不可避免地,法律的执行也就具有了选择性:整个的起诉和审判在事实上都是关于如何进行选择的程序。如果考虑到死刑立法的范围,几乎没有人会认为法律得到了执行。这样的方法只可能起负作用。科克曾经评论道:经常的和固定的惩罚并不会阻碍犯罪,因为定期的惩罚使人们对它如此熟悉,以致根本就不害怕了。他甚至指出,过多地执行绞刑甚至会引起人们对罪犯的同情。[51] 所以,最终只有特定的个体被选择来面对严厉的法律,而另外一些被告人因其品格或行为的性质而加强了宽大处理的信息——他们是惩罚仪式的最合适观众。他们当然不应当包括一旦处决就有可能削弱惩罚的合法性的人。所以培根建议法官根据个人、地点、时间和场合,或者其他情况调整他的判刑。[52]

正像宽大处理的逻辑造就了一般意义上的刑事司法执行制度一样,它也造就了陪审团的行为。陪审团也参与了选择的程序,通过裁决,建议有些被告人应当予以释放,有些被告人则予以惩罚。在做选择的时候,他们毫无疑问地从证据开始。但是对证据的考虑在某种程度上已经被选择这一需要所遮盖。正是因为选择程序使陪审团让法律无效的标志变得明显——经过更改的告发书、偏袒的裁决,以及与事实相反的裁决,所有这些都表明陪审员采用了一个特殊的技巧来完成他们的任务。证据可以被采纳,也可以被忽略以便达成此项目标。在一般的层面上,其结果就是选择适当的候选人去进行绞

---

[50] 同前注 49,第 56 页。
[51] P. G. Lawson, *supra* note 14, p. 149.
[52] P. G. Lawson, *supra* note 14, p. 149.

刑架下的仪式。但是在更根本的层面上，陪审团的决定造就了选择的标准。资料显示，在1573—1624年期间的赫特福德郡，41.3%的被告人被无罪释放，48.3%的被告人被定罪，10.4%的被告人获得偏袒判决。[53]

所以，尽管陪审团违反了字面上的法律，他们却没有违反法律的精神。早期现代刑事司法的基础是宽大惩罚，而其逻辑则是要求法律只能被有选择地适用而不是绝对地执行。正是由于这一要求造就了陪审员的考虑，正是由于这一要求保证了陪审员对更多的男人而不是女人、对更多旧式的而不是新式的犯罪行为、对更严重的而不是比较不严重的犯罪——定罪。同样的要求导致陪审团对那些被控高等级的犯罪采取了更为宽容的标准，并且对那种成本较高的犯罪也采取了宽容的标准。与其说他们容忍了法律，还不如说他们在很大程度上体现了对早期现代法律制度的服从与参与。在某种程度上，这种服从是由法官予以保障的，尤其是他的客观的引导和控制的权力。但是这并非最重要的因素，因为陪审员享有很大程度的独立性，更重要的事实是陪审员自己是有财产的，他们在占统治地位的财富与权力结构中占据着重要的地位。尤其是16—17世纪，经济和文化上的两极模式保证了陪审员与大土地所有者而不是无地的或者几乎无地的、提供了大量被告人的人，组成了自然的社会联合。

正是在这个基础上，劳森指出：历史学家们过分强调了法官和陪审团对立的证据；虽然这些证据的确存在，但是这些证据是否反映了法官与陪审团之间的关系却是不清楚的。实际上，陪审团与法官更是一种合作的关系，他们共处于刑事审判的剧场中。而不是法官和陪审团冲突的剧场中。正是刑事审判这一剧场的逻辑，决定了法官

---

[53] P. G. Lawson, *supra* note 14, p. 150.

和陪审团的行为。[54]

(三)同位模式之法官结构与争斗风格之法庭审判

陪审团审判除以司法的广场化形式达到其剧场化效果之外,还以其同位模式的法官结构加强了法庭辩论的口头化和戏剧化效果。

法庭辩论的口头化是指所有法庭审判的一切程序皆以口头而不是书面的方式进行,所有的证据都必须以证人亲自出庭作证的方式呈现,否则,将不被接受。换句话说,整个审判的进行实行直接、言辞原则。

中世纪英国法庭审判实行直接言辞原则,这已得到史家之公认。托马斯·史密斯于1565年发表的著作就曾经强调,当时英格兰诉讼程序的口头性质。并指出,尽管书面的证据可以采用,但是它对于法庭审判(定罪)来说是不够的;没有口头的作证,陪审会将被告人无罪开释,哪怕违法者已经向治安法官招供。而当治安法官出席法庭支持其记录之真实性并就供述中的某些细节作出核实的时候,定罪才是可能的。书面的记录对于起诉行为而言仅仅是一个辅助性的工具。

郎本亦指出:尽管英国于16世纪制定了《马丽安授权法》,授权治安法官在审判前对被告人进行讯问并制作笔录,但其目标则在于:第一,激励治安法官从案件一被提起的时候就开始侦查,而那时候犯罪环境还比较新鲜;第二,使治安法官确保法庭审理时证人能到庭作证;第三,使法官自己教育自己以便在某些案件需要他在法庭上作出陈述时,它能够担当起使该陈述与起诉书一致的任务;第四,在一些难度较高的案件中,它对于主持审判的巡回法官起到一个案件摘要的作用。[55]

---

[54] P. G. Lawson, *supra* note 14, p. 147.
[55] John H. Langbein, *supra* note 8, p. 24.

尽管在《马丽安授权法》颁布之前的 15 世纪,对被告人和证人进行审前的讯问已经成为当时刑事诉讼程序一个固定的组成部分,但是询问笔录的功能则是为了给治安法官解决比较轻微的案件提供一个摘要。后来,则是为了给治安法官在公开的法庭上为重罪案件作证提供一个备忘录。与欧洲大陆的纠问式诉讼不一样的是,它不是为了给陪审团审判提供一个作出裁决的基础。所以,即使有《马丽安授权法》规定的审前程序,即使在这个程序中治安法官要作出记录,也并不影响审判程序中实行的言词辩论原则。换句话说,《马丽安授权法》并没有使英国的陪审团审判程序书面化。恰恰相反,正如利威所宣称的那样,在整个中世纪,"(大陪审团)起诉书是整个程序中唯一的一份书面文件,诉讼的其他部分则都以口头的方式进行。"[56]

所以,在陪审团审判制度下,英国的诉讼程序有时候会显得非常热闹。整个审判就是在控诉方和被告方之间进行争辩,看起来就好像他们在陪审团面前进行一场比赛一样。只要被告人拥有智慧和舌头,他就可以像检察官那样发表自己的意见,为自己进行辩护,就某些问题进行争辩,将检察官的论点一个一个地予以否定;他也可以要求控诉方提供证据,并对它加以批驳;他也可以要求与国家的证人进行当面对质,或者要求查看证人书写的证言。如果被告人没有传唤证人,或者传唤的证人仅仅是证明其品行良好,则检察官在庭审结束时可以就此作出总结并发表评论。然后,被告人进行辩护。在 13—17 世纪,被告人一般都是没有辩护人的,他只能自行辩护。他可以传唤自己的证人。如果他传唤证人,王室检察官可以就此进行答辩。如果总检察官亲自出庭进行指控,则他有权就被告人是否传唤过证人这一事实对陪审团发表评论。

因此,英国陪审团审判实行直接言词原则,任何证人证言都必须

---

[56] Leonard W. Levy, *supra* note 2, p. 38.

在公开的法庭上经受检验,审前的询问记录不能作为定案的根据。这一规则与陪审团审判制度有着内在的联系。由于陪审团可能会不相信治安法官所作的任何记录,特别是当被告人对这样的记录提出异议的时候(而他们也的确经常这样做),陪审员更有可能对这样的证据产生怀疑。在这种情况下,陪审员必然会要求书面材料的制作者提供证人证明该材料的真实性,从而必然使书面材料的制作者传唤证人出庭进行口头陈述。如果他拒绝这样做,倒霉的绝对只能是提供该书面材料的人。因为陪审团拥有评价证据和作出最终裁决的权力,而且其对被告人的无罪裁决一旦作出,任何人也不得质疑该裁决,被告人可以大摇大摆地走出法院,获得自由。所以,无论如何,除非渎职,否则控诉方一定会千方百计地传唤证人出庭,而不是简单地在法庭上宣读证言了事。在法庭上宣读证言的确会使一切程序都变得简单而又方便。但是在陪审团审判制度下,这种简化却无法接受。

陪审团审判不会导致审判程序的书面化还有一个原因,就是陪审员基本上都是文盲。尽管有学者经过考证认为,在 1748—1800 年期间,就任陪审员者当中有 98% 的人以签名而不是按手印的方式证明其履行职责,但是该文献同样指出陪审员文化水平的提高应当是一个逐步的过程,而且很可能在 18 世纪有突飞猛进的变化,这也就意味着在此以前的陪审员大部分应当都是没有文化之人。[57] 同时,该文献所引用之当时人们对陪审团的批评,也反映出当时陪审员更有可能不具备文化水平。[58] 据此,我们可以合理地推断出,至少

---

[57] 以上讨论请参见 P. J. R. King, "*Illiterate Plebeians, Easily Misled*": Jury Composition, Experience, and Behavior in Essex, 1735-1815, in J. S. Cockburn, Thomas Green, *supra* note 12, pp. 254-303。

[58] 例如,有的批评者指责"受过教育的有钱人总是想方设法逃避担任陪审员之义务,结果是陪审团几乎总是由无知之文盲组成";还有的批评说陪审团的组成就是"十二个文盲并且其中最伟大者同时也是最无知者"。这些批评详见 P. J. R. King, *supra* note 57, p. 257。

在17世纪以前,组成陪审团的成员很可能大部分都是文盲。文盲是不能阅读的,这一点对于书面的证言可以说是致命的打击。由于大部分陪审员无法阅读,检察官宣读证言了事的做法必然不能成功。因为,被告人可以从多个方面质疑该书面证言的证据效力。第一,他可以指责检察官只宣读对被告人不利的证言(检察官的确经常这样做);第二,他可以指责检察官歪曲证言(虽然比较罕见,但从理论上看也不是不可能);第三,他可以指出证人证言中互相矛盾之处。上述情况无论发生哪一种,检察官要获得陪审团的信任,唯一的补救措施就是传唤证人出庭作证,除非上述指控不幸言中。

因此,只要存在着书面证言必须予以检验的要求,就存在着证人必须出庭作证的需要。这种需要在任何模式的诉讼中实际上都是存在的。但是,陪审团审判制度内在地决定着这种需要得到满足,因为陪审团是一个中立的裁决机构,它不负责发现事实真相,在这个审判法庭,当事人自己决定自己的命运。

另外,陪审团审判的戏剧化效果还有一个原因,那就是,在陪审团审判制度下,法庭成为激烈交锋的战场,全部诉讼活动都在法庭审判阶段达到高潮。这是因为,陪审团审判制度使法庭审判程序成为整个诉讼程序中焦点中的焦点。在陪审团审判制度下,反对双重归罪的原则保证着陪审团裁决的终局性。在此情况下,陪审团的裁决就是最终的裁决,对这个裁决不允许有救济的途径。因此,双方当事人的证据,都必须在陪审团这个审判法庭上出示。如果证据不能在这里出示,它实际上被视为不存在。当事人将来不会再有机会展示其掌握的证据。所以,从这个角度而言,陪审团审判制度天然地存在着对证据的需求,当事人天然地愿意将证据展示在陪审团审判法庭。同时,激烈的辩论以及为了获得胜诉而发展出的辩论技巧,也使法庭审判充满着不可预测的因素,从而加强了法庭审判的戏剧化效果。

六、纠问式诉讼与弹劾式诉讼

所有这一切造就了中世纪英国刑事诉讼与欧洲大陆刑事诉讼程序之间的区别。从 1215 年以后一直到 1800 年前后将近 600 年的时间里,欧洲大陆实行纠问式的刑事诉讼,而英国陪审团审判制度则在很大程度上保留了欧洲古代弹劾式诉讼的特征。

第一,欧洲大陆的刑事诉讼是由国家官员启动的诉讼程序,私人的弹劾对于诉讼的启动可有可无;但在英国,私人的告发一直都是推动刑事诉讼进行的必要条件。即使后来由大陪审团起诉书进行的刑事诉讼,一般也都以私人的告发为基础。并且,大陪审团起诉并没有使起诉和审判合而为一(尽管在将近一个世纪的时间里二者实际上可能是一回事)。所以,大陪审团起诉并不违反弹劾式诉讼"不告不理""无原告即无法官"的原则。

第二,在欧洲大陆,被告人不能选择法官;在英国,被告人可以通过申请陪审员回避的手段,自己挑选自己案件的法官。这一制度也与古老的弹劾式诉讼中当事人有权选择法官的观念十分吻合。换句话说,在欧洲大陆,法官的权威主要来自国家的权威,而这种权威又主要是以国家暴力为后盾的;而在英国,法官(陪审员)的权威主要来自当事人的选择,这种权威更多地来自陪审员自身的名望或其综合素质,其裁判的性质主要地是体现着由陪审员所代表的社会对被告人的评价,因而国家暴力总是以十分抽象的方式而存在,或者基本上不存在。

第三,欧洲大陆的纠问式诉讼离不开拷问,而英国陪审团面前从来没过这种野蛮的制度。尽管在被告人答辩期间,如果被告人拒绝答辩或者不愿意接受陪审团审判,则法官可以命令对被告人实施惩罚以便其接受陪审团审判,但是这种惩罚的目的并非获得被告人的认罪或招供,而是使陪审团审判能够得以继续。因此,尽管二者在形式上颇为相似,在功能上却迥异其趣。

第四,欧洲大陆的刑事诉讼主要实行书面审理,而英国的陪审团审判一直奉行直接、言词原则。虽然英国的治安法官也对被告人进行审前讯问并且也对讯问作出笔录,但是制作笔录的目的主要并不是制作卷宗,其性质与其说是证据不如说是笔记,其功能与其说是证明案件事实不如说是提醒治安法官在指控时如何作证,并保证相应的证人出庭作证。事实上,恰如史蒂芬所言,整个英国的刑事诉讼中,唯一的一份书面文件,就是大陪审团告发书。像欧洲大陆那样以卷宗为基础的审判,在英国是不存在的。

第五,欧洲大陆被告人几乎没有权利为自己辩护,其为自己利益而斗争的地位被法官对他的关心所取代。法官的职责是查明真相,其中当然包括被告人可能无辜的情形。在此情形下,被告人的角色被法官所吸收,其主要价值则在于为法庭提供证据。而在英国,被告人一直有权为自己进行辩护。有关刑事案件审判的诸多历史记录表明,被告人有权而且必须就指控事实作出答辩。被告人还有权反驳控诉方的证人证言,也可以自己传唤证人。在法庭审理结束时,被告人还可以进行总结陈词。这一切均表明,被告人是一个独立自主的主体,其价值绝不仅仅在于为法庭审判提供证据,而在于构成法庭审判中独立的一方。没有被告人的辩护,整个审判将无从进行;如果被告人不作自我辩护,意味着他作有罪答辩,给他定罪就行了;如果被告人不答辩,则拷打以让他进行答辩。总之,被告人的辩护是陪审团审判程序中一个必不可少的组成部分。

第六,欧洲大陆的纠问式诉讼浸透着秘密的性质,而英国的陪审团审判总是公开的审判。在纠问式诉讼中,程序的启动可能来源于秘密的告发,由此启动的侦查程序自始至终都由国家官员秘密地进行,审判也是秘密地进行,只有最后的判决向公众公开。在陪审团审判程序中,起诉是大陪审团以告发书的形式公开进行的,审判和判决的宣告也一律公开进行,秘密的程序在陪审团审判程序找不到用武之地。

第七,在欧洲大陆,由于法官既负责侦查又负责审判,实际上控诉与审判已经合二为一,法官的中立性荡然无存。在英国,法官虽然也是王室官员,甚至可以说是国王的附庸,但在刑事审判中,法官只负责主持审判,并不主动纠问犯罪。尽管有时候法官也表现得比较积极,但是作为事实裁判者的陪审团从来没有丧失其中立地位。

第八,欧洲大陆的纠问式诉讼实行有罪推定,英国的陪审团审判实行无罪推定。在有罪推定制度下,被告人承担证明自己无罪的责任;在无罪推定的制度下,控诉方承担在陪审团面前证明被告人有罪的责任。

第九,欧洲大陆不实行反对双重归罪原则,陪审团审判实行反对双重归罪原则。陪审团的裁决是终局裁决,其对事实的判断毋庸置疑。即使在历史上曾经存在过纠污陪审团,其存在也仅限于民事诉讼,在刑事诉讼中从来没有过纠污陪审团。即使在民事诉讼中,其存在的历史也十分短暂,而在其短暂的历史中,使用的频率也非常之低。尤为重要的是,在这罕见的纠污陪审团的审判中,其推翻原陪审团的裁决要求比原陪审团两倍数目的陪审员。

总之,英国的刑事诉讼规则保留了很多古老的观念,使新的陪审团审判制度保持了弹劾式诉讼的基本特征。

以上区别亦使我们看到,中世纪英国的陪审团审判在两个方面发挥着对诉讼模式的影响:一是意识形态方面,陪审团审判并不仅仅是放任自由主义意识形态的体现者,而且也是这一意识形态的保卫者;二是审判风格方面,陪审团制度内在地决定了审判风格的辩论式特征和剧场化效果。

理性地说,作为一种政治制度,陪审团的确体现了民主。但是，陪审团并不保障民主。陪审团是人民当家作主的一种形式，但是陪审团自身无法保证自己不被废除，更无法保证自己得到确立。陪审团审判制度的确立在一定程度上乃是历史的偶然。但是，陪审团审判保障自由的功能却是制度的必然。在陪审团审判制度之下，不可能发展出以压迫为特征的纠问式诉讼程序，不可能成为专制帝王御用的工具。

第三编
陪审团审判之移植与传播

Jury Trial and
the Adversary System

第五章 陪审团在大陆法系之移植

在非英美法系国家,陪审团审判制度给人最深刻的印象是它对于保障自由、体现民主等价值发挥着举足轻重的作用,艾斯曼(A. Esmein)曾经盛赞其独立于任何权威,托克维尔称其为人民主权的基本形式。也许正是因为它在旁观者的眼里既具有崇高的另一面,又具有神秘甚至神圣的另一面,所以在18世纪初期到19世纪末期,在欧洲大陆曾经兴起一波又一波引入陪审团审判制度的运动。这一运动在法律移植的历史上曾经牵动过无数学人的神经,也引起过无数激烈的争论。探究其过程,分析其成败,无论对于法律移植这一主题,还是对于透彻理解陪审团审判这一制度而言,都具有明显且卓著之价值。本章即在于对陪审团审判制度在欧洲大陆之移植做一尽可能详尽的介绍,对它在欧洲大陆的实践状况与实践效果进行实证的研究,并对它在欧洲大陆最终的衰退进行分析与解说,从而试图对陪审团审判制度的价值与功能进行深入的探讨,并对这一制度移植的教训进行深刻的检讨。

因文献所限,本书的探讨虽然力图囊括全部大陆法系国家,但实际上只能涉及其中的一部分。本章第一部分介绍陪审团在法国之引进与变革,第二部分介绍陪审团在欧洲大陆其他国家之移植过程,第三、四部分分别叙述法国陪审团之实践状况与实践效果,第五部分对陪审团在大陆法系之衰退以及衰退之原因进行介绍和分析。在分析陪审团审判制度衰退之原因时,将主要以法国陪审团为对象,偶尔兼及其他国家。笔者深知,此种种经验性分析自然不可能提供一种放之四海而皆准之理论,但鉴于陪审团审判制度在法国之移植所具有的典型性以及它在所有陪审团的移植当中所具有的领袖群伦之意义,本章得出的结论自然也应当具有理论和实践之价值。

一、陪审团在法国之引进与变革

(一) 1791年《刑事诉讼法》:陪审团之引进

从18世纪中期开始,在至少50年的时间里,法国人将其目光投向英格兰。在那里,每一个被告人均由与其地位相等的普通公民审判。在很多法国人看来,英国是他们学习的榜样;为了完整地学习这一榜样,法国的制度中许多即使是天才般的设置也必须让路。早在1789年,当时的一位权威人物伯格塞就倡议说:"很明显,在这个地方,除根据英格兰和自由的美国所采用的控诉和惩罚犯罪行为之法理学所建立起来的制度以外,我们没有讨论任何别的议题。这一制度,以前曾经在我们自己的国度使用,它实际上是实践中唯一人道的制度;除非我们毫不迟延地、同时在某些细节方面略作调整地采用这一制度,否则我们不能做得比这更好。"[1]

对陪审团及其相应诉讼程序的热情来源于对现存的邪恶制度的不满。该制度由1670年王室训令所确立,它是完全的纠问式的诉讼程序。这一程序在大革命时代被普遍认为是残忍的、秘密的和血腥的,从而也是与启蒙思想背道而驰的。这样,当第三等级在勾画他们的改革计划时,很自然地包括了改革刑事诉讼程序的内容。这些计划既包括刑罚理性化的内容,也包括人身保护令制度和陪审团制度。

1791年召开的国民大会在很大程度上满足了第三等级的愿望。

---

[1] A. Esmein, *A History of Continental Criminal Procedure: With Special Reference to France*, translated by John Simpson, The Lawbook Exchange Ltd., 2000, p. 408.

1791年9月分别通过了新的刑法典和刑事诉讼法典。新刑法典在犯罪行为的定义和惩罚方面，完全是一场彻底的革命。巫术和亵渎等与启蒙精神不符的罪名，以及传统的鞭笞和放逐等刑罚，统统被取消。所有的犯罪行为被以严格的、穷尽的方式分类，这就意味着法无明文规定不为罪的原则与罪刑法定原则的确立以及类推制度的废除。所有的犯罪都被分为侵犯公共利益的犯罪和侵犯个人权利的犯罪，后者又被分为侵犯人身的犯罪和侵犯财产的犯罪。法典对于每一犯罪都规定了绝对确定的刑期，这样就完全废除了1670年王室训令所赋予的法官享有的广泛的自由裁量权。

新的刑事诉讼法典引进了大陪审团侦查制度。在大陪审团方面，法国的制度与英国的制度只有人数上的区别。法国的大陪审团由8人组成，英国的大陪审团则由16—23人组成。

但是，在所有的改革中，最引人注目的成就则是在重罪案件中引进了小陪审团审判的制度。该制度适用于重罪法院，法庭由3名法官（其中1人为庭长）和12名陪审员组成。虽然罗伯斯庇尔等"民主派"极力反对[2]，法律还是规定了担任陪审员的财产资格限制。当事人有权提出无因回避申请，该项权利可以行使20次。在该项权利穷尽以后，当事人还可以提出有因回避申请，并且不受次数的限制。在英国，审理结束时法官要对陪审团作出指示；在法国，这一制度得到继承，法官不仅要指示陪审团，并且要将所有的争议问题以书面形式向陪审团提出，这些问题就是：犯罪行为是否已经得到证明？如果是，被告人是否有罪？如果被告人有罪，则被告人的行为是否出

---

[2] 罗伯斯庇尔曾经专门就陪审法庭的组织原则发表演说，主张陪审团组成的平民化，反对在挑选陪审员时附加财产资格的限制。详见〔法〕罗伯斯庇尔：《革命法制和审判》，赵涵舆译，商务印书馆1997年版，第33—50页。

于故意?[3] 陪审团只须就这些问题回答"是"或者"不是"。另外,在英国,陪审团裁决必须一致同意;在法国,这一原则没有得到坚持——但是 3 名或 3 名以上的陪审员永远有否决定罪动议的权力。换句话说,定罪只需要 10∶2 的投票结果。

对陪审团的裁决不得上诉。但是,如果法庭一致认为陪审团的裁决是错误的,那么,可以在原来 12 名陪审员的基础上增加 3 名陪审员,以便得到一个 5∶4 的投票结果。[4]

在法国完全引进英国的刑事审判制度并不是一件容易的事。众所周知,法国和英国的刑事诉讼程序是如此不同,引进一个制度必然牺牲另一个制度。改革者并非没有意识到改革的困难。当时就有一位显赫人物指出:"你们这个委员会从一开始就感觉到这一新的制度(陪审团制度)与我们的法令和现行的侦查制度没有丝毫的吻合。看起来,如果我们要形成一种完全的并且和谐的制度的话,我们就必须将一切都推倒了重来。"[5]但是,现实的困难并没有阻止改革者的步伐。在 1791 年 9 月 16 日的法案中,移植英国法律的计划得到完美的勾画。在这个法案中,大陪审团起诉和小陪审团审判的制度,第一次在欧洲大陆成为法律。虽然在个别细节上做了一些微不足道的调整,在整体上,法国的双重陪审团制度[6]几乎就是英国陪审团制度的翻版。

就这样,法国人凭着一种革命的热情,完整地移植了英国包括审判陪审团在内的双重陪审团制度。

---

[3] William Savitt, *Villainous Verdicts? Rethinking The Nineteenth-Century French Jury*, 96 Colum. L. Rev. 1019, 1025(1996).
[4] 关于这些变化的详细讨论,参见 A. Esmein, *supra* note 1, pp. 413-419。
[5] A. Esmein, *supra* note 1, p. 409.
[6] 所谓"双重陪审团制度"就是同时设立大陪审团即起诉陪审团和小陪审团即审判陪审团的制度。

(二)1808 年《刑事诉讼法》:陪审团之改革

在双重陪审团制度实施 17 年之后,也就是 1808 年,当拿破仑主持制定刑事诉讼法典的时候,遭到了猛烈的抨击。这时候,根据埃斯曼的说法,法国民众对政治自由已经感到厌倦;同时,在人们看来,陪审团也显得野蛮而危险。

他们无法理解为什么容易消失的口头证据必须优于永久的书面记录,无知必须优于学识,优柔寡断必须优于丰富的经验,也优于对义务的专业情感。[7] 当时的法国第一总理说:

> 在一个既没有阶级差别,又没有封建采邑,也没有等级特权的国度,陪审团制度能否带来真正的效益;这一制度是否能够自动地完全地适应我们民族的特性;它是否能够把宽大与放纵的情感和怯懦与轻忽的行为适当地结合起来……(这一切)也许都是需要检验的。[8]

当时的大法官也附和首相的意见。但是,他没有胆量建议取消陪审团。他说:

> 无论我们的经历有多么悲惨,陪审团程序的支持者们仍然从来没有考虑过,这一制度不可能适应法国的气候;他们坚信,无论人们说什么,它都是与法国人的天资和他们的国民性相吻合的;如果说现在这一制度遇到了障碍的话,那也主要是由于大革命所导致的无数分歧的意见,而这些分歧正在消失,因为,随着时间的流逝,它的这一过程以及它取得的成功都不会被进一步的障碍所阻却——除一些细小的障碍以外,而这些细小的障碍又是不难克服的。(所以)立即行动起来!不要拒绝更多

---

[7] A. Esmein, *supra* note 1, p. 465.
[8] A. Esmein, *supra* note 1, p. 466.

的试验,并让第三次试验来决定究竟是保留它还是废除它。[9]

在各方都坚持己见的情况下,关于刑事诉讼法修改的议案从1804年一直拖到1808年,拖延的原因主要就是对于废除还是保留陪审团的制度争执不下,以致 M. Regnaud de Saint-Jean 甚至建议持不同观点的人干脆通过决斗来决一胜负。[10]

很难说争论的双方最后是谁获得了胜利,因为1808年的法国刑事诉讼法典最后只规定了小陪审团,而废除了大陪审团。改革的结果就是,1670年王室训令所规定的秘密侦查程序得到重建,负责侦查的是职业的治安法官,其程序以书面而不是口头的方式进行。审判陪审团则得到保留,而且其程序仍然是口头的、言辞的;被告人也有权获得律师辩护。但是,新闻和政治案件则不再由陪审团审判;同时,政府还保留着在紧急情况下延缓使用陪审团审判的权力。此外,对担任陪审员的资格还附加了财产和教育条件的限制。更为重要的是,在每个司法区,陪审团名单的产生由政府来指派。不仅如此,国王陛下还保留有对值得称道之陪审员颁发荣誉勋章的权力。[11]

同时,陪审团在法庭中的责任也发生了改变。改革前的陪审团通常会被问及三个问题,第三个问题就是被告人的主观状态是故意还是非故意;改革后的陪审团取消了最后这一问题,从而在审理结束时,法官只须向陪审团提两个问题:犯罪是否发生?犯罪行为是否被告人所为?

值得注意的是,法庭的组成也发生了变化:原来的3名法官现在改成了5名;对一切事项的表决,也只需要绝对多数通过即可:如果

---

[9] A. Esmein, *supra* note 1, p. 467.
[10] A. Esmein, *supra* note 1, p. 483.
[11] William Savitt, *supra* note 3, p. 1032.

陪审团对定罪与不定罪的投票结果为 7∶5，则 5 名法官再参加投票；如果 5 名法官中有 4 名认为被告人应当释放，则表决的结果为有利被告人的结果，其理论基础则是大多数人没有被控诉方的证据说服。[12]

二、陪审团在大陆法系其他国家之移植

欧洲大陆由于受法国大革命的影响，也曾经热情饱满地移植了英国的陪审团审判制度。继法国之后，德意志帝国于 1877 年通过了《司法组织法》和《刑事诉讼法》，其中《司法组织法》规定的季度法院和法国的季度法庭（assize courts）几乎是一模一样的，不过，主持庭审的法官是 2 名，而陪审员仍然是 12 名。[13]

奥地利在 1800 年以后陆续颁布过多次刑事诉讼法典。1803 年的法典是程序法与实体法合一的，它实际上是纠问式诉讼程序的复制和发展。1850 年的法典则照搬了法国的法典，引进了口头辩论原则、公开审判原则、弹劾原则，以及陪审团审判制度。但是，1853 年通过并一直实施到 1874 年的刑事诉讼法典，又抛弃了陪审团审判制度，以及与之相应的公开审判和道德证据制度（即通过良心和理性对证据进行自由判断的制度）。陪审团在实施不到 5 年的时间即被废止。此后的 20 年间，奥地利的刑事诉讼程序重新回到了纠问式诉讼模式。但在 19 世纪 60 年代，自由主义运动以及宪法改革运动强烈要求改革刑事诉讼程序中的缺陷。作为这一运动的结果，1873 年通过并于 1874 年生效的法典重申了口头辩论原则、审判公开原则，并在严重犯罪、政治犯罪以及新闻出版方面的案件中设置了陪审团审

---

[12] William Savitt, *supra* note 3, p. 1033. A. Esmein, *supra* note 1, pp. 513-514. 这一规则在此后还有多次反复，具体参见 A. Esmein, *supra* note 1, pp. 532-533。

[13] A. Esmein, *supra* note 1, p. 581.

判的制度。[14]

匈牙利的刑事诉讼法在 1896 年以前一直处于分散的状态。1896 年 12 月 22 日制定的刑事诉讼法典则统一了这一领域的不同法律，并且在新闻出版案件和所有严重犯罪案件中，都设置了陪审团审判制度。[15]

比利时在 1795—1814 年期间属于法国，因此，它也于 1808 年颁布了犯罪与刑罚法典，该法典确立了陪审团审判制度和公开审判原则。但是，它在 1814 年以后则成为尼德兰的一部分。从而，1808 年刑事诉讼的法典被修改，陪审团被废除，公开审判原则也遭到抛弃。1830 年以后，比利时成为一个自治的王国，因而又回到了法国模式，重新恢复了陪审团审判制度。[16]

西班牙的情况比较复杂。这个国家分别于 1812 年、1837 年和 1869 年在自由主义宪法中确立了不同形式的陪审团审判制度；1872 年，西班牙刑事诉讼法典也规定了陪审团审判制度。[17] 但是，1875 年，西班牙陪审团遭到废弃，这个国家又回到了纠问式的诉讼模式；1882 年的立法以口头辩论原则取代了书面化的诉讼程序；1888 年，被废弃的陪审团审判制度得到重建。[18]

意大利第一部刑事诉讼法典颁布于 1865 年，与之同时颁布的还有司法组织法及其实施规则。1888 年颁布的司法组织法规定的法院组织与法国 1808 年刑事诉讼法典规定的法院组织十分相似。其巡回法庭(assize courts)与法国的巡回法庭在设置和功能方面也是

---

[14]　A. Esmein, *supra* note 1, pp. 581-582.
[15]　A. Esmein, *supra* note 1, p. 582.
[16]　A. Esmein, *supra* note 1, p. 583.
[17]　Stephen C. Thaman, *Europe's New Jury Systems: The Cases of Spain and Russia*, 62 Law & Contemp. Probs. 233, 237(1999).
[18]　A. Esmein, *supra* note 1, p. 584.

一模一样。[19]

当然,并非所有的欧洲国家都仿效法国引进陪审团审判制度。波斯尼亚和黑塞哥维那采用了法国1891年的刑事诉讼法典,从而实行陪审团审判制度,但是克罗地亚-斯洛文尼亚虽然也采用了奥地利1873年的法典,但是没有引进陪审团制度。另外,摩纳哥1873年通过的法典在各个方面都模仿了法国1808年法典,但是却排除了陪审团制度。[20]

在瑞典(Sweden),农村地区的审判由1名法官和7-9名外行法官进行。选拔这些外行法官由地方政府授权的委员会进行,因而陪审员几乎是政治上的积极分子;职业法官相当于陪审团团长,并且其投票具有优于其他人的分量,除非有7名以上的陪审员不同意他的意见,否则,即按他的观点决定案件的处理。[21] 在丹麦和挪威,陪审团审判制度都得到引进但是作用有限。在那些倾向于对陪审团裁决表示不满意的国家,认为1名职业法官和2—3名外行法官会获得成功的想法却比较普遍。

作为大陆法系一个很有代表性的国家——沙皇俄国,也在沙皇亚历山大二世统治时期于1864年颁布《司法改革法》,引进了陪审团审判制度,并于1866年第一次实行陪审团审判。[22] 虽然沙皇统治仍然属于专制统治;但是,至少从表面上看,包括引进陪审团在内的

---

[19] A. Esmein, *supra* note 1, p. 585.
[20] A. Esmein, *supra* note 1, pp. 584-585. 关于大陆法系其他国家引进陪审团的经历,有兴趣的读者还可以参阅 A. Esmein, *supra* note 1, p. 408 infra;以及 William Savitt, *supra* note 3, p. 1019 infra。
[21] W. R. Cornish, *The Jury*, Allen Lane The Penguin Press, p. 270.
[22] James W. Diehm, *The Introduction Of Jury Trials And Adversarial Elements Into The Former Soviet Union And Other Inquisitorial Countries*, 11 J. Transnat'l & Pol'y 1, 21 (2001). See also, Stephen C. Thaman, *The Resurrection Of Trial By Jury In Russia*, 31 Stan. J. Int'l L. 61(1995).

司法改革是富有成效的,诉讼程序和证据规则都带有自由主义色彩,辩护律师也能提供强有力的辩护,陪审团也被允许作出道德上的裁决,即陪审团取消法律的裁决[23]。在实践上,也的确有证据表明陪审团曾经作出违背沙皇意志的裁决。[24]

三、法国陪审团之实践状况

无论我们现在如何评价法国陪审团的引进,它在 1791—1808 年期间以及此后的实践状况,显然是不能令当时的法国人满意的。甚至,它可能使当时的法国人非常失望。可以看到,批评的言辞非常激烈。这些批评从陪审团审判制度确立之日就已经开始了:"每一个具有正常理智和经验的人都在反对陪审团。新的试验将会是什么?没有任何东西会比无用的和危险的试验给权威带来更多的不敬。""人们几乎普遍地呼吁反对陪审团制度,而大多数法庭在这方面也与公众意见保持一致。""陪审团制度的缺陷已经被广泛地感觉到并且得到普遍的承认。处理刑事案件最好的程序形式应当是赋予常设的法庭。"[25] 至于批评的内容,则不外乎:"陪审团制度不适合法国;新的试验将是危险的。""经验已经证明,陪审团程序为犯罪分子提供了太多有利的机会。""起初看上去如此美好和诱人的制度在实践中除了最坏的结果一无所获。"[26]

1808 年改革后的陪审团并没有避免陪审团制度的这些缺陷,对

---

[23] "陪审团取消法律"(Jury Nullification)制度,是指陪审团有权对其不赞成的法律在具体案件中不予适用的权利。例如,当被告人的某一行为已经被充分的证据证明为违法行为时,如果陪审团认为这样的行为不具有他们所认为的道德违法性,即可将被告人无罪释放。关于这一主题的详细讨论,参见 Clay S. Conrad, *Jury Nullification: The Evolution of A Doctrine*, Carolina Academic Press, Durham, North Carolina, 1998。

[24] James W. Diehm, *supra* note 22, p. 22.

[25] A. Esmein, *supra* note 1, pp. 467–468.

[26] A. Esmein, *supra* note 1, p. 468.

陪审团的批评则变本加厉。在 19 世纪前半期,众多的法官都批评陪审团软弱无能、放任自流、过于宽大,从而将"实现正义的法庭"变成了"施舍怜悯的法庭";而这样的批评在当时几乎遍布全国。[27]

从实践上看,法国陪审团的确表现出了对被告人的宽大。资料显示,从 1826 年起,重罪法院审理的案件,陪审团将被告人无罪释放的比例高达 40%;对于暴力犯罪案件,这一比例高达 50%。[28] 在 1826 年以前,这一比例可能更高。对如此之高的无罪释放比率的不满,终于使国民会议决心对陪审团制度进行再度改革。当时,对高比例的无罪释放现象最普遍的解释是,陪审团认为被告人将会遭到过于严厉的刑罚。这样,1825 年 6 月 25 日通过的法律允许陪审团对特定案件尤其是无罪释放比例很高的案件的被告人作出有罪但是具有减轻处罚情节的裁决。这实际上是赋予陪审团一定的量刑权。1832 年,这种裁决延伸到所有由陪审团审判的案件。这样的裁决要求法院必须降低一格对被告人处刑,并且赋予法官降低两格处刑的权力。从而,被起诉重罪的被告人很可能只遭受轻罪的刑罚。[29] 改革的目的是降低过高的无罪释放比例,但是改革的措施并没有达到改革目的。1840 年以后,68% 的定罪案件同时被要求降格处刑,然而定罪率本身却并未得到显著提高。[30] 因此,在很多人看来,改革不仅没有使情况好转,反而使情况恶化了。[31] 从当时的统计资料来看,陪审团审判的确导致了很高的无罪释放率,这一比率一直保持在 40% 以上;同时,从统计资料来看,陪审团似乎显得对财产犯罪比较痛恨,而对暴力犯罪则比较宽容。因为在财产犯罪案件中,陪审团宣布无罪释放的

---

[27] William Savitt, *supra* note 3, p. 1035.
[28] William Savitt, *supra* note 3, p. 1035.
[29] William Savitt, *supra* note 3, p. 1026.
[30] William Savitt, *supra* note 3, p. 1036.
[31] William Savitt, *supra* note 3, p. 1036.

比例仅为30%左右,而在暴力犯罪案件中,陪审团宣告无罪的案件占到50%以上。这一现象导致陪审团裁决被指责为违反普遍正义原则,因为在针对个人人身权利的犯罪案件中,陪审团过于经常地将被告人无罪释放;而在财产案件中,陪审团则又表现出相对的严厉。可以说自始至终,法国陪审团就被冠以"阶级陪审团"的名称,而所谓阶级陪审团就是资产阶级陪审团,这个陪审团视财产重于生命。[32]

这一观念得到很多历史学家的肯定,并且有些历史学家的考证提供的数据还加强了这一观念。其中对19世纪法国陪审团最完全的分析要数多诺万的著作《正义的截流:陪审团与犯罪阶级——1825—1914》。该著作的首要发现就是在刑事案件中,裁决结果主要是由阶级偏见决定的。其依据则是1825—1854年期间,对财产犯罪无罪释放的比率为28.9%,而对暴力犯罪案件无罪释放的比率则为40.5%。其结论则是,资产阶级陪审团的裁决模式显示了陪审团审判实际上是一种阶级正义。[33]

不过,尽管多诺万提供的资料是真实的,其得出的结论却是错误的。最近沙威特对法国第戎地区1810—1865年期间重罪案件审判情况的研究显示,尽管从数据上看,陪审团裁决的确显示出更多的财产犯罪被告人被定罪,而更多的暴力犯罪被告人被无罪释放,但是,这并不是由于陪审团有偏见的缘故,而是由于在大多数财产案件中,被告人都作有罪答辩,而在暴力犯罪案件中,只有极少数被告人作有罪答辩的缘故。[34]

在法国,无论被告人答辩有罪还是无罪,都必须进行审判。而实际上,在被告人答辩有罪的场合,被告人是否有罪其实是不用陪审团

---

[32] William Savitt, *supra* note 3, p. 1037.
[33] William Savitt, *supra* note 3, p. 1038.
[34] 以下分析及结论参见 William Savitt, *supra* note 3, pp. 1040-1056。

来判断的。所以,真正被陪审团定罪的比率,必须在减掉被告人答辩有罪的案件数的基础上来计算。在进入审判的案件中,有443个案件的被告人作有罪答辩。在这443个案件中,354个被告人被指控盗窃;同时只有22人被指控暴力犯罪。换句话说,在指控盗窃的案件中,39.2%的被告人作有罪答辩;而在指控暴力犯罪的案件中,只有4.9%的被告人作有罪答辩。如果减掉被告人作有罪答辩的案件,真正由陪审团来决定被告人是否有罪的案件中,被指控盗窃罪的被告人被释放占31.4%;被指控暴力犯罪被释放的占38.4%。这样一来,二者的比例实际上相差无几。另外,上述暴力犯罪仅仅包括殴打型犯罪,在其他形式的暴力犯罪中,被陪审团释放的比例分别是:杀人36.6%;强奸33.7%;政治暴动34.3%。这样,整个暴力犯罪被告人被无罪释放的平均比例应当是33%~38%之间。同样,财产犯罪除了盗窃罪外还有别的犯罪,加上这些数据,则财产犯罪被告人被陪审团释放的比率也有34.8%,仅仅比暴力犯罪中被陪审团无罪释放的比率低3.6个百分点。这样,传统上关于陪审团对财产犯罪十分严厉而对暴力犯罪十分宽容的说法,就必须予以抛弃。

四、法国陪审团之实践效果

达马斯卡在其著作中将司法官僚结构分等级模式与同位模式两种类型。在等级模式(hierarchical officialdom)的司法官僚结构之下,法官往往由等级分明的职业法官组成,上下级之间的关系强调不平等的特征,其诉讼程序具有合作的风格;与等级模式相对应,同位模式(coordinate officialdom)的司法官僚结构由未受过法律训练的外行人组成法官,其诉讼程序具有争斗的风格。[35]

---

[35] Mirjan Damaska, *Faces of Justice and State Authority*, Yale University, New Haven and London, 1986, pp. 16-69.

达马斯卡还认为,国家意识形态对于一国的诉讼模式具有直接决定作用。国家意识形态也分放任自由主义与积极行动主义两种类型。在一个放任自由主义意识形态占统治地位的国家,国家的职责仅仅在于为社会的交往提供一个框架;社会不受有着自己意识的政府的控制,政府不能为他的人民规定什么是值得向往的生活方式,也不能强迫人们为这样的生活方式而努力;政府通常被称为最小主义的政府,其职责仅仅在于保护社会秩序和解决不能由当事人自己解决的纠纷;而公民对于消极的国家的联系也仅仅在于,这个国家为他提供了一种解决纠纷的中立的论坛。所以,其诉讼程序就主要体现着纠纷解决的风格,称为"纠纷解决模式的诉讼程序"(conflict-solving type of proceeding)。意识形态的第二种模式是积极行动主义(Active Ideology)。在一个积极行动主义意识形态占主导地位的国家,无论国家还是政府都被视为有自我意识的主体,这个主体有权为社会设定目标,有权定义什么是好的生活,并且有权在全国范围内执行它的意识形态;相应地,一个理想的积极行动主义国家的法律程序,就被设计为由官吏的侦查和执行国家政策组成的程序,称为"政策执行模式的诉讼程序"(policy-implementing type of proceeding)。[36]

基于对达马斯卡诉讼模式理论的认同,本书第四章曾经将英国陪审团审判的实践在诉讼上的效果或功能归纳为两个方面,一是意识形态方面,二是审判风格方面。笔者认为,从 13 世纪早期开始,欧洲大陆的刑事诉讼逐渐走向纠问式诉讼的泥坑,而英国的刑事诉讼却一直保持着古老的弹劾式诉讼的特征,在很大程度上是由于实行陪审团审判这种制度。一方面,这种制度虽然是王权扩张的产物,但同时却也是放任自由主义意识形态的体现,同时还起到了保障放任

---

[36] Mirjan Damaska, *supra* note 35, pp. 71–168.

自由主义意识形态在诉讼中贯彻实施的功能；另一方面，陪审团审判制度作为一种典型的同位模式的司法官僚结构，对于诉讼的风格的形成，例如法庭审判实行直接言辞原则、充满辩论甚至战斗气息等，也发挥着举足轻重的作用。

陪审团审判制度在这两方面的功能，可以称为陪审团的两只手：一只手在维护放任自由主义意识形态；另一只手在营造具有战斗气息的法庭审判。

那么，陪审团审判制度在法国，以及在其他大陆法系国家，是否也在这两方面发挥着重要的作用？换句话说，陪审团审判制度在英国对于诉讼模式及诉讼风格的形成与影响是如此深远，它在大陆法系是否也能起到相应的作用？

如前所述，在第一方面，陪审团审判体现了放任自由主义的意识形态，而放任自由主义的意识形态具体到刑事诉讼中又具体表现为诸多方面，其中包括法官独立和中立的原则、无罪推定原则、不告不理原则等，这些原则的核心目标在于保护公民的自由。

在法国，陪审团审判制度的移植在一定程度上帮助法国实现了司法独立和司法中立，也促使法国同时确立了无罪推定的原则，但是，从总体上看，应当说，陪审团审判制度在法国并没有达到保障自由的效果。探究其原因，我认为，陪审团审判并非无条件地就是自由的保护神。它本身并非自由的产物，而是专制的产物。但是在它产生以后，在一定的条件下，它可以保障自由。这个条件就是，在涉及公民自由的案件中，必须实行陪审团审判。如果在涉及公民自由的案件中不实行陪审团审判，这样的陪审团审判制度必然在保障自由的功能方面带有先天的缺陷，而法国陪审团正好具有这种缺陷。在很长一段时期内，法国陪审团审判都不能审判涉及政治和出版方面的案件，这些案件由有军人参与的特别法庭审理。从这个角度而言,尽管陪审团审判在法国得到确立,它对于意识形态所能发挥影响、做出贡献的那一方面,却受到了前所未有的限制。如果将陪审团审判的功能比喻成两只手的话,法国陪审团从创立之初就失去了其中的一只手。

幸运的是,法国陪审团的另一只手几乎是完整的。那就是陪审团在审判风格方面所具有的决定作用。根据达马斯卡的诉讼模式理论,不同的司法官僚结构决定不同的程序风格:等级模式的司法官僚结构决定的诉讼程序风格是书面化的审理、严格的上诉审查、合作模式的法庭辩论,等等;同位模式的审判风格则体现为直接、言辞原则、上诉审查的缺席或者几乎缺席、争斗模式的法庭辩论,等等。英国的诉讼模式是典型的同位模式司法官僚体制下的诉讼模式,这是由于陪审团这种极端典型的司法官僚制度所决定的。那么,在法国,是否由于实行陪审团审判而同样导致了法庭审判的直接、言辞原则和法庭辩论的争斗风格呢? 应当说,这一效果是非常明显的。在陪审团刚刚引进的时候,人们就已经意识到,要同时引进陪审团审判制度并保留1670年王室训令所规定的书面化审理程序是不可能的。[37] 有的学者明确主张"对证人的询问必须一直采取口头的方式,而不能将其固定为书面的材料,陪审员收到的官方的文件应当只包括书面的告发书"[38]。还有人对主张书面程序和口头程序结合起来的观点进行了反驳:

> 有人认为将书面证明和口头证明结合起来会是一种很有利的方式,因为这将综合两种制度所具有的优越性,但这是不可能的……(如果还保留书面证明的方式)陪审团在退回评议室后将阅读固定化的书面材料,对它们进行比较和衡量,就像图耐尔法

---

[37] A. Esmein, *supra* note 1, p. 424.
[38] A. Esmein, *supra* note 1, p. 415.

庭的法官所作的那样。我敢说,这样做的结果必然是,他们将不再是优秀的陪审员,而称为更恶劣的法官。[39]

同时,不仅直接言辞原则得到了坚持,而且审判公开原则也获得了肯定。不仅如此,律师辩护的原则也随着陪审团的引进而得到确立。甚至在侦查阶段,由于大陪审团的引进,其诉讼程序也由秘密侦查转为公开程序。而一旦大陪审团废除,其诉讼程序又由公开转向了秘密。但是只要审判陪审团存在,审判程序就一直处于公开状态。陪审团审判的公开原则和口头原则,甚至也影响了特别法庭的审判程序,在特别法庭审判程序中,其诉讼程序也是公开的和口头的。[40]

即使是陪审团的第一只手,实际上也没有完全失去。虽然从1808年以后,有些案件划归特别法庭审判,但是,绝大部分普通刑事案件还是由陪审团来审判。在这些普通刑事案件中,我们看到,陪审团的裁决受到了来自各方面的批评。批评的主要原因就是它对于被告人(其中至少有一部分是犯罪分子)过于宽大,以至于经常"不适当地"将"明显有罪"的被告人释放了。在丰富的实证研究提供的数据面前,我们必须承认,法国陪审团裁决的确显示了很高的无罪释放比例。在如此高的无罪释放比例中,必然会有事实上确实有罪的被告人逃脱惩罚。但是,从刑事诉讼的价值选择来看,这实际上是正常情况。因为,任何一种刑事诉讼程序都不可能做到十全十美,它实施的效果必然是使一部分犯罪分子逃脱惩罚,同时使一部分无辜者受到冤屈。但是,放任自由主义的诉讼程序主张宁可错放一百,也不冤枉一人。从这个角度来看,法国陪审团正好体现了并且实现了放任自由主义在这方面的功能。虽然有一部分有罪的被告人逃脱了惩罚,但无辜者被冤枉的可能性也大大减少了。对这一事实,1808年

---

[39] A. Esmein, *supra* note 1, p. 424.
[40] A. Esmein, *supra* note 1, p. 517.

修改《刑事诉讼法》的时候就有评论者指出:"一个不争的事实就是:(在实行陪审团审判的过去的十几年里,)没有一例被告人被非正义地定罪的案件。"[41]在该制度实施一百年后,法国最卓越的法学家埃斯曼对法国陪审团评价说:

> 在特殊的有利环境中,有一些制度是历史的产物,他们是响应当时文明化了的人类需要而产生的,其诞生是令人愉快的,陪审团即属于这些制度之一。它诞生于英国,在法国大革命中得到引进,并随着现代文明的发展而得到宣传,就如同立宪政府和市民国家(所享受的待遇)一样。一个伟大的文明的国家不可能在抛弃它(陪审团)之后而仍然能够保持其尊衔。也许我们可以说,陪审团是那种一旦成功即保存永远的征服者;无论人们对于普遍的压迫制度和陪审团制度持何种观点,在任何地方,陪审团都不可能比普遍的压迫更容易被废除。我们已经看到,陪审团在存在了二十年之后,是如何成功地抵制了拿破仑可怕的意志的反对(此处是指1805年拿破仑在主持刑事诉讼法的修改时曾经想废除陪审团——笔者注);它现在已经为我们存在了一百二十年;它是不可战胜的。刑事事务中的陪审团实际上满足了两个方面的深刻需要并作为孟德斯鸠所说的"惩罚并威吓"的矫正机制而存在。它向被告人保证,在他是否有罪这个问题上,法官是绝对独立于政治权力的。这12个公民,在从国家的荣誉中迈出步伐的那一刻,在履行其至高无上的职责的那一刻,也许是无知的、未受训练的、充满偏见的;但是他们不依附于任何权威,并且,除非人们真正拥有独立的法官,否则,当他的自由和生命处于被衡量的状态中时,他将不可能真正感觉到他的生命和

---

[41] A. Esmein, *supra* note 1, p. 496.

自由能有保障。[42]

五、陪审团在大陆法系衰退之反思

(一)陪审团衰退之简况

无论是法国还是大陆法系的其他国家,在第一次世界大战和第二次世界大战期间,都因为种种原因而废除或改造了他们的陪审团审判制度。首先遭殃的是沙皇俄国的陪审团审判制度。在布尔什维克掌握政权后,亚历山大二世所有的司法改革成果均被否定,并且一切旧的国家机器均被打破;1864年引进的陪审团审判制度,也于1917年被废除。[43] 德国和丹麦分别于1924年和1936年先后废除了陪审团审判,并代之以专业法官和外行法官共同组成的混合庭;葡萄牙、意大利、西班牙亦分别于1927年、1931年、1936年废除陪审团,法国于1941年亦废除陪审团审判并在1943年设立了由9名外行法官和3名专业法官共同组成的混合庭。[44] 在德国,一般的犯罪由1名专业法官和2名外行法官组成的混合庭进行审判,比较严重的犯罪则由3名专业法官和2名外行法官组成的混合庭进行审判。在意大利,1988年通过的《刑事诉讼法典》设置的混合法庭则是由2名专业法官和6名外行法官组成。[45]

---

[42] A. Esmein, *supra* note 1, pp. 563-564.
[43] James W. Diehm, *supra* note 22, p. 22. See also, Steven R. Plotkin, *The Jury Trial In Russia*, 2 Tul. J. Int'l & Comp. L. 1(1994), p. 1.
[44] W. R. Cornish, *The Jury*, Allen Lane the Penguin Press, 1968, p. 18. See also, Douglas G. Smith, *Structural and Functional Aspects of the Jury: Comparative Analysis and Proposals for Reform*, 48 Ala. L. Rev. 441, 461(1997).
[45] Stephen P. Freccero, *An Introduction to the New Italian Criminal Procedure*, 21 Am. J. Crim. L. 345, 351(1994).

（二）陪审团衰退之原因

大陆法系国家从法国开始，轰轰烈烈地引进了英国的陪审团审判制度。其中，法国在大革命初期还引进了大陪审团起诉的制度。然而，在进入20世纪以后，这些国家要么废除了陪审团审判制度，要么代之以专业法官和外行法官共同组成混合庭的制度。在众多的历史学家和法学家看来，这场法律移植的活动显然是失败的。本书无意就陪审团移植的成败作任何评论，因为无论是"成功"还是"失败"，都有着太多的、过于模糊的含义。因此，本书将在前文对陪审团在法国之实践效果进行分析的基础上，对它被废除的原因做一探讨。由于资料的缺乏以及方法本身的缺陷，这些分析和探索毫无疑问是不全面的，而且任何论断都有可能是武断的，因而也将是十分危险的。但是，既然任何严肃的科学研究都是一种冒险，本书也就不揣冒昧，就陪审团在大陆法系衰退的原因提出自己的解释。

众多的学者认为，陪审团制度在法国的衰退是由于法国人的民族性格与英国人的民族性格不同所致。早在1791年陪审团刚刚确立的时候，反对引进陪审团的观点就反复地叫嚣，陪审团不适合法国人的民族特性。在陪审团实行几年以后，法国议会重新考虑是否保留陪审团的时候，很多反对实行陪审团制度的人物，就总是有意无意地将陪审团制度与英国的民族性联系起来，并以此主张法国的国民性与英国不一样，从而应当废除陪审团。他们声称："我们不嫉妒英国人的口味和他们的习惯以及他们对自己法律的热爱。""由陪审员作出判决的制度已经从英格兰移植到了法兰西，但是很明显，法国人的性格并不适合这一制度，而且我们的方式也与这一制度不相吻合……我们应当让英国人以他们自己的方式生活，也让我们以我们自己的方式生活。"[46]"总而言之,我们的陪审团制度尽管经历了各种各样的修改,它还是给我们带来了悲惨的遭遇,这一事实证明它与我们的民族习惯和特性是水火不相容的,也与法兰西人心中固有的对于苦难的容忍和自然怜悯的感情是水火不相容的。"[47]

以上所说的"民族性格"或"民族特性",实际上也就是众多法学家所热衷于探讨的"民族精神"。应当承认,通过民族性或民族精神来解释不同法系法律制度之间的区别,这在欧洲大陆的很多法学家乃至哲学家那里还是很有市场的。孟德斯鸠曾经主张:"在不违反政体的原则的限度内,遵从民族的精神是立法者的职责。因为当我们能够自由地顺从天然禀性之所好处理事务的时候,就是我们把事务处理得最好的时候。"[48]尽管孟德斯鸠认为民族精神是影响立法的重要因素之一,但他也仅仅强调民族精神是影响法律的因素之一而已;而到了历史法学派的领袖人物萨维尼那里,民族精神就成了所有法律的唯一渊源。[49] 与萨维尼一脉相承的古姆布里奇甚至指出,所有的法律都必须被理解为民族精神的现实表现;如果一个民族的法律制度所显示的原则与这个民族的精神对于一个研究者而言截然不同,那么这个研究者一定是在什么地方迷失了自己的道路。[50]

问题在于,民族性也好、民族精神也好,实在是一个既不能证实又不能证伪但是谁都可以拿来使用的武器。梅特兰曾经指出:"民族

---

[46] A. Esmein, *supra* note 1, p. 469.
[47] A. Esmein, *supra* note 1, p. 473.
[48] 〔法〕孟德斯鸠:《论法的精神》,张雁深译,商务印书馆1997年版,第305页。
[49] 〔德〕萨维尼:《论立法与法学的当代使命》,许章润译,中国法制出版社2001年版,第7页。
[50] E. H. Gombrich, *In Search of Cultural History*, The P. M. Deneke Lecture 1967 (Oxford, 1969), pp. 9–10. 转引自〔比〕R. C. 范·卡内冈:《英国普通法的诞生》,李红海译,中国政法大学出版社2003年版,第111页。

精神(National Character)乃是一个民族的天赋，它是一种能够创造奇迹的精神，却又为每一位历史学家随心所欲地使用着。"[51]即便是惯于使用民族精神理论解释法律的学者也不得不承认："这种精神，这种一个民族的基本性格将永远是一个秘密，一个根本不可能用理性考虑予以攻击的秘密。"[52]甚至，它只能使法律的性质神秘化。正如有的学者所指出的那样，历史法学派借用民族精神这一概念的目的就在于使法律的性质神秘化，也使得立法中对法律的发掘变得历史化起来："既然法律体现的是神秘的民族精神，法律是对民族精神确证的一部分，那么，如果民族还存在的话，这种法律就不能被改变，必须要当下寻找远古的法律传统，使法律中的民族精神能够生生不息，弦歌不辍。"[53]可见，民族性或民族精神乃是一个虚无缥缈的东西，每个人都有自己的感受。这种东西用来作茶余饭后的谈资和显示博学的资料是可以的，但是用来说明一种制度的变迁则显得有气无力。

退一万步说，即使民族精神用于解释法律的特性具有一定的功能，那么，在陪审团审判制度这个问题上，它究竟体现的是哪个民族的精神呢，是诺曼人的精神还是英格兰人的精神？卡内冈曾经指出，已经成为英国生活真正标志的普通法起初根本不是英国的，它是一种由具有大陆血统的国王和法官发展，成为英国制度的大陆封建法；几代人之后，这一外来的革新才披上了一层彻底本土的保护色。[54]同样，英国的陪审团审判制度实际上也是起源于古老的法兰

---

[51] F. W. Maitland, *English Law and the Renaissance*, The Rede Lecture for 1901, p. 23.
[52] 转引自前注 51,〔比〕R. C. 范·卡内冈：《英国普通法的诞生》，第 122 页。
[53] 谢鸿飞：《萨维尼的历史主义与反历史主义》，载《清华法学》2003 年第 2 期，第 83 页。
[54] 转引自前注 51,〔比〕R. C. 范·卡内冈：《英国普通法的诞生》，第 141 页。

克王国,只是随着1066年诺曼人对英格兰的征服才被引入英国。[55] 既然陪审团制度本身就是从古老的欧洲大陆国家移植到英国的制度,怎么能以所谓民族精神的不同来解释它在不同国家所遭遇的不同命运呢?

其实,对于以民族精神否定陪审团审判制度在法国的引进和实施的观点,当时就有人站起来表示反对:"据说,我们还不如我们的先辈;还说,我们也不如英格兰人;但是,我对此一无所知……这一问题并不重要。……说法国人不配享用陪审团制度,就是说他们没有审查(证据的)能力,或者说他们不具有一定的理解力和(人格)完整性。"[56]

因此,无论是赞成陪审团还是否定陪审团,均不能以民族性作为其立论之基础。对于陪审团在法国由盛转衰的历程,也不能以民族性作为分析的起点。即使真的有所谓民族性的话,它对于一种制度变迁所能发挥的影响也必定十分有限。因此,解读法国陪审团变迁的历程,必须另辟蹊径。我认为,法国陪审团制度在实施过程中受到众多的诟病,乃至后来抛弃了英国传统,实行法官与陪审团混合的方式,主要来自以下五个方面的原因。

1. 理想与现实差距所生之失望

我认为,法国人在引进陪审团制度的时候,并没有完全了解陪审团的功能及其相应的保障机制。法国人引进陪审团是凭着一种革命

---

[55] 关于陪审团审判制度起源于法兰克的权威说法,可见于以下权威著作:F. Pollock, F. W. Maitland, *The History of English Law*, Vol. 1, Cambrige Press, 1895, pp. 121-124; Sir William Holdsworth, *A History of English Law*, Vol. 1, Methuen & Co Ltd., Sweet & Maxwell Ltd., 1956, p. 313; Leonard W. Levy, *The Palladium of Justice: Origins of Trial by Jury*, Ivan R. Dee, Chicago, 1999, p. 11;〔美〕哈罗德·J. 伯尔曼:《法律与革命》,贺卫方等译,中国大百科全书出版社1993年版,第541页;转引自前注51,〔比〕R. C. 范·卡内冈:《英国普通法的诞生》,第四章。

[56] A. Esmein, *supra* note 1, p. 475. 括号内文字为引者所补充。

的热情,是因为人们相信它是自由的堡垒。罗伯斯庇尔在与反对引进陪审团的观点展开论战时曾指出:"这种制度对维护自由的必要性是如此明显,连那些最激烈反对它的人也同意在刑事方面采用它!""历史和理智都告诉我们,各民族都只有一个成为自由民族的短暂时机;我们的这个时机已经来临了。为了人民的复兴和幸福来利用这个时机——这是天意给你们所作的安排!"[57]当时另一位赞成陪审团的人士亦宣称:"我们已经完全彻底地相信,陪审团是公民自由的保障。"[58]但是,他们没有意识到,陪审团对自由的保障功能是以陪审团是唯一的审判方式为前提的——至少,在涉及公民权利与自由的案件中,必须实行陪审团审判。没有这个前提,陪审团保障自由的功能就不可能得到充分的显现。在英国,从1275年开始,陪审团审判就是被告人可以获得的唯一的审判方式。无论是在政治案件中还是在普通刑事案件中,只有陪审团有资格将被告人定罪。这是英国陪审团能够保障自由的一个基本原因。但是,透过历史,我们还可以发现,即使在英国,也有一段曾经十分黑暗的时期,被告人不经陪审团审判就被定罪,那就是斯图亚特王朝时期以及马丽女王时期,星座法院可以直接判决被告人有罪。但是这段时期从整个英格兰的法制历史来看,由于其时间上的相对短暂,从而显得并不突出。所以,英格兰的法制,一直给人以在总体上英国还是比较自由的社会这样一种印象。但是在法国,仅仅在引进陪审团的最初几年,陪审团对于所有案件均有管辖权,而自从拿破仑当政以后,则陪审团对于涉及政治和新闻出版的案件,就丧失了管辖权,其保障公民自由的功能,自然因此受到严格的限制。从美国陪审团发展的历史我们也可以看到,在美国,正是在新闻出

---

[57] [法]罗伯斯庇尔:《革命法制和审判》,赵涵舆译,商务印书馆1997年版,第24、27页。

[58] A. Esmein, *supra* note 1, p. 475.

版的案件中,陪审团方才大显神威,从而获得了自由的保护神的美誉;在法国,这样的案件不由陪审团审判,陪审团自然也就不可能获得它在美国那样崇高的声望。当法国人对自由的期待在这方面落空的时候,很自然地也就对陪审团的评价打了折扣。理想和现实的差距一比较,失望的情绪油然而生,其实不足为奇。

2. 对陪审团功能之误解

陪审团是一种保障自由的机制,这一点法国人并未看错。但同时,陪审团也的确是一种至少在一定程度上放纵犯罪的机制。自由是必须要付出代价的,放任自由主义也不是没有成本的。前面已经说过,任何一种程序都不可能尽善尽美——既消灭了所有的犯罪分子,又保障了所有的无辜者不被定罪,这样的程序永远也不可能出现。比较现实的程序就是要在保障无辜者不受追究和打击犯罪分子之间进行权衡。有的程序是天然地倾向于更多地打击犯罪的,如中世纪时期的纠问式诉讼;有的程序则是天然地倾向于保护无辜者不受追究的,如正在探讨的陪审团审判制度。这一制度在保护无辜者不受追究的同时,必然使更多的有罪者逃脱惩罚。一般而言,有罪者逃脱惩罚的比例是随着无辜者被无罪释放的比例的升高而升高的,陪审团审判程序就典型地体现了这一规律。显然,法国人民在引进陪审团之前并没有意识到陪审团审判的这一实践效果。他们仅仅看到陪审团保护无辜者不被追究的这一面;并未看到,或者没有完全意识到,陪审团同时也保护了有罪的被告人这一面。这样,虽然从实践效果上看,陪审团审判的确使无辜者获得了比1670年王室训令所规定的诉讼程序中多得多的保护,但同时也将更多有罪的被告人无罪释放了。法国人民对这一实践效果没有充分的思想准备,尤其是当更多的无秩序现象出现时,他们转而放弃了对自由的追求,并热情洋溢地欢迎了给他们带来秩序和安宁的拿破仑。同时,他们也开始对陪审团的功能产生了怀疑,这种怀疑显然是在刚刚引进陪审团时没有意识到其缺陷所导致的后果。

这一结果同时也与法国人刚刚从纠问式诉讼的泥坑中挣脱出来有很大的关系。在纠问式诉讼中,由于诉讼程序就是为发现犯罪、打击犯罪而设置的,所以其定罪率必然高。虽然目前还没有中世纪大陆法系在定罪率方面的统计资料,但是可以想象,在实施刑讯逼供制度的诉讼程序之下,其定罪率高将是一个必然的现象。法国人已经习惯了定罪率高的现象,突然一下子定罪率降到70%,有某些案件中下降到50%,他们心理上显然没有这个承受能力。这是由于多年纠问式诉讼实施的结果所致。但是在英国,由于没有经受纠问式诉讼的洗礼,陪审团审判直接承袭的就是古老的弹劾式诉讼,在古代的弹劾式诉讼中由于实行神示证据制度,定罪的概率几乎是50%,所以当陪审团显示出很高的无罪释放率的时候,英国人并不慌张。实际上,翔实的历史资料显示,中世纪英国陪审团审判的定罪率是很低的,有时候也仅仅接近50%。[59] 但是,由于前面所述的原因,英国人并没有因此而惊慌失措,在他们看来定罪率低是很正常的现象。可是在法国,由于中世纪一直到启蒙时代以后,在长达600年的时间里,一直实行的就是纠问式诉讼,定罪率一直很高,所以,在实行陪审团审判以后定罪率直线下降的情况下,使人们很自然地生出陪审团将有罪被告人予以放纵的担心。这种担心在很大程度上是现实的,因为定罪率低了必然会有更多的有罪被告人被放纵;但是同

---

[59] 资料显示,在1328年的陪审团审判中,被陪审团释放的被告人占出席审判的被告人总数的28.4%;在1573—1624年期间,男性被告人被释放的比例高达38%,女性被告人被无罪释放的比例竟高达59%。由于不清楚男性和女性被告人的具体数字,因此也无法知悉在这期间被告人被无罪释放的比例(当然应该在38%~59%之间,但不是这两个数字的平均值,而是应当低于这个平均值,因为男性被告人比女性被告人多得多)。资料来源:J. S. Cockburn and Thomas Green, *Twelve Good Men and True*, pp. 55、151。

时,由于传统方面的原因,这种担心也被无限制地夸大了。所以,一旦陪审团制度存废的问题被提起的时候,批评者就不失时机地指出这一问题。冷静地分析起来,问题是存在的,但是远远没有法国人想象的那么严重。

我在这里指出陪审团审判程序并非发现真实的程序,它也不是一种完美的程序,很可能放纵有罪的被告人是其最致命的缺陷,但这样说并非否定陪审团审判制度的价值。正如卡尔·科恩曾经指出的那样:"对民主及民主进程的充分理解,才会奠立持久不变的效忠和理直气壮的尊重。"[60]同样,只有对陪审团以及陪审团审判程序的充分理解,才可能奠立对该制度持久不变的效忠和理直气壮的尊重。

3. 对陪审团实践效果之误读

如本章第二部分所述,法国陪审团将众多的被告人无罪释放,其中,从纯粹的数字上看,陪审团对财产犯罪的定罪率远远高于对暴力犯罪的定罪率。这一数学上的简单现象使人们认为陪审团是一个有偏见的团体,它代表着资产阶级的利益。维护的是资产阶级的统治,压迫的是无产阶级的反抗。姑且不论对这些数字的分析结果,这样的理论本身就是很成问题的。如果说陪审团将更多的财产犯罪被告人定罪就是对无产阶级的镇压的话,那它为什么又对同样是无产阶级实施的暴力犯罪网开一面呢?犯罪学研究成果表明,实际上,无论哪个时代,绝大多数的犯罪分子都处于社会的底层,处在被社会遗忘的角落,是被上层人士不齿的群体,是没有财产、未受教育、举止粗鲁、行为乖逆的"部落",甚至,就是"刁民"。无论是财产犯罪还是暴力犯罪,其行为的实施者绝大多数属于这一群体。比较而言,在资产阶级处于上升阶段的时候,财产犯罪分子受过的教育可能还多于暴力犯罪的犯罪分子。至少,有一些财产犯罪是没有受过教育的普通

---

[60] 〔美〕科恩:《论民主》,聂崇信、朱秀贤译,商务印书馆2004年版,第2页。

百姓无法实施的。所以，从这个角度来看，即使陪审团真的将更多的财产犯罪被告人定罪，也不能得出陪审团有阶级偏见的结论。恰恰相反，如果陪审团将更多的暴力犯罪被告人定罪，还有可能——仅仅是有可能——得出这样的结论。

但是实际上，不仅这一结论建立在一个错误的推理上，而且也是建立在对数据的错误理解上。前面已经论述，尽管从单纯的数字上看，陪审团的确将更多的财产犯罪的被告人定罪；而实际上，这一数字显示的仅仅是更多的财产犯罪被告人被定罪而已，它本身并不说明为什么更多的财产犯罪被告人被定罪。具体到定罪的原因，则主要是由于在这类犯罪中，控诉方往往掌握着比较充分的证据，而被告人在这种情况下更多地作有罪答辩，以获得更为宽大的惩罚。事实上，在 1832 年陪审团获得作出降格惩罚裁决的权力后，定罪率并没有上升，而降格处罚的裁决率却显著上升，这一事实本身就有力地说明了财产犯罪案件中被告人作有罪答辩的原因。在暴力犯罪中，情况则截然相反，绝大多数的被告人都作无罪答辩，而其答辩的内容并非否定事实的存在，而是质疑事实的违法性。所以，尽管证明事实的证据可能是一样的，但是由于财产犯罪在道德上不存在任何的不确定性，因为，没有人会辩解他偷了别人的财产，但是具有合法的理由；但是，具体到暴力犯罪案件，则被告人均可以提出各种各样的答辩，比如，行为是基于挑衅，或者是基于义愤，或者是出于自卫，或者是意外事件，等等。无论如何，在盗窃案件中不可能出现盗窃行为是基于义愤（中国古代的农民起义通常主张劫富济贫，但在法国这种思想似乎一直不占主导地位），或意外事件这样的答辩，而在暴力犯罪案件中，却经常出现类似的答辩。所以，在这类案件中，控诉方举证的难度相应增加，而行为合法性的道德不确定性又增加了控诉方说服陪审团的难度，这两个方面的因素结合起来，最后导致了陪审团对财产犯罪更多的定罪率。如果从这些因素来考虑,对于法国历史上所谓"阶级陪审团"的指责,也就不攻自破了。正是出于这个原因,威廉·沙威特郑重地告诫我们,对于历史上这些数据,一定要加以"理解",而不仅仅是简单地"阅读"。[61]

4. 专制主义之因素

以上是从法国民众对陪审团的印象解读陪审团在法国遭受众多诟病的原因。对陪审团的恶劣印象导致法国人民在陪审团遭到废除时也不愿意为这一制度而抵抗;同时,民众的呼声在后来也构成法国当局不愿意恢复陪审团的一个主要原因。对法国人民而言,陪审团是可有可无的,既然如此,当当局者要废除它的时候,也就不需要费多大的力气。1941年,法国陪审团废除的时候几乎没有引起任何骚动。1958年,当共和体制重新确立时,也没有多少人呼吁重建英国式的陪审团制度。这一切都与法国民众对陪审团的失望、误解有很大的关系。但是,专制主义的因素也起着很重要的作用。如果没有纳粹德国的占领,很难说法国陪审团必然会废除。

5. 职业法官之习惯

从法官的角度而言,他们已经习惯了掌握比较大的权力的审判方式。陪审团制度是一种分权与制衡的制度,它将很大一部分权力从法官手中攫取了过来,其中最重要的就是认定事实的权力。这一权力在英国刚刚确立的时候还不被法官所看重,但是等到他们明白过来的时候陪审团行使这一权力已经有几百年了。他们不甘心这一权力的丧失,所以千方百计要控制陪审团。证据规则就是企图控制陪审团的产物,这一点将另行撰文讨论。法国的法官很大一部分从一开始就不喜欢陪审团。对于法官而言,陪审团是一个障碍,是法官行使权力的障碍。没有这个障碍,他们行使权力将更加得心应

---

[61] William Savitt, *supra* note 3, p. 1019.

手,因为他们已经习惯了没有陪审团的方式。正是由于这个原因,至少部分是由于这个原因,当拿破仑掌权后重新讨论刑事诉讼法的修改问题的时候,只有大约三分之一的法院赞成保留陪审团。[62] 而当1805年拿破仑三次问到陪审团的实施情况的时候,当时的首席大法官也仅仅是模糊地回答说:"一般而言,陪审员履行职责的情况并不理想,并且他们的裁决由于过分宽大而导致鼓励了犯罪。"由于这一观点立即遭到驳斥,因为实际上在陪审团审判的时期,犯罪率并没有上升,实际上是下降了。所以,首席大法官的这一判断并无事实依据。作为一名首席大法官,他应当是知道自己在说什么的,也应当知道陪审的实践情况的,但是他也显然必须代表法官的利益。而法官从其职业角度来说,天然地是反对陪审团的。

这一点在达马斯卡的著作中已经得到充分的阐述。达氏认为,从法官的官僚结构分析,可以将其分为等级模式的司法官僚体制和同位模式的司法官僚体制。等级模式的司法官僚体制通常实行法官的专业化,而专业化导致的后果之一就是排斥"局外人"的参与。所以,虽然从国家政策的角度而言,法国当时需要确立一种公民参与司法的体制,但是从法官体制的角度而言,由于等级制的司法官僚体制偏爱专业化的法官制度,同时专业化的法官制度又导致法官从整体上反对非专业人士对诉讼程序的介入。因此,专业法官对陪审团的排斥是十分自然的,也是必然的。即使不能排斥,他们也必想方设法对陪审团加以控制。法国陪审团制度后来改成专业法官与外行法官混合的制度,就是由于在这个混合庭中,陪审员更容易受法官左右,从而也就使它更容易为法官所控制。

---

[62] 有23个法院既没有明确表示赞成保留陪审团,也没有明确表示要废除陪审团,它们只是对陪审团的个别细节问题发表意见;26个法院明确反对实行陪审团制度;26个法院主张保留陪审团制度。A. Esmein, *supra* note 1, p. 472。

以上分析都是建立在法国经验的基础上的。毫无疑问，欧洲大陆的那么多国家移植陪审团后又呈现衰退趋势，其原因不能一概而论。以上所论述的有些原因，不可能千篇一律地适用于欧洲大陆所有的国家。但是，其中大部分的分析对于欧洲大陆的许多国家都是适用的。仍然以专制主义这一意识形态为例，从历史上看，比利时、西班牙和奥地利的经验[63]恰恰说明，当一个国度处于专制统治时期的时候，陪审团要么被废除，要么被限制；当这个国度由专制走向民主的时候，陪审团才又获得旺盛的生命力。陪审团在俄罗斯的经历，也表明了专制制度对陪审团的天然仇恨。另外，纠问式诉讼的传统在所有欧洲大陆国家是存在的，所以它给这些国家的诉讼程序以及这些国家的人民对诉讼程序的看法所造成的影响，也是一个必须予以考虑的因素。还有，所有这些国家都是实行法官专业化和法官等级化的，这使法官对陪审团的看法与法国法官对陪审团的看法也应当是一样的。这一点不仅体现在欧洲大陆，在英美法系同样存在着法官指责陪审团，甚至经常由于陪审团的存在而感到不方便的现象。最后，无论是法国还是欧洲大陆其他国家，都比较追求安定和有秩序的生活，他们对诉讼程序保障发现真实的功能比较重视，而陪审团本身并不是一个发现真实的程序。如果说正当程序和实体真实是一组矛盾的价值的话，陪审团无疑更多地体现了正当程序的观念，而较少地体现了实体真实的观念。它在英国实施的机制也是保护个人权利的因素多于注重社会安宁的因素，从这方面来看，任何一个想要或正在准备移植陪审团的国家，对此都不能不引起高度的重视。

---

[63] 参看本章第一部分之论述。

第六章　陪审团在英美及日本的传播

一、陪审团在美国的继承

(一) 早期殖民地陪审团概况

1789年,《美国联邦宪法》第3条第2款规定:"对所有犯罪,除弹劾案件以外,均由陪审团审判。"刑事案件中被告人由陪审团审判的权利是1789年《美国联邦宪法》所保障的有限的几项权利之一;同时它也是《美国联邦宪法》以及修正案都明确保障的唯一的一项权利。[1] 1791年,美国联邦宪法第六修正案规定:

> 在所有的刑事起诉中,被告人均享有由犯罪发生地的州或者地区——这样的地区已经由法律预先确定——组成的公正无私的陪审团迅速、公开地审判的权利;享有被告知指控的性质和原因的权利;享有与反对他的证人对质的权利;享有通过强制程序获得支持他的证人作证的权利;享有在辩护方面获得帮助的权利。

但是,美国陪审团最早可以追溯到1606年。也就是说,在英格兰殖民者抵达美洲这片当时还是一片洪荒蛮陌的土地的最早的几年里,他们就采用了陪审团审判的制度。1606年王室对弗吉尼亚的统

---

[1] Albert W. Alschuler, Andrew G. Deiss, *A Brief History of Criminal Jury in the United States*, 61 U. Chi. L. Rev. 867(1994).

治训令中就规定,犯罪人必须由统治者和议会主持的陪审团来审判。[2] 不仅如此,1606 年的弗吉尼亚宪章还保证殖民地的英格兰人享有与在其母国居住同样的权利。这一宪章后来得到不断的加强,并且其规定的内容也为美洲其他所有殖民地所吸收。弗吉尼亚的陪审团从一开始的时候就既有权决定法律问题,也有权决定事实问题。托马斯·杰弗逊在他《弗吉尼亚笔记》中曾经观察到,法官对陪审团的指示包括法律问题的指示;但是,由于法律与事实是如此紧密地联系在一起,所以最佳的政策就是让陪审团既决定事实问题,也决定法律问题。[3]

在普利毛斯,殖民者保障被告人受陪审团审判的权利;在马萨诸塞,法院建立后没有多久,就采用了陪审团审判制度,但是在轻微案件中,治安法官可以在没有陪审团的情况下直接处理案件。1643年,地方立法机构宣布,只有他们和陪审团有权裁决流放被告人并授权对这样的裁决予以执行。曾经在马萨诸塞生活过一段时间的托马斯·勒克福德在观察了 1638 年的审判后记录说,当时的陪审团审判了包括非法侵入、异端和债务等众多的案件;同时,陪审团在审判时不仅决定事实问题,而且也决定法律问题。[4] 1641 年,陪审团审判的权力在马萨诸塞获得正式承认。这一年,马萨诸塞的人身自由法规定,民事诉讼当事人以及刑事案件被告人均有权选择法官审判,也有权选择陪审团审判,同时赋予当事人对陪审员提出有因回避的权利。[5] 在康涅狄格、罗得岛以及纽约,其实际状况与马萨诸塞十分相似,一旦英格兰人控制了这些地区,所有的案件就均由陪审团审

---

[2] Leonard W. Levy, *The Palladium of Justice: Origins of Trial by Jury*, Ivan R. Dee, Chicago 1999, p. 69.
[3] 转引自 Leonard W. Levy, *supra* note 2, p. 69。
[4] Leonard W. Levy, *supra* note 2, p. 70.
[5] Leonard W. Levy, *supra* note 2, p. 70.

判,尽管由6名或7名陪审员组成的陪审团在轻罪案件中也十分普遍,但最常见的陪审团还是由12名陪审员组成。[6]

到1642年,在马萨诸塞,只有被陪审团裁决有罪的被告人才可以被判处死刑。这一情况同样适用于罗得岛;但是,在开始的时候,妇女、黑人和奴隶都没有资格担任陪审员。1647年的制定法授予治安法官决断轻罪案件的权力,但是如果被告人不服,则可以上诉到更高级别的法院由陪审团来审判。当时的陪审团审判还是不常见的,因为当事人必须支付陪审员的费用和成本,陪审员每天大约收取3先令。[7]

大约在18世纪初期的时候,陪审团就可以作出特别裁决,即就特定的问题作出的裁决,而不是就当事人总体上是否胜诉的问题作出裁决。法官可以要求陪审团作出这样的裁决。但是,陪审团如果懂得法律,则它也会拒绝法官要求作出特别裁决的指示。在1714年的一个案件中,法官指示陪审团就特定问题给出特别裁决,但是陪审团评议后就整个案件给出了一般性裁决。尽管败诉的当事人强烈反对,法官还是按照陪审团的裁决作出了判决。而在另一个案件中,在双方当事人均同意特别裁决的情况下,陪审团也作出了一般性裁决。[8]

几乎所有的殖民地都规定了陪审团审判的权力,而且其术语也大致相同,即"任何人,未经与其地位相当的12名邻居组成的陪审团裁决,均不得在刑事或民事诉讼中被剥夺生命、自由或财产。"[9]在康涅狄格、新罕布什尔、罗得岛以及佛蒙特,殖民地法官都只行使着有限的权力。他们主持审判,保证审判有序、公正地进行,而陪审团

---

[6] Leonard W. Levy, *supra* note 2, p. 70、73.
[7] Leonard W. Levy, *supra* note 2, p. 71.
[8] Leonard W. Levy, *supra* note 2, p. 71.
[9] Leonard W. Levy, *supra* note 2, p. 73.

则裁决所有有关法律和事实的问题。殖民地法官通常是外行人,并非受过法律训练的律师。所以,他们掌握的法律知识并不比陪审员多。利威指出:"法官并不比陪审员更有资格(就法律问题发表意见)。"[10]

1669年,由约翰·洛克起草的《卡罗来纳基本宪法》规定了担任陪审员的财产资格条件,并允许陪审团以多数形式作出裁决。在南卡罗来纳,陪审员以极具特色的方式挑选出来:所有有资格担任陪审员的人员名字均放置在一个盒子里,然后由一个小孩从这个盒子里挑出12名陪审员组成特定案件的陪审团。[11]

在纽约,英国人于1665年取代荷兰人的统治后,立即就建立了陪审团审判制度。在除了可能判处死刑的所有犯罪案件中,陪审团都可以由6—7名陪审员组成;但在可能判处死刑的案件中,法律要求陪审员的人数必须是12名。[12]

(二)陪审团的革命功能

1723年,詹姆斯·富兰克林——本杰明·富兰克林的兄长,因无视"在获得本州秘书长允许之前永远不要再次印刷任何东西"这一禁令而被捕。但是,大陪审团拒绝对他提出起诉。[13] 1724年,约翰切克利出版了一本反映马萨诸塞政府情况的书,该书被指控为使用煽动性言辞,切克利受到陪审团审判,陪审团拒绝将他定罪,因而仅仅给出了一个特别裁决,该裁决认定切克利出版了这本书。对于是否构成煽动性诽谤的问题,陪审团留给了法庭。[14]

在这方面,最引人注目的案件则是发生于1735年的约翰曾杰

---

[10] Leonard W. Levy, *supra* note 2, p. 73.
[11] Leonard W. Levy, *supra* note 2, p. 74.
[12] Leonard W. Levy, *supra* note 2, p. 74.
[13] Leonard W. Levy, *supra* note 2, p. 78.
[14] Leonard W. Levy, *supra* note 2, p. 79.

案。这一案件起源于纽约的王室统治者和威廉姆·考斯比与立法集团之间的权力之争。考斯比和立法集团试图削弱王室统治者的权力,因而创办了一家报纸,以与另一家支持王室的报纸竞争。该报纸由曾杰出版。王室的统治者三次试图让大陪审团签发对曾杰的起诉书,三个独立的大陪审团三次予以拒绝。[15] 这逼得王室只得以检察官告发书的形式起诉曾杰。对曾杰的指控是煽动性诽谤。在审判中,曾杰被关押了9个月。安德鲁·汉密尔顿,曾杰的辩护律师,为曾杰辩解说,虽然曾杰的确出版了煽动性文章,但是,这些文章的内容都是真实的。检察官指出,根据法律的规定,陪审团应当作出有利于王室的裁决,因为曾杰的确出版了带有煽动性质的文章;而如果这些文章反映的事实是真实的,那么更应该加重对曾杰的处罚。但是,汉密尔顿争辩说:如果陪审员相信诽谤的言辞中所指的事实为真实,则他们应当释放曾杰,因为法律只禁止虚假的批评(即建立在虚假事实之上的批评)。由于对法律的解释存在争议,汉密尔顿指出陪审团既有权决定事实,也有权决定法律。他向陪审团呼吁说:"那么,绅士们,现在该由你们来决定传唤了解事实真相的证人了。"[16]

但是,首席大法官詹姆斯·德兰西裁定,陪审团唯一的任务就是决定曾杰是否出版了这些文章,至于这些文章是否构成诽谤这一法律问题,则由法庭来决定。汉密尔顿立即回应说这样的裁决将使陪审团成为无用的设置。他引用了布歇尔案件,在该案中,陪审团没有理睬法官宣示的法律。汉密尔顿实际上认为,陪审团是一种表达公共意志的法庭,因为在曾杰一案中,法律实际上是对被告人不利的,所以,必须由公众来判断这一法律是否应当予以适用。在汉密尔

---

[15] Albert W. Alschuler, Andrew G. Deiss, *supra* note 1, p. 872. 在利威的叙述中,大陪审团拒绝起诉曾杰的次数是两次而不是三次,见 Leonard W. Levy, *supra* note 2, pp. 65, 79。

[16] Leonard W. Levy, *supra* note 2, p. 80.

顿的努力下,陪审团最终作出了被告人无罪的裁决。

对曾杰案件审判的记录充斥着当时殖民地的报纸;对该案的报道还由纽约周刊出版社出版了一个小册子,在曾杰一案的审理到宪法第六修正案通过的半个世纪之间,这本小册子重印了14次。它比任何正式的法律出版物还要普及,并成为美国陪审员角色与义务的初级读本。[17]

曾杰案并不是陪审团作出的一个例外裁决。在革命前的一段时期,审判陪审团和大陪审团几乎废除了殖民地关于诽谤的法律。在这期间,只有不到半打的被告人被以诽谤的罪名起诉,其中只有两名被告人被陪审团定罪。[18] 对于这样的案件,大陪审团既不愿意起诉,小陪审团也不愿意定罪。在其他的案件中,陪审团不听从法官指示的现象也屡见不鲜。

1761年,在马萨诸塞,一个陪审团成功地抵制了法官的指示,但是法庭承认,即使陪审团违反了法庭关于如何适用法律的决定,它也没有权力将陪审团的裁决置之不理;同时,高等法院在该案的上诉裁决中也指出,不能因为陪审团违反了法官关于如何适用法律的指示而重开审判。法官宣称:"即使陪审团在适用法律或评价证据方面是错误的,其裁决也仍然有效,因为从这个国家的实践来看,他们是两者(法律与事实)的法官。"[19]

面对这种情况,英国统治者所采取的措施是限制陪审团的适用,扩大军事法院的管辖权。在1767年以前,军事法院的管辖权仅限于海运案件。1767年通过的唐沈德法案为执行英国的税收政策而规定不由陪审团审判的案件范围。在亨利八世时期,议会还宣

---

[17] Albert W. Alschuler, Andrew G. Deiss, *supra* note 1, p. 873.
[18] Albert W. Alschuler, Andrew G. Deiss, *supra* note 1, p. 874.
[19] Leonard W. Levy, *supra* note 2, p. 83.

布,被指控叛逆罪的殖民者必须送到英国审判。[20]

英国议会的倒行逆施激起了殖民地人民的强烈反感。1776年,《独立宣言》所列举的乔治三世所犯下的罪行之一,就是在很多案件中剥夺了殖民地人民受陪审团审判的权利;而在两年前,第一次大陆会议通过的《权利宣言》就宣布了殖民地人民受陪审团审判的权利。在制宪会议之前,有12个州制定了成文宪法,其中,弗吉尼亚宣言规定:

> 在所有严厉的指控或刑事指控中,每个人都有权获知他被指控的原因和性质,有权与指控他的人和证人进行对质,有权传唤有利于他的证人,有权获得迅速的、由他的12名无偏私的邻居组成的陪审团进行的审判,在没有他们一致同意的情况下,他不能被判决有罪……[21]

在其他州的成文宪法中,各宪法规定的公民基本权利均不一致;但12个州不约而同地规定的唯一权利,就是受陪审团审判的权利。[22]

在制宪会议上,无论是联邦党人还是反联邦党人,双方取得高度一致同意的问题,就是保护人们受陪审团审判的权利。亚历山大·汉密尔顿在《联邦党人文集》第83章中写道:

> 对于大会之计划的朋友和敌人而言,如果说他们在任何其他方面都不能取得一致的话,他们至少同意设立陪审团审判制度的价值;或者说如果他们对此还有任何分歧的话,那就是:前者认为它是自由的有力保障,而后者则认为它是自由政府的保

---

[20] Albert W. Alschuler, Andrew G. Deiss, *supra* note 1, p. 875.
[21] R. H. Helmholz et al., *The Privilege Against Self-Incrimination: Its Origins and Development*, The University of Chicago Press, Chicago and London, 1997, p. 134.
[22] Albert W. Alschuler, Andrew G. Deiss, *supra* note 1, p. 870.

护神。[23]

最初起草的宪法并没有关于陪审团审判的内容。反联邦党人因此拒绝赞同该宪法。他们对支持陪审团的理由提出了三点意见：第一，陪审团是能够找到的反对反应迟钝的议会通过的法律的最佳途径；第二，陪审团为债务人免受商业规则中的顽固教条的损害提供了保障；第三，陪审团是控制腐败和过于活跃之法官的有力武器。[24]

在这样的基础上，1787年制宪会议通过的第一项权利就是受陪审团审判的权利。这项权利成为《美国联邦宪法》第3条第2款的内容。在第一届美国国会开会期间，詹姆斯·麦迪逊建议对宪法进行修订，他的建议导致了《权利法案》的产生。在该法案的第6条和第7条，分别规定了刑事案件陪审团和民事案件陪审团审判的制度。[25]

(三) 美国陪审团的发展

在开始的时候，美国陪审团和英国陪审团的具体审判制度没有太大的区别。但是，随着时间的推移，美国陪审团审判制度在许多细节方面发生了变化。这些变化主要体现在以下方面：

第一，起初，美国的法官和英国法官一样，就证据问题和适用法律问题对陪审团作出指示。这是法官控制陪审团的一个基本手段。同时，法官还拥有给陪审团指定评议时间、就陪审团裁决询问陪审员、决定重开审判等权力。但是后来，这些权力逐渐淡化，美国法官已经不再拥有就证据问题对陪审团作出指示的权力。第二，在开始

---

[23] Federalist 83 (Hamilton), *The Federalist Papers* 491, 499, in Clinton Rossiter, ed., Penguin, 1961.

[24] See from Tracy Gilstrap Weiss, *The Great Democratizing Principle: The Effect on South Africa of Planning a Democracy without a Jury System*, 11 Temp. Int'l & Comp. L. J. 107 (1997).

[25] Leonard W. Levy, *Origins of the Bill of Rights*, Yale University Press, New Haven and London, 1999, p. 230.

的时候,陪审团可以连续审理多起案件,但到后来,一个陪审团只能审理一个案件。第三,陪审员本来是可以询问证人的,但是这一实践也逐渐消失。第四,法官对陪审团的指示本来是比较随意的、非正式的、内容广泛的,但后来发展成为正式的、标准化的、技术性的指示,并且经常包括不容易理解的法律。第五,对潜在陪审员进行询问的程序本来并不复杂,但是现在已经大大地复杂化、紧张化了。第六,蓝带陪审团曾经实行了一段时间,但是后来又被废除。第七,本来的陪审团都是由 12 名陪审员组成的,但 1972 年美国联邦最高法院的判例确立了 6 名陪审员组成的陪审团也不违宪的原则。第八,刑事案件中的非一致性裁决也在 1972 年的一个判例中得到认可。

二、陪审团在其他国家(地区)的继承

(一)苏格兰(欧洲)

1603 年,苏格兰国王詹姆斯六世成为英格兰国王,英格兰王室与苏格兰王室合并;1707 年,两国的议会合并。[26] 从此以后,苏格兰才正式成为英国的一部分。在这之前,苏格兰一直都是一个独立的王国。并且由于历史的原因,苏格兰曾与欧洲大陆的法国结盟——1292 年,英格兰战胜苏格兰并取得对苏格兰的控制权;数年后,苏格兰又获得独立,为保卫国家独立而与法国结盟;由于当时欧洲大陆复兴罗马法的运动方兴未艾,苏格兰也加入了当时的吸收罗马法的运动。

但是,陪审团在亨利二世时期建立以后的一个世纪之内迅速传播到苏格兰。苏格兰的陪审团与英格兰的陪审团有两点重大区别:

---

[26] Hector L. MacQueen, *Mixed Jurisdictions and Convergence: Scotland*, 29 Int'l J. Legal Info. 309(2001).

第一,它由 15 名陪审员组成;第二,陪审团裁决实行简单多数原则。

(二)澳大利亚(大洋洲)

1787 年,英国人在澳大利亚新南威尔士建立了第一个殖民地,并建立了刑事法院,该法院被授权实施英国的法律;1823 年,该地建立了第一个民事法院,适用英国法律;1828 年,英国通过法律规定,英国所有的法律和制定法在英国的殖民地新南威尔士均一体适用。[27] 1855 年,新南威尔士和维多利亚通过了宪法,并获得英国议会确认;1901 年,澳大利亚成立联邦,英国法律得到成功的接受。[28]

几乎是在澳大利亚第一个殖民地新南威尔士建立的同时,就引进了陪审团审判。1788 年,新南威尔士的第一个陪审团由 6 名陪审员组成,陪审员从军事官员中挑选,主持挑选陪审员的则是当时殖民地的统治者——第一舰队指挥官阿瑟·菲力浦;主持审判的则是军事司法官。[29]

新南威尔士的早期定居者都是在英国本土被陪审团定罪的那些人,这些人通常是由于盗窃(数额非常小,通常在 2 英镑左右)而被定罪的。这些人刑满释放后[通常被称为"刑满释放人员"(Emancipists)]都愿意留在澳大利亚,他们在当地获得广阔的土地,这些土地使他们有充分的资格担任陪审员。当时也有一些自由定居者,虽然他们在数量上远远不如刑满释放人员,但是他们坚决反对刑满释放人员担任陪审员,理由则是他们总是倾向于将被告人无罪释放。[30]

---

[27] T. B. Smith, Reception of the Common Law in the Commonwealth: Scope and Extent in the Older Commonwealth, in *Proceedings and Papers of the Sixth Commonwealth Law Conference*, Lagos, Nigeria, 1980, p. 117.
[28] T. B. Smith, *supra* note 27, p. 118.
[29] Michael Chesterman, *Criminal Trial Juries in Australia: From Penal Colonies to a Federal Democracy*, 62 Law & Contemp. Probs. 69, 70(1999).
[30] Michael Chesterman, *supra* note 29.

1824—1828年期间,新南威尔士的季度法庭(Quarter Sessions)实行12名陪审员组成的陪审团审判,这些陪审团排除那些刑满释放人员担任陪审员。但在当时的最高法院,不实行陪审团审判。从1828年开始,最高法院的法官根据当时通过的制定法,在当事人双方申请陪审团审判的民事案件中,有权决定适用陪审团审判。1829年,法律规定刑满释放人员可以充任陪审员。1833年,最高法院才在刑事案件中实行陪审团审判;但是,被告人可以选择由7名军人组成的陪审团来审判;这一设置在1839年的时候被废弃。[31]

在澳大利亚的其他英国殖民地,陪审团的确立却没有这么复杂。在维多利亚,殖民者在1836年建立了定居点,1839年就出现了第一例由陪审团审判的案件,1847年建立了固定的陪审团审判制度;在其他四个殖民地——昆士兰、塔斯马尼亚、南澳大利亚、西澳大利亚,也都在19世纪末期建立了陪审团审判制度。[32]

1901年,澳大利亚的六个英国殖民地成立澳大利亚联邦。联邦宪法规定:任何违反联邦法律的并以起诉书告发的可诉罪,都必须实行陪审团审判。[33] 在讨论宪法草案的过程中,陪审团被认为是"各州臣民个人自由的必要保障"。[34] 但是在各州,情况则比较复杂。在新南威尔士、南澳大利亚、西澳大利亚以及奥兰地亚首都,被以可诉罪起诉的被告人可以选择陪审团审判;但在新南威尔士和西澳大利亚,被告人选择陪审团还必须得到检察官的批准才能适用陪审团审判,不过,在实践中,检察官很少否决被告人的选择。[35]

后来,澳大利亚陪审团通常由12名陪审员组成。新南威尔士、

---

[31] Michael Chesterman, *supra* note 29, p. 71.
[32] Michael Chesterman, *supra* note 29, p. 71.
[33] Const. § 80 (Austl.).
[34] Michael Chesterman, *supra* note 29, p. 72(1999).
[35] Michael Chesterman, *supra* note 29, p. 74.

昆士兰和澳大利亚首都都要求陪审团裁决为一致裁决；在澳大利亚的另外五个司法管辖区,多数裁决已为制定法所确认。但是,多数裁决规则在联邦的案件中并不适用。[36] 在审理中,法官负责实施法律,陪审团只负责事实的认定；另外,陪审团也没有量刑的权力。对于事实的认定,陪审团有最终发言权。对于无罪释放的裁决,被告人受"反对双重归罪"原则的保护。但对于定罪裁决,被告人可以上诉。

(三)新西兰(南太平洋北澳大利亚)

1840 年,威廉·霍伯逊上校抵达新西兰,在那里,他迫使毛利的 500 名酋长签订了一个表面文章式的条约——《怀唐伊条约》(Treaty of Waitangi),并根据该条约主张英国对新西兰北部群岛的主权。然后,他又以所谓"发现"理论为根据,主张对新西兰南部群岛的主权。[37] 在与新南威尔士合并了很短一段时间之后,新西兰于 1840 年 11 月成为英国的一个独立的殖民地。1856 年,英国在新西兰建立了责任政府；1858 年,新西兰议会通过法律宣布:1840 年 1 月 14 日以后在英国有效的法律,只要能在殖民地适用,便可适用于新西兰；1907 年,新西兰成为英国的自治领。[38]

在新西兰成为英国殖民地后不久,殖民者就在新西兰建立了陪审团审判制度。1841 年最高法院训令(Supreme Court Ordinance 1841)就规定,所有以告发书起诉的犯罪,均由 12 名陪审员组成的陪审团进行审判；同时,该训令还规定,在情况需要时,法官可以决定由法官单独审判。[39] 当时,殖民统治者没有引进大陪审团起诉制度。

---

[36] Michael Chesterman, *supra* note 29, p. 92.
[37] T. D. Smith, *supra* note 27, p. 120.
[38] T. B. Smith, *supra* note 27, p. 121.
[39] Neil Cameron, Susan Potter and Warren Young, *The New Zealand Jury,* 62 Law & Contemp. Probs. 103(1999).

另外，从 1846 年开始，对于简易案件，法官在当地的治安法院独任审判。1858 年，殖民者又建立了地区法院，由陪审团审理可诉罪案件；最高法院则审理最严重的案件。1868 年，殖民者通过了《陪审团法案》，引进了大陪审团作为向最高法院起诉的机构；但在地区法院，仍然实行检察官起诉的制度。[40] 1909 年，地区法院被撤销，最高法院仍然实行陪审团审判的制度。

从一开始，有资格担任陪审员的都是有财产的男人。妇女在 1942 年以后才获得担任陪审员的资格，但是她们若想担任陪审员，必须向镇官明确表示担任陪审员的意愿。毛利人则一直到 1962 年的时候，才获得担任陪审员的资格。在最高法院，大陪审团起诉的制度也于 1961 年被废除。1961 年以前，很多案件实际上都略过了大陪审团听证的程序。[41]

(四)加拿大(北美洲)

1969 年，加拿大首席大法官在汉姆林讲座中开篇就提到："自从英国法律与英国的制度在当时还没有诞生的加拿大生根以来，已经过去了 200 多年。最初，通过威斯敏斯特对殖民地的遥控和通过对当地殖民者进行国内控制的手段，英国传统拯救了加拿大的立法和司法独立，并给加拿大法律保持了生机盎然并且无处不在的活力。"[42]

但在加拿大，英国并不是第一个统治者。在英国殖民者到达之前，加拿大曾经长期处于法国的控制之下。法国人于 1608 年在加拿大建立定居点，1663 年，加拿大更成为法国的一个行省。1763 年，英国通过七年的战争从法国人手中取得对加拿大的控制权，但这时，法国的法

---

[40] Neil Cameron, *supra* note 39, p. 104.
[41] Neil Cameron, *supra* note 39, p. 106.
[42] Hon. Bora Laskin, *The British Tradition in Canadian Law*, Stevens & Sons, London, 1969, p. 1.

律在加拿大已经实施了150余年。在此情况下,英国并没有立即以自己的法律完全取代法国的法律,而是首先推行其刑法,而保留了法国的民事法律;同时,法国通过与英国签订巴黎条约,从而在加拿大的魁北克地区保留了民法法系的传统。1791年,英国将加拿大分为上、下两个部分,即上加拿大和下加拿大。前者为英语区,实行英国普通法;后者为法语区,通行法国法。1867年,英国通过立法变加拿大为自治领,将原来的两部分合并为联邦,从此以后,英国议会通过立法和建立司法机构,将英国的法律在除魁北克以外的加拿大推行。

(五)印度(亚洲)

1600年,英国在印度设立东印度公司。1720年,英国在马德拉斯、加尔各答和孟买3个殖民地设立英国式法院。1858年,英国政府直接对印度实施统治。为了加强对印度的统治,英国向印度大力推行普通法。1833年至1867年期间,英国先后成立了4个印度法律委员会,负责将英国普通法编纂成法典在印度实施。这些委员会先后颁布了四部法典,即1959年的《民事诉讼法典》、1860年的《印度刑法典》、1861年的《刑事诉讼法典》和1865年的《印度继承法》,后来又于1872年颁布了《证据法》和《契约法》,1882年颁布了《信托法》和《财产转让法》。1947年,印度获得独立。但此时,印度整个法律制度的基本内容都是以英国法为基础的。1950年,印度颁布宪法,并规定保留独立前的法律制度,这样,英国法得到延续。

(六)南非(非洲)

1828年,当非洲的好望角引进英国的诉讼程序时,同时就引进了英国的陪审团审判制度。[43] 1854年,构成今天南非版图的所有地

---

[43] Marshall S. Huebner, *Who Decides? Restructuring Criminal Justice for a Democratic South Africa*, 102 Yale L. J. 961, 971(1992).

方都已经实行了陪审团审判。此后一直到 1954 年的时候,南非的陪审团都是由 9 名欧洲人组成,他们当中只要 7 名陪审员一致同意就可以作出裁决。在极少数被告人是妇女或未成年人的案件中,可以要求由妇女组成陪审团进行审判。但是,只有最高法院的一般分院(最高法院由一般分院和上诉分院组成)实行陪审团审判。

到 1917 年的时候,被告人就有权选择不受陪审团审判。由于种族方面的原因,1935 年的法案授权司法部部长在可能由于种族偏见或种族仇恨而导致不公正的审判的案件中下令不实行陪审团审判。(该法案规定:在非欧洲人针对欧洲人实施的犯罪或者欧洲人针对非欧洲人实施的犯罪案件中,司法部部长有权决定实行由法官和参审员组成混合庭的方式审判。)在这以前,立法就分别于 1935 年、1948年作出过类似的规定,加上 1954 年的立法,司法部部长可以决定不实行陪审团审判的案件已经有一长串。从 1954 年以后,所有的案件除非被告人特别声明选择陪审团审判,否则,一律不实行陪审团审判;而在被告人选择陪审团审判的案件中,也仍然受原来立法规定不实行陪审团审判的案件的约束。因此,从 1935 年以后,实行陪审团审判的案件就急剧下降。到 1954 年,高等法院只有 5.6% 的刑事案件由陪审团审判。1966 年、1967 年、1968 年由陪审团审判的案件更骤减到 0.47%、0.57% 和 0.48%。[44] 最后,陪审团审判制度被 1969年的《废除陪审团法案》所抛弃。1977 年,刑事诉讼法规定,最高法院审理刑事案件,主审法官可以自由决定让 1—2 名陪审员参与陪审;陪审员只就事实问题发表意见,不就法律问题发表意见;在下级法院,则治安法官要求陪审员参加陪审必须得到司法部部长的批准。[45] 1996 年,当南非着手建立一个民主的政府并制定宪法保障公

---

[44] Marshall S. Huebner, *supra* note 43, p. 972 (1992).
[45] Marshall S. Huebner, *supra* note 43, p. 977 (1992).

民的民主与自由时,无论是法学界还是政治界,几乎没有人主张重新引进陪审团审判制度。[46]

(七)日本(亚洲)

日本既不属于大陆法系国家,也不属于英美法系国家。但是,在20世纪以前,日本主要是移植大陆法系的法律,并取得良好的效果;在20世纪以后,日本受英美法系影响比较多,陪审团的引进也是受该影响的结果。

日本陪审团于1923年4月18日通过《陪审团法》得到引进,但是该法生效则是在1928年。在引进陪审团之前,日本对法国、德国、英国、美国的陪审制度均进行了考察,并在此基础上设计出自己的陪审团审判制度。

日本陪审团虽然深受英美法系之影响,但是却很有自己的特色。[47] 首先,并不是所有的被告人均有权获得陪审团审判,只有最高刑期为终身监禁或者死刑的案件,以及最高刑高于3年以上有期徒刑并且最低刑不低于1年有期徒刑的案件,才实行陪审团审判。在死刑案件中,只有当被告人放弃陪审团审判的权利时,才不实行陪审团审判;而在其他可以实行陪审团审判的案件中,则只有在被告人明确要求时,才实行陪审团审判。同时,该法还规定,有些特定的案件不实行陪审团审判,如针对王室成员实施的犯罪等。其次,日本陪审团并不作出一般性的"有罪"或"无罪"的裁决;相反,陪审团只回答法官就事实提出的特定问题。陪审团的裁决仅限于事实问题,且其裁决以多数票同意为原则,不实行一致同意规则。最后,陪审团的裁决并不具有当然的约束力,法官可以对陪审团的裁决置之不理,并

---

[46] Tracy Gilstrap Weiss, *supra* note 24, p.107.
[47] 以下介绍参见 Lester W. Kiss, *Reviving the Criminal Jury in Japan,* 62 Law & Contemp. Probs. 261, 266-267 (1999).

重新组成陪审团审判。

从实践效果来看，陪审团在日本的实施并不理想。1929 年是实行陪审团审判最多的一年，这一年陪审团审判的案件达到 143 件，这一数字在 1930 年减少为 66，并且此后逐年递减，到 1942 年的时候，全年只有 2 个案件是由陪审团审判的。[48] 最终，日本陪审团于 1943 年被废除。在 1928 年到 1943 年这短短的 15 年间，一共有 611 名被告人选择了陪审团审判，其中 94 名被告人被陪审团审判宣告无罪[49]，占全部陪审团审判案件的 15.4%。

三、失败的教训与成功的经验

（一）移植后的陪审团的实施情况

从以上介绍的情况来看，陪审团在英国殖民地的移植可以分为三种类型。

第一种类型是，在英国的殖民地缺乏已经建立起来的司法制度的情况下，它就将陪审团审判制度引入当地，作为普通法诉讼程序的重要组成部分。加拿大、新西兰、澳大利亚的许多地区都属于这一类型。

第二种类型是，在英国的有些殖民地，以前曾经被别的殖民者占领并建立了相应的法律制度。在这样的地区，英国的制度是在原来制度的基础上增加上去的。例如，在南非和锡兰（即今之斯里兰卡），英国殖民者到来之前，就曾经为荷兰人所占领，荷兰人在这里建立了罗马—荷兰法律制度。在这两个国家，英国殖民者到来之后，都很快就引进了陪审团审判制度。

第三种类型是，在另一些国家，本国的制度已经得到很好的建立

---

[48] Lester W. kiss, *supra* note 47, p. 267.
[49] Lester W. kiss, *supra* note 47, p. 267.

并且长期得到执行,比如印度和肯尼亚这样的国家,本国的制度为当地人所保留,而统治者则适用普通法的制度。在这种地方,陪审团的功能仅仅限于普通法得到适用的场合。不过,在印度,普通法逐渐延伸到适用于所有非欧洲血统的人群。所以,陪审团审判的适用也得到相应的扩张。印度独立后,陪审团审判虽然未在全国范围内确立,但是仍然适用于很多邦。[50]

对于陪审团的实施情况,则可以分为两种类型:

第一种类型是,在美国、加拿大、澳大利亚、新西兰等国家,由于不列颠居住者的比例优势,陪审团的实行是令人满意的。在这些国家的有些地区还有一些有趣的经验,如引进了多数裁决机制,或在民事案件中使用规模小得多的陪审团:在新南威尔士,从1844年起,民事案件的陪审团就是由4人组成。就像在英格兰一样,它在民事案件中的使用和在轻微刑事案件中的使用正在衰退,不过这种衰退在其他国家的程度并不一样。

第二种类型是,在非洲各国,陪审团的移植可以说并不成功。在第一个西非殖民地,陪审团审判制度得到引进,但是,由于未能战胜反非洲的偏见,以及广泛的贿赂使它在19世纪末期在民事诉讼中完全抛弃了这一制度;同时,在刑事案件中,则要么削减适用陪审团审判的案件数量,要么代之以参审的制度。[51] 这一令人警醒的经验使英国在随后建立的非洲殖民地中不再引入陪审团制度。在南非,种族偏见十分普遍,所以政府有权在某些刑事案件中实行由1名法官和2名受过法律训练的陪审员(通常是大律师)组织审判。这样的案例出现于1914年,后来又延伸到政治案件,以及被害人和被告人属

---

[50] W. R. Cornish, *The Jury*, Allen Lane the Penguin Press London, 1968, p. 16.
[51] W. R. Cornish, *supra* note 50, p. 15.

于不同种族的所有案件中。[52]

(二)陪审团失败的原因

1. 南非

很多理论家认为,陪审团审判制度在南非没有获得支持的原因主要在于它在非洲的失败。[53] 在对非洲国家做了一项穷尽性质的研究后,杰雷发现,所有英国在非洲的殖民地都没有扩大陪审团审判的范围,原来没有建立陪审团审判制度的地方,独立后也没有引进陪审团审判,尽管所有这些国家都把民主作为自己追求的目标。杰雷认为,陪审团审判制度要发挥正常的功能,必须具备如下条件:第一,陪审团审判实施的社区必须具有社会同质性,即该社区必须没有大的种族、宗教、文化和语言差异;第二,社区的居民必须受过足够先进的教育,以便能够理解其责任,并战胜可能的个人偏见从而完成其职责;第三,社区的人民对于要求他们实施的法律达成基本的同意。[54]

按照这一标准,非洲没有任何地方符合这三个条件。因为非洲是一个人种、种族、宗教、语言全面多元的社会,在历史上,种族冲突、部落冲突和集团冲突此起彼伏,令人眼花缭乱,人们自然地担心,陪审团可能无法承担起伸张正义的重任;同时,由于语言的差异,同一个陪审团可能需要同时配备3名、4名、5名甚至7名翻译,这将使整个司法制度不堪重负。[55]

杰雷的分析不能说完全没有道理。但是,这并不是非洲陪审团审判失败的原因。我认为,非洲陪审团失败的原因并不在于陪审团

---

[52] W. R. Cornish, *supra* note 50, p. 17.
[53] Marshall S. Huebner, *supra* note 43, p. 973 (1993). 该文作者即持这种观点。
[54] Marshall S. Huebner, *supra* note 43, p. 974 (1993).
[55] Marshall S. Huebner, *supra* note 43, p. 974 (1993).

审判制度本身,也不在于所谓的社会同质性。如果说社会同质性是实行陪审团审判的首要条件的话,美国在殖民地时期显然不具备这一条件,但是陪审团在美国却取得了巨大的成功。关于陪审团成功的第二个条件,也没有说服力,因为,在英国刚刚实行陪审团的时候,当时的人们也很少受过教育;在澳大利亚引进陪审团审判的时候,当时居住在澳大利亚的主要是没有受过教育、在英国因为盗窃2英镑而被定罪的人(参看前面的介绍)。但是,陪审团在澳大利亚的实施也比较成功。至于第三个条件,则显然是对陪审团审判制度的误解。陪审团审判制度的主要功能恰恰并不在于实施国家制定的法律,而在于体现社区的意志或公共意志。如果陪审团不同意国家法,它能起到促进国家法改革的作用。所以,社区人民对国家法的同意不仅不是陪审团审判获得成功的必要条件,恰恰相反,社区人民对国家法必要的保留,才是陪审团审判制度,尤其是陪审团可以取消法律这一制度的价值所在。如果大家对国家法律一致同意,陪审团就无须享有否决法律的权力。所以,杰雷的分析最多只能得出这样的结论:在符合这些条件的地方,陪审团审判可能更容易获得成功;但是,这些条件并非陪审团审判成功的必要条件。

那么,陪审团在非洲的失败究竟是因为什么呢?笔者认为,陪审团在非洲的失败只有一个原因,那就是,殖民者并不想真心实意地在非洲实行陪审团审判;相反,他们实行的是极端的种族主义政策。在陪审团引进之后,所有的非欧洲人均被剥夺担任陪审员的资格,只有欧洲的男人才可以担任陪审员;这样,陪审团就成了执行种族主义政策的工具。[56] 陪审团的民主功能是通过让与被告人身份平等之人(The peers)审判被告人这一机制来实现的。陪审团体现社区意志或公共意志的功能,也是通过这一机制来实现的。因为,只有当陪审员

---

[56] Tracy Gilstrap Weiss, *supra* note 24, p. 111.

来自被告人居住和生活的社区,与被告人有着大致相同的地位和生活背景的时候,才可以说陪审员代表了该社区的意志和公众的良心。从陪审团产生的历史来看,它就是依靠这一机制来发挥作用的,来自英国的欧洲人不是不了解陪审团的这一历史背景。所以,他们应当知道,完全由欧洲的白种男人组成的陪审团,在非洲是不可能发挥陪审团在英国所发挥的那样的功能的。为了让陪审团实现这样的功能,唯一的解决办法就是让占非洲绝大多数人口的本地黑人担任陪审员,但是,这样的举措在非洲从未出现过。当议会先入为主地观察如果让黑人组成陪审员结果会如何的时候,其得出的结论也是,"他们的先进程度不足以胜任陪审员(的重任)。"[57] 所以,整个陪审团审判制度就不可避免地沦为种族歧视和种族分离政策的工具。正如邱伯(J. A. Chubb)在一篇文章中所指出的那样:"(整个)南非政府的设计思路,就是压迫多数和维护少数人统治。"[58]

在这种情况下,无论陪审团实施的效果如何,占非洲人口大多数的黑人决不会对陪审团有好感。这样,在南非废除种族隔离政策之后并推行民主的时候,他们没有想到实行陪审团审判制度也是十分自然的。[59]

2. 日本

在日本,陪审团的引进是由于民主的风气;陪审团的废除则纯粹是纳粹主义的结果。1923 年,日本通过《陪审团法》的时候正处于"大正民主时期",主要是由于当时全国范围的民主运动,才使当时的首相原敬(Premier Takashi Hara)能够保障日本的普通公民通过担任陪审员的形式直接参与司法活动。但是,到 1928 年日本首次实行陪

---

[57] See from Tracy Gilstrap, *supra* note 24, p. 112.
[58] See from Tracy Gilstrap, *supra* note 24, p. 112.
[59] 在本书的最后一章,我们将会看到,这种情况正在悄悄地改变。

审团审判的时候,政治风潮已经转向了法西斯主义。这一年,大批的日本共产党员遭到逮捕;1935 年,日本的另一民间组织遭到彻底的镇压。[60] 来斯特·凯斯在其文章中指出:

> 军国主义和法西斯主义的政治和文化环境与陪审团制度的上升是逆流而动的,因为,这一环境鼓励了资产阶级放弃陪审团审判,同时又阻碍了那些信仰为共产主义和社会主义意识形态的被告人实现陪审团审判的权利,而恰恰是这些人最需要陪审团审判。从而,主要的社会阶级都不关心陪审团的命运,因为,他们要么不在乎陪审团审判,要么不被允许获得陪审团审判。从而,陪审团制度的各种可能的优势在法西斯主义的风暴中终于散失殆尽。[61]

(三)陪审团成功的经验

如果说陪审团的成功必定有一些内在的因素在起作用的话,那就是,陪审团的配套制度必须得到相应的引进。陪审团的功能是实现民主,保障自由,在审判中引进社区意志和公众良心,其机制则包括:陪审团裁决为终局性裁决;陪审团的组成必须具有随机性;陪审员的挑选必须具有随机性;陪审团应当拥有否决现行法律的权力;被告人有权对陪审员提出回避申请;等等。可以看到,只要是陪审团的这些机制得到保留的地方,陪审团就能获得尊重,其实践效果也就比较满意;只要是这些机制没有得到保留的地方,陪审团的效果就会打折扣。如果说陪审团在英国殖民地的引进有什么值得学习的经验的话,我相信这应当是最重要的经验。

另外,有些因素则不具有必然性,而仅仅有借鉴意义。例如,陪

---

[60] Lester W. Kiss, *supra* note 47, p. 268.
[61] Lester W. Kiss, *supra* note 47, p. 268.

审团在美国的移植，其成功在很大程度上是因为它在历史上享有的保障自由的声望。这一历史仅仅是美国人尊重陪审团制度、热爱陪审团制度的原因之一，美国陪审团之所以能够享有这样的声望，最根本的原因还是由于美国殖民地期间的陪审团审判，基本上保留了英国陪审团审判的风格，保留了陪审团发挥其功能所必需的机制。如果没有这些机制，陪审团也很难在美国获得成功。以上对南非和日本的陪审团制度失败的分析，也可以从反面来证明这一点。

第四编
对抗制的发展与当代陪审团审判

Jury Trial and
the Adversary System

第七章 对抗制的现代化与证据法的诞生

一、律师的介入与对抗制的现代化

本书在第四章的论述中已经指出,中世纪之陪审团审判具有弹劾式诉讼的基本特征,而弹劾式诉讼正是对抗式诉讼的前身。从历史的角度而言,弹劾式诉讼是与纠问式诉讼相对应的,对抗式诉讼则是与非对抗式诉讼相对应的。前一组概念是用来形容中世纪英国和欧洲大陆实行之诉讼程序的区别,后一组概念则是用来形容近、现代英美法系和大陆法系诉讼程序的区别。就中世纪而言,陪审团的存在决定了其诉讼模式只能是弹劾式,这一点在前面的章节中已经加以论述。但是,近现代英美法系对抗制的发展,却不是陪审团审判的结果。并且,实际上,中世纪英国的弹劾式诉讼也不是陪审团的创造,陪审团只是保留了古老的弹劾式诉讼的特征而已。我们可以说,陪审团作为一种诉讼机制,它是一种保守的因素,而不是一个变革的因素。所以,陪审团审判对于近现代对抗制的形成,其功劳仅仅在于它为对抗制提供了一个良好的弹劾式诉讼的基础。

在1220—1800年期间,陪审团审判已经基本具备了现代对抗制的基本要素。但是,直到1700年的时候,英国的对抗式诉讼也并未发展成熟。本书在绪论中指出:对抗制是一个历史的概念,一个发展的概念;当代英美法系对抗制的主要内容,包括放任自由主义的意识形态、平等分权的法官体制、积极活跃的律师辩护,以及复杂精致的证据规则。在 1700 年以前,当代对抗制的后两个组成部分——积极活跃的律师辩护以及复杂精致的证据规则,都还没有出现;而当这两个因素出现以后,英美法系的陪审团审判与对抗式诉讼都发生了很大的改变。其中,辩护律师的介入对于近现代对抗制的形成发挥着关键的作用。

在 17 世纪晚期以前,刑事重罪案件(包括叛逆案件)中的被告人都不允许有律师辩护。这样的制度在 17 世纪中期的时候就开始遭到批评。怀特洛克就曾经说道,我们的制度允许王室为一个 6 便士的案件提供律师代理,却不允许被告人为自己的生命聘请律师代理辩护。[1] 因此,他建议:"被告人应当有一个律师代替他进行法律答辩,但是法律却没有赋予他们这样的权利,我认为,出于正义的考虑,应当对这样的制度进行改革,应当赋予人们这样的权利。"[2]

怀特洛克的建议在当时显然没有得到应有的重视,因为重罪案件和叛逆案件被告人没有律师辩护的实践一直延续到 1696 年。正是从那个时候,人们才开始认识到,对叛逆罪的审判程序不允许被告人拥有律师辩护是不公正的;尤其是 1670 年到 1688 年的这段时期,许多在政治上非常显耀的人物,由于不具备对无根据的指控进行自我辩护的能力而被定罪并处以死刑。当时的人们普遍认为,在叛逆案件中,王座法院的法官经常带有倾向性,他们总是向着国王,而在一般重罪案件中,法官则不会这样。所以,1696 年的《叛逆法》在序言中规定了叛逆案件被告人有权获得律师辩护。但是,律师的权利是有限的。一开始,律师只允许就法律问题发表意见,就事实问题则不能发表意见。这种状况延续了至少一个世纪。[3]

─────────────

[1] J. S. Cockburn, *A History of English Assizes: 1558-1714*, Cambrdge, 1972, p. 121.

[2] Leonard W. Levy, *Origins of the Fifth Amendment: The Right Against Self-Incrimination*, Ivan R. Dee, 1999, p. 322.

[3] R. H. Helmhloz et al., *The Privilege against Self-Incrimination: Its Origins and Development*, The University of Chicago Press, Chicago & London, 1997, pp. 87-88.

根据郎本的叙述,直到 1730 年的时候,英国的法官都是审判的主角,而律师则只是起到陪衬的作用。[4]

即便如此,其他重罪案件中的被告人也还是不能获得律师帮助。直到 1836 年,被告人可以获得律师帮助的权利才扩大到所有案件。并且从 1837 年开始,重罪案件中的被告人可以获得律师在各个方面的帮助。[5] 这就是说,辩护律师既可以就法律问题进行辩护,也可以就事实问题进行辩护。不过自 1696 年以后,律师刑辩业务就获得了蓬勃的发展。在美国的有些郡,被告人有律师辩护的实践开始的时间更早,实践范围也更广泛。从表 7-1 所列数据来看,被告人获得律师帮助的比例还是非常高的。

表 7-1 弗里德里克郡被告人律师代理的比例[6]

年代	重罪	轻罪	总计
1767—1771 年	27.5%(14 件)	15.1%(26 件)	17.9%(40 件)
1818—1825 年	92.1%(222 件)	36.6%(123 件)	59.7%(345 件)

律师介入的第一个效果当然是使被告人获得更加周到的保护。这一点同样可以从对被告人定罪率的下降这一事实得到显示。根据赖斯的统计,在辩护律师介入之刑事案件比例逐渐增加的同时,对被告人定罪的比例也在逐渐下降。在同一个郡,从 1749 年到 1779 年,陪审团审判的被告人被定罪的比例为 62%,这一比例在接下来的二十年中得到维持。但是在 1800—1819 年期间,这一比例下降到

---

[4] See from Gordon Van Kesse, *Adversary Excesses In The American Criminal Trial*, 67 Notre Dame L. Rev. 403, 426(1992).

[5] Stephen A. Landsman, *A Brief Survey of the Development of the Adversary System*, 44 Ohio St. L. J. 713(1983), 732.

[6] 资料来源:James D. Rice, *The Criminal Trial before and after the Lawyers: Authority, Law, and Culture in Maryland Jury Trials, 1681 - 1837*, 40 Am. J. Legal Hist, 455, 457 (1996).

45%,在 1820—1837 年期间则保持在 48%。[7]

　　导致这一结果的原因,则是由于律师的介入改变了法庭审判的结构。在没有律师的审判中,能够影响案件结果的只有法官、当事人、证人和检察官,在这个结构中,被告人处于非常不利的地位:一方面,他必须为自己辩护;另一方面,他说的话又常常不能获得信任。而辩护律师的出现则使检察官和法官为被告人提供帮助的角色进行了转换。在这以前,检察官也被要求必须注意保护被告人的利益,法官也被要求在必要时为被告人提供咨询。但实际上,这种一身多任的角色被实践证明是行不通的。所以,律师的介入使检察官和法官摆脱了这种多重身份的束缚,并为被告人安排了一个专门保护其利益的主体。实践证明,这个新主体对其委托人利益的照顾远胜于法官和检察官对被告人利益的照顾。所以,律师辩护起到了使法庭权力朝被告人方向平衡的作用。

　　不仅如此,律师介入的第二效果是促进了对抗式诉讼的形成。辩护律师使法庭辩论成为一种高度技巧性和专业化的作业,从而使整个法庭审判变得日益复杂起来。法庭辩论不再是中世纪的自然辩论,而是加入了许多规则性限制。这些限制刚开始可能是针对律师的,但是律师们也乐于接受这些规则,因为这些规则有利于形成辩护行业的垄断。日趋复杂的诉讼规则为律师提供了更多的工作,其中的证据规则就是最具有代表性的成就。在下一节,我们将讨论证据规则的产生。不过在结束本节之前,还要指出,律师的介入使被告人获得了比以前更加周到的保护,这种保护是通过陪审团审判这个前提得到实现的。如果没有陪审团审判,律师的作用可能受到更多的限制,当然也不可能引起定罪率的明显下降。

---

[7] James D. Rice, *supra* note 6, p. 458.

另外,对抗制的形成也与当时的经济发展状况有关系。在 18—19 世纪,经济的发展导致了人们越来越多地依赖于法律程序解决争端,而解决争端必须有一个透明的可以看得见的中立的机构。如果这一机制是中立的,它首先必须是与案件无利害关系的,对于事实的发现必须持消极的态度。兰斯曼认为,陪审团正好满足了这一要求。[8] 正是中立原则使法庭的争议裁决机制变得可以信赖,它也为新的社会集团在法庭上为自己的利益寻求辩护提供了一个公开的论坛。

二、证据规则的产生及其法典化

(一)证据规则的雏形

从公元 700 年到公元 1200 年,无论是欧洲大陆国家还是英格兰,都不具备产生证据规则的条件,因为这时候实际上并没有严格意义上的审判,一个人被指控犯罪以后只能通过水火考验、共誓涤罪、决斗的方式来证明自己的清白。因此,诉讼本身不需要现代意义上的证人,也不存在现代意义上的"说服"。法庭的功能仅仅是证实它曾经以适当的方式观察过上述这些活动,而并不认为它拥有直接作出它自己的推理的权力。但是,诚如威格默所言,一些标志性事件的产生,的确具有证据规则之雏形的意味,这些事件包括传唤证人以证明某个文件、宣誓生效所必须具备的数量要件,以及印章在证明存在某一契约方面所具有的排他性证明力等。[9]

1215 年以后,欧洲大陆与隔海相望的英格兰在诉讼程序方面走上了完全相反的道路。在欧洲大陆,非理性的审判方式逐渐被纠问式诉讼所取代,纠问式诉讼的目的在于获得完全的证明,这种完全的

---

[8] Stephen A. Landsman, supra note 5, p. 738.
[9] John Henry Wigmore, *Evidence*, Peter Tillers Rev., Little Brown and Company, 1983, p. 607.

证明严格并且明确地规定了证明的质量和数量方面的证据标准。这种证据制度被称为法定证据制度。[10]

在英国,非理性的审判方式为陪审团审判所取代。在这种审判方式实行之初的几个世纪,对于定罪的原则性标准或者关于证据的规则几乎都没有什么要求。实际上,从 1200—1500 年长达 300 年的时间里,陪审团的司法功能在逐渐发展,其中最显著的贡献也许就是使现代意义上的"说服"成为一种必要的设置。因为大多数学者都认为,陪审团在 17 世纪以前都是凭借自身的知识就案件作出裁判。最新的研究也表明,直到 15 世纪的时候,陪审团才不再是一个在信息方面自给自足的团体,而是成为一个听取和评价证据的主体。[11] 在这期间,英国法中没有任何证据规则得到发展。[12]

在陪审团转变为一种在法庭上听取证言的审判机制之后,证据规则也没有马上就产生。比较普遍的观点认为,普通法上证据规则的形成是在 17 世纪,尽管有些规则的存在可能还要稍早于这个时代。在 1745 年英国的一个案件中,大法官哈德维科指出,当时唯一通行的证据规则是"最佳证据规则"。[13] 在最早的证据法著作中,吉尔伯特集中论述的也是这一规则。尽管威格默声称 1790—1830 年期间证据制度的丰满时期已经到来[14],但直到 19 世纪 80 年代,当史帝芬在写作他的三卷本《英国刑法史》的时候,他还在说:

---

〔10〕 有关欧洲大陆法定证据制度的内容,详见 A. Esmein, *A History of Continental Criminal Procedure*, The Law Book Exchange Ltd., 2000, p. 251 infra。

〔11〕 Barbara J. Shapiro, *Beyond Reasonable Doubt and Probable Cause: Historical Perspectives on the Anglo-American Law of Evidence*, University of California Press, London, 1991, p. 4.

〔12〕 John Henry Wigmore, *supra* note 9, p. 607.

〔13〕 *Omychund v. Barker* (1745)1 Atk, 21, 49.

〔14〕 John Henry Wigmore, *supra* note 9, p. 609.

"据我所知,与刑事诉讼有关的证据规则,仅仅只有四条。"[15]这四条规则可以视作证据规则的雏形。

第一,被告人及其配偶无资格作证。这是传统证据法中最重要的内容。根据这一规则,被告人的妻子或者丈夫都不得被迫在法庭上作证反对其配偶。这一规则最初是在民事诉讼中得到确立,后来才影响到刑事诉讼的。[16]

第二,供述必须出于自愿。这一规则是通过一系列的司法判例发展形成的。1783年的一个案例最早宣布了这一规则。在吉尔伯特于1801年出版的《论证据》一书中,已经有关于这一规则的论述。曾经有一段时间,法官倾向于排除所有的供述证据,同时任何引诱被告人供述的行为都是被禁止的。被告人供述必须出于自愿的原则与英国普通法上一直强调拷打为非法的规则密切相关。

第三,除被害人关于其死亡原因的临终遗言之外,传闻证据一律加以排除。这一规则大致确立于18世纪80年代,因为史蒂芬在其1881年出版的《英国刑法史》一书中就宣称,这一规则已经实行至少100多年了。[17]

第四,品格证据通常被认为与案件无关,但是实践中放任其存在。从诺曼征服开始,被告人的品格即被用来作为决定是否允许其以共誓涤罪的方式洗刷自己的清白的标准。斯图亚特王朝时期,凡是关于被告人曾经犯有重罪或轻罪的证据,都可以随意在法庭上出示。当然,关于被告人品行良好的证据也是具有可采性的。

---

[15] Stephen, *A History of the Criminal Law of England*, Vol. 1, Macmillan and Co., 1883, p. 439.

[16] 关于这一规则之详细论述,可参见 R. H. Helmholz, Charles M. Gray, John H. Langbein, Eben Moglen, Henry E. Smith, Albert W. Alschuler, *The Privilege against Self-Incrimination: Its Origins and Development*, The University of Chicago Press, 1997。

[17] Stephen, *supra* note 15, p. 447.

(二)交叉询问规则的产生

在陪审团由证人向裁判者身份转化之后很长一段时间内,几乎都没有什么关于询问证人的规则;证人可以自由地陈述他知道的事实,而不是通过询问的方式陈述事实。由控辩双方通过询问让证人陈述事实的做法最远可追溯到乔治三世的时候。[18] 但是,当事人可以由律师代理向证人进行交叉询问的权利却是在18世纪初期发展起来的。威格默赋予这一权利十分重要的意义,他认为交叉询问权获得承认的一个显著效果,就是通过法庭审判中对证人的多重询问而发展出了证据规则,并使其中很多细节的方面自然地成为证据规则中的显著部分。[19] 但是,尽管交叉询问的权利已经发展起来,在开始的时候,对证人进行询问的规则却仍然十分稀少,其最基本的要求仅仅是必须平静和公正。按照普通法的诉讼程序,在检察官或私人起诉者作开庭陈述之后,就是对证人进行询问。询问首先由控诉方开始,其询问被称为主询问(chief examination),然后,如果被告方聘请了律师,则由其律师进行询问,其询问被称为交叉询问(cross-examination);若被告人没有聘请律师,则由被告人自己进行交叉询问。王室的检察官在被告方交叉询问之后还可以再询问(re-examination)。法官和陪审团在认为必要的时候也可以进行询问。主询问的目的是让证人以连续而不间断的方式陈述相关的事实,并保证其陈述不至于偏离审判的主题。交叉询问的目的有两个方面:一方面,促使证人讲述其在主询问过程中没有讲述的对被告人有利的事实;另一方面,验证证人在主询问过程中叙述之事实的正确性,再询问的目的在于澄清证人在交叉询问过程中暴露出来的疑点或问题。

---

[18] Stephen, *supra* note 15, p. 431. 乔治二世于1760年去世,乔治三世继位。Churchill, *A History of the English-Speaking Peoples*, Cassell & Co., 2000, p. 443。

[19] John Henry Wigmore, *supra* note 9, p. 608.

询问过程中最主要的规则是,在主询问过程中,不能对证人进行诱导性询问。所谓诱导性询问,是指早已设定好答案的询问。在询问过程中也不能提出诱导性问题,但在交叉询问过程中则允许进行诱导性询问。但是,这一规则在证人看起来可能对传唤他的一方不利的情况下可由法官酌情决定不予适用。一个比较普遍的例子是,如果证人在接受治安法官询问时对某一事实有所陈述,而在法庭上却对此事实犹犹豫豫、支支吾吾,就可以对其提出诱导性问题。[20]

（三）排除合理怀疑标准的确立

17世纪以前,由于缺乏明确的记录,法官如何就证明程度问题指示陪审团,现今不得而知。大约从1678年起,公众开始关注证人的可信性和定罪的证明标准问题。许多戏剧性的审判,大部分是叛逆案件的审判,都以小册子的形式被印制和记录下来。刑事诉讼中证明标准的表述,诸如"与良心保持一致","达到道德上的确定性",以及"排除合理怀疑"等,都是在17世纪晚期和18世纪发展起来的,而这种发展又是以日常生活事务中已经发展出来的原则为基础的。1683—1700年比较流行的表述是"与良心保持一致"[21];1700—1750年,最常用的表述则是"将你们的信仰建立在证据的基础上"。[22] 到1750年以后,法官和律师们开始关心陪审团可能产生的合理的疑问,但是在大多数案件中,指示的公式仍然没有改变。但是,在1752年的一个案例中,检察官对证据发表的评论是:"（我们的证据）如此强有力并如此具有说服力……以致对它（被告人有罪这一事实）已经不容有一点怀疑。"[23]这是历史上第一次出现的与现代

---

[20] Stephen, *supra* note 15, p. 430.
[21] Barbara J. Shapiro, *supra* note 11, p. 264, footnote.
[22] Barbara J. Shapiro, *supra* note 11, p. 20.
[23] Barbara J. Shapiro, *supra* note 11, p. 21.

"排除合理怀疑"的证明标准如此接近的表述。莫拉诺认为,"排除合理怀疑"的公式是由检察官首先提出来用以取代"排除任何怀疑"这一公式的,其目的在于降低证明的标准,减少对被告人在证明方面的保护。对此,夏皮罗提出不同意见,她认为,"任何怀疑"这一术语并不意味着陪审团在案件存在着不合情理之怀疑的情况下必须将被告人无罪释放;相反,"道德上的确信"就是表示"排除合理怀疑",如果对一个人还有真正的怀疑,他就不可能达到道德上的确信。因此,"排除合理怀疑"这一术语并非用来取代"排除任何怀疑"这一标准,它实际上是用来澄清什么是"道德上的确信"和"信仰上的满足"。事实上,在很多案件中,在"排除合理怀疑"得到使用的场合,同时也都采用了这样的表述:"如果你们相信(被告人有罪)","如果你们(对被告人有罪这一事实)在良心上感到满足",或者"如果你们对(被告人有罪的)证据感到满意"。所以,排除合理怀疑仅仅是道德确定性的一种更为清晰的解释。[24] 对怀疑的强调几乎毫无疑问与日益增长的辩护律师有关,它明显地是出于维护被告人的利益而强调怀疑(而不是强调合理怀疑)。

在1770年的一个案件中,检察官总结说:"(如果你们认为)证据没有使你们确信到排除合理怀疑的程度",那么你们可以将被告人无罪释放。但是,在这个案件中,法官对陪审团的指示仍然是:"如果从总体上看,你们对被告人的定罪存在任何怀疑,我们都必须按照法律规定,宣告被告人无罪。"[25] 这个案件从另一个侧面加强了夏皮罗的上述观点。也是从这个案件以后,排除合理怀疑的标准得到了普遍采用,虽然其他的说法也仍然流行了一段时间。

在美国,排除合理怀疑的标准也于18世纪末期得到采用。在

---

[24] Barbara J. Shapiro, *supra* note 11, p. 21.
[25] Barbara J. Shapiro, *supra* note 11, p. 22.

1789年的一个案件中,法官对陪审团的指示就是:"对于被告人无辜的假定不可能(为真)(这一点),你们必须被说服到排除任何合理的实质性怀疑的程度。"[26]但是,排除合理怀疑正式被采用则是1850年以后的事情。这一年,在一个案件的审判中,排除合理怀疑这一概念得到精确的定义,并且这一定义得到广泛的采纳:"它并不仅仅是指可能的怀疑;因为任何与人类事务有关的、需要依赖道德证据的事情,都存在着一些可能的或者想象的怀疑。它是这样一种状态,即在完全地比较和考虑了所有的证据之后,留在陪审员大脑中的印象应当处于这样的状态,他们不能说他们觉得对于指控的事实有一种道德上确定的、持久的信念……证据必须证明事实真相到排除合理怀疑的道德确信的程度;这一确信必须能说服并且指示(人类的)理解能力,并且能够满足理性和判断的要求……这样我们才认为达到了排除合理怀疑的证明。"[27]

(四)当代英美证据规则的法典化

比起早期英美法系的证据规则,现代的证据规则要复杂得多。这些规则都是通过判例的形式逐渐确立的;但是引人注目的是,无论是英国还是美国,都先后走上了法典化的道路,而在法典化的道路上,英国和美国又渐有分道扬镳之趋势。

在英国,证据规则很早就走上了法典化的道路,其最早的证据法典可能要算是1843年适用于民事诉讼的《证据法》。[28] 该法分别于

---

[26] Barbara J. Shapiro, *supra* note 11, p. 24.
[27] *Commonwealth v. Webster*, 59 Mass. 295, 5 Cush. 295, 320 (1850).
[28] Evidence Act 1843. 这是 *Murphy On Evidence* 一书中列出的年代最为久远的成文证据法典。See Peter Murphy, *Murphy on Evidence*, 7th Edition, Blackstone Press, Lodon, 2000, p. viii. 以下在引用时简写为 Peter Murphy, *Murphy on Evidence*。有些中文的证据法著作中提到的1831年《委托取证法》(Evidence on Commission Act),很可能是有关证据方面的程序法。

1845年、1851年、1877年、1838年、1968年、1972年和1995年修订。[29] 在刑事方面，英国也分别于1898年颁布了《刑事证据法》[30]，并于1965年、1979年、1984年、1989年和1999年进行了修订；1984年，英国又通过了《警察与刑事证据法》；1988年又通过了《刑事司法法》。[31] 看上去，英国在刑事证据立法方面，似乎是要将证据制度与司法制度的内在目标有机地统一起来。

在美国，证据规则的立法在另一个方向上奋马疾行。1961年美国司法委员会批准建立一个证据规则咨询委员会，首席大法官沃伦任命了一个特别委员会考虑统一的证据规则是否可行和适当。[32] 托马斯·格林教授，这一特别委员会的报告人，准备了一份由该特别委员会批准的报告，声称这种统一的适用于联邦法院的证据规则既是适当的也是可行的。爱德华·克利雷教授被提名为咨询委员会的报告人。1969年，《美国联邦证据规则》的第一个预备草案发表。[33] 修改后的稿本于1970年经司法委员会同意后提交给最高法院。1971年，最高法院将该草案发表以供公众讨论。在考虑这些评论后，司法委员会对草案进行再次修订，并再次将其提交给最高法院。最高法院在审议并批准了其中一些小小的修订后，于1972年11月20日批准了该法案并予以公布。由于不满意关于证人特权的规

---

[29] Civil Evidence Act 1968; Civil Evidence Act 1972; Civil Evidence Act 1995.
[30] Criminal Evidence Act 1898.
[31] Police and Criminal Evidence Act 1984; Criminal Justice Act 1988.
[32] Committee on Rules of Practice and Procedure of the Judicial Conference of the United States, Preliminary Report on the Advisability and Feasibility of Developing Uniform Rules of Evidence for the United States District Courts, 30 F. R. D. 73, 75(1962). 关于最高法院是否有权通过这样的制定法的权力方面的讨论，可参见 Ronan E. Degnan, *The Law of Federal Evidence Reform*, 76 Harv. L. Rev. 275(1962).
[33] Committee on Rules of Practice and Procedure of the Judicial Conference of the United States, Preliminary Draft of Proposed Rules of Evidence for the United States District Courts and Magistrates, 46 F. R. D. 161(1969)

定,议会当即通过了一个法令推迟该证据规则的生效时间,直至其有议会批准为止。议会对证据规则举行了听证会,在修改了众多方面后,于1975年1月2日颁布,《美国联邦证据规则》于1975年7月1日生效。[34]

尽管英国和美国的证据规则都已经法典化,但是法典并不是证据规则的唯一渊源;相反,无论在英国还是美国,判例都是证据法最重要的渊源之一。另外,在英国,欧洲人权公约对其国内证据规则也有很深远的影响。在美国,国际人权公约以及其他国际法渊源,对于证据法的发展与使用也正在产生广泛的影响。

三、当代英美证据规则的主要内容

在英美法系,证据具有可采性的第一个条件是必须具有相关性。但是,法律对于相关性并没有给出一个标准。《美国联邦证据规则》倒是给证据的相关性下了一个定义:"相关证据指证据具有某种使某一待确认之争议事实的存在更有可能或更无可能的趋势。"[35]这样的定义实际上并不能说明什么样的事实具有相关性,什么样的事实不具有相关性,因为它并没有为某一事实使另一事实的存在更有可能或更无可能提供检验的标准。事实上,这个标准是不可能存在的,因为相关性本身更多的是一个经验性的判断。英美法系的证据法专家通常都承认,相关性问题更多的是属于逻辑问题和经验问题,只有可采性问题才是一个法律问题。[36]

相关性并不是可采性的唯一要求。很多在逻辑上具有相关性的证据,在法律上仍然不具有可采性。这就是我们通常所谓的排除规

---

[34] Act of Jan. 2, 1975, Pub. L. No. 93-595, 88 Stat. 1926 (1975).

[35] Federal Rules of Evidence, rule 401.

[36] 不同的意见也是存在的,关于此问题的讨论具体可参见 William Twining, *Rethinking Evidence: Exploratory Essays*, Northwestern University Press, 1994, p. 188 infra。

则的作用。[37] 证据法的核心部分就是证据排除规则。英美传统证据法理论认为,排除规则主要是出于两方面的考虑:一是为提高事实认定之准确性而设立的排除规则;二是出于与认定事实的准确性无关的考虑而设立的排除规则。前者包括品格证据的排除规则、传闻证据的排除规则、过去不良记录的排除规则、意见证据的排除规则以及相似事实的排除规则等;后者则主要是指特权规则以及有关非法获得的证据的排除规则。其中与陪审团最密切相关的规则是第一类规则。因此,以下将对第一类规则进行较为详尽之介绍。

(一)传闻证据

《加利福尼亚证据法典》对传闻证据的界定是:"传闻就是企图使事实的裁判者相信一个非在其面前作出的陈述。"[38] 例如,证人甲向法庭作证说乙曾经告诉他(甲)他(乙)看见被告人丙爬过一个商店的窗户,如果该证言被用于证明乙的陈述中所包含之内容的真实性,那么,甲的证据就是传闻证据。

通常,传闻证据是不具有可采性的,因为它往往导致两方面的危险:第一,传闻是对别人陈述的重复,这种重复内在地包含着出现错误和歪曲原先之陈述的危险;第二,由于提供传闻的证人本身并未亲身经历案件或者说并不了解案件事实,因此对其无法进行有效的交叉询问。但是,传闻证据规则也会使一些有价值的证据被排除在法庭之外。考虑到这一点,传闻规则又确立了许多例外。当美国准备

---

[37] 在美国,证据排除规则(Exclusionary Rule)专指非法证据排除规则,参见 Letitia D. Utley, *The Exclusionary Rule, Twenty-Fourth Annual Review of Criminal Procedure: United States Supreme Court and Courts of Appeals 1993– 1994 I. Investigation and Police Practices*, 83 Geo. L. J. 824, 1995, p. 824. 但在英国,证据排除规则则更多地指向包括非法证据排除规则在内的所有的证据排除规则。

[38] California Evidence Code, section 1200.

设计一个统一证据法时他们发现至少需要定义 31 种例外。[39]

在普通法上,其他法院的判决也不能作为证据用于现在正在进行的审判。举例而言,一场车祸发生之后,被害人提起侵权的民事诉讼。在民事诉讼中,原告不能以刑事法院对被告的定罪为证据证明他确实应当承担责任。他仍然必须以证人或其他证据的方式,证明被告人疏忽。这个一般原则被确定为是由上诉法院在霍林顿诉修特本(*Hollington v. Hewtborn*)[40]一案中确立的。其理论基础在于:原先的程序中法官的结论仅仅是原来的程序中法官对在法庭出示的证据的效果的一种看法;而这种看法可以看作一种传闻。这个规则是在陪审团审判在民事诉讼中仍占主导地位的时期发展起来的。其确立的原因在于陪审团可能会不知道应该给予这样的证据多大的分量;他们可能会将其视为绝对的证明而不顾其他相反的并意味着前一判决可能错误的证据。如今陪审团审判在英国民事案件中已经几乎销声匿迹了,所以现在的问题是法官能在多大程度上避免这样的危险。法律改革委员会得出的结论,是先前定罪的判决在接下来的诉讼中应当被许为证据使用。这一建议已经在民事证据法案[41]通过后生效。其效果在于将推翻先前定罪判决的举证责任转移到被告身上:他必须证明他为何必须不被定罪。在有些案件中,这样的安排会使原告在谈判中获得更早的或者更有利的解决,而这有可能是这一法律改革最本质的效果。

(二) 意见证据

根据《美国联邦证据规则》,所谓意见证据是"以推论或结论的形式,而不是以推论或结论所赖以形成的关于事实之陈述的形式(呈

---

[39] W. R. Cornish, *The Jury*, Allen Lane the Penguin Press London 1968, p. 85.
[40] *Hollington v. Hewtborn* (1943) K. B. 587. See also, W. R. Cornish, *The Jury*, p. 89.
[41] Civil Evidence Bill, 1968.

现的）证据；或者以想象或信仰，而不是以个人的知识为基础的证据。"[42]

普通法上的一般规则是证人的意见、信仰和推断不能作为证明争议事实的证据采纳。换句话说，证人不能就某件事情发表意见，而只能就其感知到的事实作出陈述。主要是因为这种证据侵犯了陪审团自己从事实中得出结论的权力。[43]但是这一规则受到三种例外情况的束缚：第一，如果公众关注的问题很难得到证明，那么一般的名声作为意见证据可以采纳；第二，如果法庭在缺乏这种证据的帮助下将很难达成结论，则专家证人的意见可以采纳；第三，非专家证人的意见可以在一个普通外行人能力和经验的范围内得到采纳。[44]

（三）品格证据

根据墨菲的论述，在证据法中，"品格"一词至少有三种不同的含义：第一，它意味着一个人在他所生活的、人们都认识他的社区中享有的名声（reputation）；第二，它意味着一个人以特定的方式行为的习性（habit）；第三，它可以指称一个人过去的历史中发生的某种事件（event），比如被告人过去被定罪的记录（previous conviction record）等。[45]

品格证据通常要予以排除，其中第三种情况通常又被称为"前科的排除规则"。但是，如果被告人首先提出他品行良好，他就自己将品行问题转变成一个争点，此时控诉方就可以对证明被告人品行良好的证人进行交叉询问，其目的当然是证明被告人的品行并不像他

---

[42] Federal Rules of Evidence, rule 701.
[43] Mark Reutlinger, *Evidence: Essential Terms and Concepts*, Aspen Law & Business, 1996, p. 181.
[44] Peter Murphy, *supra* note 28, p. 328.
[45] Peter Murphy, *supra* note 28, p. 131.

所希望法庭相信的那么好,这被认为是品格证据排除规则的一个例外。

(四)相似事实

"相似事实"(Similar facts)通常必须予以排除[46],但是也有很多例外,其中最典型的案例莫过于"浴缸中的新娘"案:史密斯被指控造成他第一任妻子的死亡,控诉方被允许证明他的两个后继妻子以相同的方式在同样特殊的条件下死亡;这样的证明是为了指出被告人第一任妻子的死亡高度不可能事出偶然。[47]

在英国,相似事实作为证据具有可采性必须满足两个条件:第一,该证据必须与犯罪行为本身相关,如果该证据仅仅与犯罪的情况相关,而不是与犯罪行为本身直接相关,那么与犯罪有关的情况条件必须具有显著的意义,必须直接指向犯罪的行为;第二,该证据必须与所指控的行为具有惊人的相似性,不能平平淡淡以致不具有证据上的重要性。[48]

在美国,相似事实被分成"性侵犯案件中的相似犯罪证据""猥亵儿童案件中的相似犯罪证据"以及"与性侵犯及猥亵儿童有关之民事案件中的相似事实证据"三大类分别以联邦证据规则进行规定。[49]

必须说明的是,在英国,法官对于证据的可采性拥有比较大的自由裁量权。如果法官认为允许一个证据进入审判程序的价值大于其

---

[46] 在英美法系的有些证据法学著作中,相似事实被放在"品格证据"一章中加以讨论,例见 Mark Reutlinger, *supra* note 43, Chapter 3。但在更多的著作中,相似事实又单独成为论述的对象,例见 Peter Murphy, *supra* note 28, Chapter 6; Richard May, *Criminal Evidence*, Sweet & Maxwell, 1990; John Huxley Buzzard, Richard May, M. N. Howard, *Phipson on Evidence*, 13th Edition, Sweet & Maxwell, 1982, chapter 12。

[47] *R. v. Smith*, (1915)11 Cr. App. R. 229.

[48] See from Peter Murphy, *supra* note 28, p. 180.

[49] 参见 Federal Rules of Evidence, rule 413, 414, 415。

可能在陪审团产生的不公正的偏见所带来的弊端的话,在刑事案件中,他在一定的情况下可以决定该证据具有可采性。如果刚好相反,则某些本来可采的证据他也可以排除。

四、陪审团对证据规则之影响

众多的学者认为,证据法的产生和陪审团有关。塞耶是这一观点最有力的鼓吹者。他声称:"以排除规则为其主要内容的英格兰证据法是陪审团最伟大也是最显著的成就。"[50] 塞耶的理由主要在于,如果小陪审团还和它开始产生的时候那样,不是在公开的法庭上,在法官的眼皮底下听取证人证言,而是依赖自身的信息,或者私下里去访问证人,则可以说证据法永远也不会产生;正是由于司法对当事人向陪审团举证的监督和控制,导致了证据制度的产生。塞耶说:"如果谁想要了解这一制度,就必须将它的这一来源牢记在心。"[51] 为了让人们对此来源牢记在心,塞耶在其十二章的《论证据》一书中花了四章的篇幅来叙述陪审团的产生和成长过程。在当代,仍然有不少学者认为证据规则乃是为陪审团审判而设置,并以此来解释其与大陆法系证据规则的差异。

不过,塞耶宣称"证据法是陪审团的儿子"[52] 这一论断本身也容易引起误解,使人误以为没有陪审团审判就没有英美法系的证据规则。但事实上却绝非如此。一方面,在欧洲大陆,尽管没有陪审团审判,但是他们在中世纪的时候就发展出很成熟的证据规则。这一事实说明,没有陪审团审判,同样可以产生证据规则,只不过不同的审判机制产生不同的证据规则。在法官审判的情况下,发展出了关于

---

[50] James Bradley Thayer, *A Preliminary Treatise on Evidence at the Common Law*, Augustus M. Kelley, Publishers, New York, 1969. p. 180.
[51] James Bradley Thayer, *supra* note 50, p. 181.
[52] James Bradley Thayer, *supra* note 50, p. 47.

证据之证明力的精致的规则,这些规则由法官来掌握;在陪审团审判的情况下,发展出了关于证据之可采性的精致的规则,这些规则也由法官来掌握,并且成为法官控制陪审团的一种工具。另一方面,即使有了陪审团审判,也不必然导致证据法的产生。因为陪审团审判制度本身是一个保守的因素,它自己不会积极地产生任何制度。如果证据法是陪审团审判的创造的话,那么为什么在陪审团审判产生的12世纪以及此后的将近500年时间中,证据法都没有产生呢?根据英国最早的证据法著作,一直到1726年,英国的证据规则也主要仅涉及三个方面的内容:文书的证明(the proof of writings)、利害关系人无资格作证(the disqualification of witnesses for interest),以及按照实体法标准是否存在充分的证据(the sufficiency of evidence according to the criteria of substantive law)。[53] 正如郎本所指出的那样,在16—17世纪,英国的证据法尚未存在;法官对陪审团的指示中并没有关于现代证据法的内容,而律师依照现在的规则应当提出反对的现象也很少发生;直到18世纪至19世纪,证据法才首先在刑事诉讼中产生,然后才延伸至民事诉讼领域。[54]

因此,证据规则的产生与陪审团审判制度实际上并无必然的联系,但是,这并不意味着证据规则与陪审团审判没有任何联系。事实上,陪审团由证人身份向法官身份的转变,为证据规则的产生提供了条件。在陪审团依赖自身信息判决案件的情况下,证据规则是不大可能产生的。所以,从1500年以后,当陪审团基本上不再依赖自身信息作出判断,而是在法庭上听取证人证言和当事人举出的其他证

---

[53] Anon. Geoffrey Gilbert, *The Law of Evidence*, Dublin, 1754. 该书出版于1754年,但是作者死于1726年,书中所述之证据规则自然应当是在他生前存在的证据规则。详见 John H. Langbein, *Historical Foundations of the Law of Evidence: A View from the Ryder Sources*, 96 Colum. L. Rev. 1168, 1172(1996)。

[54] John H. Langbein, *supra* note 53, pp. 1171-1202.

据,作为其裁决的基础的时候,陪审团就不再垄断对事实的认定,因为法官与陪审团一样,也参与了对证据的听取过程。参与这个过程为法官对事实的认定施加自己的影响提供了机会和借口,因为从这时候起他开始有资格也有能力对证据进行评论,并就如何适用法律对陪审团作出指示。从证据规则产生的这一前提,我们也可以理解为什么陪审团产生之初法官没有将认定事实的权力留给自己。等到他们认识到这一权力之重要性的时候,陪审团行使这一权力的事实已经深入人心,想改也改不了了。但是,他们不会轻易放弃对这一权力的争取,对陪审团的指示正是他们分享这一权力的现成的方式,而正是由于法官对陪审团的指示,使证据法的产生成为可能。所以,威格默认为,指导性审判的黎明正是证据法产生的"分水岭"。也正是在这个基础上,魏格默指出,尽管证据法的充分发展是 1790—1830 年之间的事情,其产生则应当是在 16—17 世纪,因为正是从那时开始法官对陪审团就证据问题作出指示。[55]

在这个意义上,本书认为陪审团审判为证据规则的发展提供了条件和契机。在英美法系,逻辑上具有相关性的证据仍然由于证据法的规定而不具有法律上的可采性,这些规则的存在很大程度上是由于人们相信,采纳这样的证据可能会给事实裁判者造成超过它本身应当具有的证据力的评价。在所有关于陪审团容易被不适当的证据误导的理论中,最典型的例子是传闻证据规则。传闻证据排除规则有很多合理的基础,但其中最重要的一条就是,提供传闻的人不能在法庭上接受交叉询问以检验其证言的可靠性:交叉询问由反对他的一方进行,法庭会观察他的一般表现,他说话强调的重点,以及他声调的高低等;这一理论背后的东西则是:人们不相信陪审团能够考

---

[55] See John H. Langbein, *supra* note 53, p. 1171.

虑到这种证据的缺陷。[56]

品格证据的排除规则也是受陪审团审判的影响。无论在英国还是美国,均不许控诉方将被告人的不良品行以及以前的定罪记录或者其他违法行为作为证据在法庭上出示。这一原则的主旨在于防止被告人因为偏见而被定罪。其基础显然是担心陪审团和其他事实法官对这样的证据给予不应有的分量。换句话说,品格证据规则是为了防止陪审团对这些证据赋予过高的证明力而设置的规则。与大陆法系不一样,关于以前的定罪不能在法庭上采纳这种证据,英美的法学家提供的解释完全不是因为不具有相关性,而是因为这样的证据容易导致陪审团对被告人产生偏见。对此,美国1947年的一个案件表述得十分明确:

> 州(政府)不得出示被告人先前被定罪的……这不是因为他的品格与案件无关;相反,是因为它可能导致陪审团过分看重这样的证据以致形成对被告人的偏见,从而拒绝给予其公正的针对特定指控进行辩护的机会。排除这一证据的至高无上的政策,就是基于这种实际的经验:拒绝这样的证据将会防止对争议问题的混淆,防止产生不公正的惊讶以及不适当的偏见。因此,尽管它有一定的证明力,也必须予以排除。[57]

在其他没有受到英国普通法影响的国家,对证据的出示和对待

---

[56] 早在1811年,普通上诉法院首席大法官詹姆斯·曼斯菲尔德(James Masfield)就指出:"在苏格兰,以及大多数大陆国家,法官既决定争议事实又决定法律,他们认为听取传闻证据没有危险,因为他们相信自己在考虑其对案件的判断时会不考虑这些证据,或者只给予其应有的极小的证明力。但在英格兰,陪审团是事实的唯一法官,因而传闻证据被恰当地排除,因为没有人知道这些证据将会对陪审团产生什么样的效果。"See *Berkeley Peerage Case* (1811) 4 Camp. 401. See from W. R. Cornish, *The Jury*, p. 84.

[57] *Michelson v. United States*, 335 U. S. 469, 475-476 (1948).

通常都采取了更为宽松的态度。在大陆法系,并没有基于事实裁判者可能会错误地评价这样的证据从而影响事实认定的精确性而将其予以排除的规则。事实是,大陆法系受过训练的法律家几乎一致地认为,这样的排除规则是不能接受的。[58] 比起英美法系的法律家,他们对外行法官在作出决定时不给予某些证据不适当的考虑的能力方面更有信心。但是,在通过立法预见将来方面,他们比英美法系的法律家又更加悲观,因为他们不相信在预见到特定种类的证据对认定事实的影响的基础上,可以成功地制定一套关于证据的法律规则。

所以,恰如塞耶等证据法学者所声称的那样,正是排除那些可能导致陪审团作出错误判断的需要,以及指示他们如何对待被容许的证据的愿望,共同构成了今天英美法系发展出如此精致和正式的证据法的首要原因。[59]

五、证据规则与陪审团裁决的正当性

那么,为什么需要防止陪审团作出错误判断,为什么需要告诉陪审团对待证据的态度？笔者以为,证据规则的产生,实际上反映了陪审团审判中裁判之可接受性[60]模式的转变。在 13 世纪陪审团审判

---

[58] Mirjan Damaska, *Evidentiary Barriers to Conviction and Two Models of Criminal Procedure: A Comparative Study,* in 121 U. Pa. L. Rev. 506(1973), p. 514.
[59] Thayer, *Evidence,* p.47; G. D. Nokes, *The English Jury and the Law of Evidence,* 31 Tulane L. R. 153(1956).
[60] 关于裁判事实可接受性之论述,可参见：Charles Nesson, *The Evidence or the Event? On Judicial Proof and the Acceptability of Verdicts,* 98 Harv. L. Rev. 1357, 1359(1985). 尼桑认为,裁决的可接受性是法律能够道德化和具有教育功能的关键。因此,审判尽管表面上看起来是一个发现真实的过程,而实际上则是一个剧场,是一场戏剧,公众通过参与而从中吸收应当如何行为的信息;尽管促进裁判事实精确性的措施通常也会促进裁判事实的可接受性,但是事情却并不总是这样。不仅如此,有些证据原则只能这样来理解：它们的目的不是获得裁判事实的精确性,而是获得裁判事实的可接受性。

刚刚诞生之时，陪审团之裁决体现着上帝的声音，裁判的可接受性主要来自非理性的力量；而在进入近现代以后，随着启蒙思想的发展与传播，陪审团裁判的可接受性日益需要以理性的方式来加强。正是在这一环境下，才产生了庞杂而精致的证据规则。仔细研究一下证据规则的内容，当不难得出以上结论。

从证据规则的内容来看，绝大多数基于认定事实的精确性而设置的证据排除规则其根本目的都是获得或者加强陪审团裁判认定之事实的可接受性亦即裁判事实的正当性、合法性（Legitimacy）。[61] 历来被视为为保障发现真实而设置的传闻排除法则，就是一个典型的例证。传统上一直认为，传闻规则是为保障发现真实而设置的规则。但实际上，如果传闻法则是为了保障真实的发现，那么，这一规则排除的就应当是不可靠的证据，而将比较可靠的证据作为例外赋予其可采性。实际上并非如此，往往是那些较有可靠性的证据被排除，而作为例外被赋予可采性的证据则不一定可靠。[62] 但是，他们仍然在坚持这一规则，原因就在于，这一规则虽然在一定程度上阻碍了真实的发现，但是它有助于实现裁判事实的可接受性。对此，尼桑做了精辟的分析。尼桑认为，传闻规则不能起到促使公众立即接受裁决的作用，因为可接受性可能会使公众要求法官考虑一切与案件有关的材料，而传闻证据通常也被认为具有相关性。但是，传闻证据规则可以使裁判认定的事实具有持续的可接受性。因为，未经交叉询问的传闻，可能会在裁判作出后遭到改变，从而使裁判事实的可接受性打折扣。而

---

[61] 虽然笔者并不赞成将裁判事实的可接受性作为证据规则唯一的价值目标，但是它至少是其中最重要的目标。发现真实实际上是服务于这一目标的，因为任何诉讼最终都必须解决其裁判事实的可接受性问题，却不一定要解决发现真实的问题，尽管真实的发现在多数场合可能会更有助于解决裁判事实的可接受性。

[62] Christopher B. Mueller, *Post-Modern Hearsay Reform: The Importance of Complexity*, 76 Minn. L. Rev. 367, 370−376(1992).

经过交叉询问的证言则可以降低证人改变证言的危险,即使证人日后改变说法,由于交叉询问,他先前在法庭上所作证言的可信性也会高于其改变后的证言。[63] 由此可见,以裁判事实的可接受性来解释证据规则的理论更加具有可接受性。

那么,为什么在陪审团审判的早期没有产生为获得裁判事实之正当性而产生的证据规则,直到18世纪末期才产生这样的证据规则呢?难道12、13世纪的裁判就不需要正当性吗?如果需要的话,此时的裁判正当性又来自何方?为了说明这一点,有必要简略回顾一下陪审团审判的历史。在证据规则产生的大约200年以前,陪审团在一定程度上具有证人的特征。[64] 这一点至少可以从两个方面得到证明。首先,陪审团的成员必须是来自争议发生地点的邻人。福特斯鸠告诉我们,至少有4名成员必须是来自主张之事实发生地的百户邑。[65] 从陪审团组成人员的地域限制我们可以看出,早期的陪审团成员至少有一部分是了解案件事实的人,或者是对于了解案件事实具有便利条件的人。其次,陪审团的裁决如果被推翻,则作出该裁决的陪审团成员要受到处罚。他们原来的裁决被认为是作伪证。这一点可以从当时大、小陪审团的组成得到论证。刚开始的时候,大陪审团的成员也是小陪审团的成员。有时候,在大陪审团决定被告人是否有罪的时候,为了更具有代表性,更多的人被加进来;有时候,只有部分大陪审团的成员参加决定嫌疑人是否有罪的程序。[66] 也就是说,在小陪审团决定案件时,至少其中的一部分成员

---

[63] Charles Nesson, *supra* note 60, p. 1374.
[64] 对陪审团从证人向法官身份的转换,可参见 John Marshall Mitnick, *From Neighbor-Witness to Judge of Proofs: The Transformation of the English Civil Juror*, 32 Am. J. Legal Hist. 201(1988). 亦可参看本书第二章。
[65] W. S. Holdsworth, *A History of English Law*, Vol. 1, Methuen & Co Ltd., Sweet & Maxwell Ltd., London, 1956, p. 313.
[66] W. S. Holdsworth, *supra* note 65, p. 324.

甚至是大部分曾经参加过大陪审团的调查和起诉工作。如果小陪审团的裁决与大陪审团认定的事实不一致,这样的裁决就表示陪审团的裁决前后矛盾。同样的陪审团在不同的场合作出不同裁决,这与证人在不同的场合作出不同的陈述没有本质上的区别。所以,他们必须以伪证罪论处。

既然陪审团是以了解案件事实真相之证人身份对案件进行裁判,不需要证据规则是很自然的;同时,他们也无须为裁判理由提供正当性说明——试想一下,有哪个证人会为自己所了解的案件事实进行推理性论证呢?了解了这一点,对于我们理解当今英美法系陪审团至今无须为其裁判提供理由具有至关重要的意义。毫无疑问,证人是无须为自己了解的案件事实提供理由的,只有当陪审团不再是证人,而是成为听取证人证言、审查当事人出示的其他证据之事实裁判者的时候,才需要为其认定的裁判事实提供推理性论证。

即使在陪审团逐渐脱离了证人的特征以后,也没有人想到要求陪审团为自己认定的案件事实提供一个正当性说明。这样的社会需要发展成为一种通过证据规则体现出来的制度也经历了一个逐步发展的过程。这主要是因为:

第一,法官仍然掌握着控制陪审团的工具。那就是,直至18世纪晚期,英美法系的法庭审判仍然保持着一元化法庭的运转模式,法官对事实认定过程的控制远远超过了我们现在所看到的程度。法官可以与陪审团进行非正式的交谈,并且可以对陪审团进行详尽的指示。最后,如果陪审团提供的裁决不能令他满意,他可以行使自由裁量权指令重审,甚至一些有个性的法官还要求陪审团退出法庭重新评议。[67] 因此,通过证据规则控制陪审团的需要尚未产生。

---

[67] John H. Langbein, *The Criminal Trial before the Lawyer*, 45 U. Chi. L. Rev. 263, 284-300 (1978).

第二,陪审团裁决从一开始就被视为是"上帝的裁决",在陪审团审判实行的最初几百年时间里,陪审团的声音一直被视为上帝的声音。当人们的思想意识还没有从蒙昧中完全解放出来的时候,要求法院为判决提供推理的想法也是不现实的。在这方面,英美法系的发展一直落后于大陆法系,甚至可以说,二者的发展方向简直是背道而驰的。在大陆法系,古罗马法中就存在着"法律理由停止之处,法律本身也停止"[68]的法谚;而直到今天,英美法系的法官在作出裁判时也不会就事实问题进行推理性论证。可以说,英美法系的诉讼制度从一开始就更加强调裁判结果的神圣性(无论实际上裁判结果是否具有这种性质),对此,也可以从证据规则本身的变化得出结论。在现代的证据规则产生以前,最主要的证据排除规则就是利害关系人不得作证的规则,这一规则是通过证人宣誓制度运转的:凡是与案件结果有利害关系的人均不得提供宣誓证言。因此,这一制度实际上将证人证言的可靠性建立在对上帝信任的基础上;相反,当证据规则发展起来的时候,证人证言的可靠性是通过律师对证人的交叉询问来保证的。[69] 因此,我们有理由相信,启蒙思想的逐步传播,使人们不再将陪审团裁判视为上帝的声音。在陪审团审判刚刚确立的时候,这种审判方式仅仅是蒙昧的、具有迷信色彩的古老的弹劾式诉讼的替代物。从某种意义上说,陪审团审判之所以能够取代古老的考验的审判方式,是因为它在很多方面与这些审判方式一样,均诉诸非理性的价值。[70] 因此,人们将陪审团的裁决视为上帝的声音是很自

---

[68] 〔德〕卡尔·拉伦茨,《法学方法论》,陈爱娥译,商务印书馆2003年版,第226页。
[69] 对此,可参见 John H. Langbein, *Historical Foundations of the Law of Evidence: A View from the Ryder Sources*, 96 Colum. L. Rev. 1168, 1200(1996)。
[70] 类似看法可参见 William L. Dwyer, *In the Hands of the People: The Trial Jury's Origins, Triumphs, Troubles, and Future in American Democracy*, Thomas Dunne Books, St. Martin's Press, New York, 2002, p. 36。

然的。这种做法一方面起到了替换古老的证明方式的作用;另一方面可以加强裁判的正当性及可接受性。然而,到了近现代社会以后,人们越来越不能满足于这种非理性权威的裁判,因此必须寻求新的加强裁判事实可接受性的手段。换句话说,在新的历史条件下,要维持陪审团审判的正常运转,就必须为这一制度寻求新的正当性根据,正是在这种情况下,证据规则应运而生。

从大陆法系证据规则的稀缺也可以得知其法官为何会对事实的认定给出详尽的理由。在大陆法系法院的判决中,法官不仅有义务明确法庭认定的事实,而且有义务为每一个结论提供证据支持以及由证据导向事实认定的推理环节。[71] 大陆法系甚至认为,没有解释的判决是可怕的。[72] 我们只能认为,由于大陆法系不存在对证据资格进行预先审查的规则,所以只能以事后补救的方式通过对判决进行充分的说理来获得裁判事实的可接受性。然而心理学研究表明,"在证据与结论之间似乎存在着宛如跳跃一般的中断。直觉的低语、冲动的意志乃至本能的情感,他们联合起来作出一项判决"[73]。因此,通过这种方式获得裁判事实可接受性的做法实际上意味着一种冒险。曼斯菲尔德勋爵曾经给一个新任命的殖民地法官提出过一个脍炙人口的建议:"给出你的决定,因为它可能是正确的;但是不要给出你的理由,因为它们可能是错误的。"[74] 从这个角度来看,英美法系在这一问题上采取了比大陆法系更为明智的做法,因为人们

---

[71] 关于大陆法系判决书的风格,读者可参照宋冰:《读本:美国与德国的司法制度及司法程序》,中国政法大学出版社 1998 年版。
[72] Damaska, *Evidence Law Adrift*, Yale University Press, New Haven & London, 1997, p. 44.
[73] Damaska, *supra* note 72, p. 42.
[74] James Gobert, *Justice, Democracy and the Jury*, Dartmouth Publishing Company Limited, 1997, p. 19.

对证据作出反应的因素实际上很难以命题的方式来表达。[75] 正是在这个意义上，英美法系的诉讼制度被设计为对证据资格进行严格的预先审查的制度，并且在陪审团作出裁决以前，很多司法辖区都允许法官就案件中的证据对陪审团作出指示。对此，达马斯卡正确地指出："英美（证据）法的生命力不仅源自防止出现实体错误的愿望，而且源自对不可预测之陪审团裁决的合法性的事先支持的愿望。"[76]

---

[75] 即使是在现代社会，陪审团审判的方式对于裁判的可接受性而言在很多情况下仍然具有法官审判所不可比拟的优越性。正如德怀尔所言："尽管经过了很多世纪，我们已经积累了很多知识、智慧与先例，仍然有一些案件如此棘手，对我们的道德情感如此富于挑战性，如此难以通过法律推理的方式获得答案，以致我们仍然渴望神迹出现以指示我们应当如何行为。在那些案件中，陪审团无疑具有特别的优势：它无须为其裁判提供解释。"参见 William L. Dwyer, *In the Hands of the People: The Trial Jury's Origins, Triumphs, Troubles, and Future in American Democracy*, Thomas Dunne Books, St. Martin's Press, New York, 2002, p. 37。

[76] Damaska, *supra* note 72, p. 45.

第八章　当代英美对抗制中之陪审团审判

虽然陪审团审判制度已经传播到所有属于英美法系的国家,由于篇幅的限制,本书不可能对每个国家的陪审团审判之实施情况进行详细的介绍。因此,本章的重点将是介绍英国和美国的陪审团审判。虽然80%以上的陪审团审判发生在美国,但为方便起见,本书将仍然以英国陪审团审判制度的实施为主,美国的陪审团审判在很多方面与英国不一样,本书也会对这些不一致之处进行适当的比较。

一、担任陪审员的资格及陪审义务的豁免

在英国,根据1974年《陪审团法》,所有年龄在18岁到65岁之间,并且自13岁以来已经在英国居住5年以上的登记选民,都有资格担任陪审员;陪审员名单从选民登记名单中随机抽选。[1] 对于符合担任陪审员条件的人,经征召后如无正当理由拒不履行职责,则构成可判处最高罚金1000英镑的罪行,该罪行可以简易方式处理。[2] 但是对于符合特定条件的人,经申请可以免除担任陪审员的义务,或者不能担任陪审员。

1. 年龄

1825年规定的最高年龄限制是60岁[3];1974年《陪审团法》将

---

[1] Jury Act 1974, section 1.
[2] Jury Act 1974, section 20.
[3] Jury Act 1825.

这一年龄调高到65岁。1984年,这一年龄又调高为70岁,但是对于65岁以上者,经申请可以豁免。[4]

担任陪审员的法定最低年龄在1968年是21岁。当时的财产资格条件还没有废除,有学者预计,如果财产资格的要求被废除,那么陪审员的平均年龄可能会低于30岁。[5] 根据1974年《陪审团法》的规定,最低年龄已经降到18岁。

2. 残疾

现行法律明确排除有生理缺陷或者在语言表达方面有障碍的人担任陪审员。这通常在传唤陪审员时作出决定,法官发现被传唤的人是聋、哑人或不能读懂英文之人,则予以排除,但是有时候这些缺陷等到被发现时再采取措施已经太晚了。在威尔士的一个被告人被判定犯有盗窃罪的案件中,有两个陪审员被发现不会说英语。但刑事上诉法院拒绝推翻定罪。[6]

3. 曾被定罪

人们通常认为,一个有犯罪记录的人很难做到忠实地、不带利益偏见地履行陪审员的职责,所以有些犯罪者被排除在陪审团之外是正确的。1870年的《陪审团法》规定那些有不名誉之犯罪记录的人不得担任陪审员,这些不名誉的罪行包括鸡奸或同类的犯罪行为等。很难说议会希望将犯罪的种类作如此狭隘的限制,但是1950年的刑事上诉法院就是如此解释的。[7] 1967年刑事司法法规定,任何曾经被判处3个月或以上监禁的人在10年内不得担任陪审员;如果被判处5年以上监禁,那他就永远丧失担任陪审员的资格,担任了陪审员,他将被处以250英镑的罚金,但是陪审团作出的裁决并不因为他

---

[4] Juries (Disqualification) Act 1984.
[5] W. R. Cornish, *The Jury*, Allen Lane the Penguin Press, 1968, p. 36.
[6] W. R. Cornish, *supra* note 5, p. 37.
[7] *R .V. Kelly* (1950) 2 K. B. 164.

的参加而无效;没有资格担任刑事案件的陪审员并不妨碍其在民事案件中担任陪审员。这些规定在1984年《陪审团法》[8]中得到重新肯定。

4. 法律职业者和其他职业

律师、警察、议会成员、贵族、郡议员、医生、救火队员、牧师、和尚、都被排除在外。但是会计师、建筑师、商人、学校教师等不得以其职业为由请求得到担任陪审员的豁免,所以法律也不像有些人所宣称的那样,将所有最适合担任陪审员的人都予以排除。

5. 其他排除理由

根据制定法,负责召集陪审团的官员有权决定一个人是否可以被免除担任陪审员职务,如果这个人提出申请并说明理由的话。但是,法庭和法官也行使同样的权力,尽管这并没有明确的制定法依据。如果一个人正在生病或者一个妇女出于生理上的原因不能担任陪审员,这当然可以构成免除的基础。其他理由也可以导致完全免除或者至少推迟其履行职务的时间:照顾婴儿或残疾亲人;管理只有一个经营者而如果他不在就会关门的商业;已经安排好了的假期;某些特定职业者将因担任陪审员而丧失季度奖金;等等。

依据现行法律,已经担任过陪审员的人可以在一定期限内免除其再担任陪审员的义务,但这要视地方而定。有些地方的法官会给予10年的豁免期,有的法官则给予其终身豁免。

二、陪审员的召集与陪审团的组成

(一)选拔陪审员

在英国,很长时间以来,陪审员名单都是单独由教区或市镇的官

---

[8] Juries (Disqualification)Act 1984.

员作出来的,但是现在已经被区的选举人名单替代。那些符合财产资格条件和其他条件的人每年被从选举人名单中抽出来,并加上"J"的标志。在一个人的名字被第一次做上这样的标记之前,这个人会收到一封信函,被告知:如果他有合适的理由,可以提出反对,但必须在指定的时间内提出。这是挑选陪审员的第一步。

第二步传统上由镇长授权当地执业的沙律师为巡回法院和郡季度法庭召集陪审团。根据1974年《陪审团法》的规定,陪审团由大法官(Chancellor)负责召集。

被召集的陪审员名单被制成"陪审员名簿"(panel)。负责召集的官员有义务注意妇女的比例,它必须与陪审员名单上的妇女比例保持一致。

陪审员的挑选必须是建立在随机的基础之上。

在美国的许多州,陪审员的选拔都是由法庭任命的一年一度的陪审团委员会进行。在有些地方,委员会咨询当地的能人谁适合做陪审员;在其他地方他们发放问卷,内容包括年龄、公民权、教育情况等。有些委员会甚至进行单个的面试(interview)。在一些特定的州,如加利福尼亚州,对备选陪审员的调查已显得十分成熟。它要求受试者回答一系列多项选择题,测试的目的在于了解其文化水平、关于基本法律和程序的知识以及智力、记忆和感知能力等。美国联邦最高法院认为这并不违反宪法所规定的代表性要求(cross-section of the community)。[9]

(二)抽签

负责召集陪审团的官员完成任务后给法庭一个名单,就是陪审员名簿,上面记载着他们的姓名、地址和职业。诉讼当事人通过付费

---

[9] W. R. Cornish, *supra* note 5, p. 34.

可以获得一份名簿的副本，这样可以使他决定申请谁回避。根据1974年《陪审团法》，任何人都可以得到陪审员名单。但是，提供地址的做法也为那些想对陪审员施加不适当影响的人提供了方便。很可能在不久的将来，诉讼人只有在审判的当天才知道谁被列入陪审员名簿。

陪审团从陪审员名簿册中抽签产生。但是，法庭的书记官有时候会从签筒中取出最上面的12个人名卡片，而不是随机抽取；有时候他们会故意将卡片排列的顺序安排好，为的是在一些特定的案件中不让妇女参加审判，有时候则是为了让一定比例的妇女能够被抽中。[10]

(三)陪审员的回避

在英国，申请个别的陪审员回避有两条途径：一是有因回避；二是无因回避。只有被告人有权申请无因回避，王室无权申请无因回避，但是，王室可以让欲回避的陪审员暂时"靠边站"，直到所有的陪审员都被叫到。申请无因回避的权利经历了一个逐步取消的过程。1925年，允许无因回避的次数从25降到12；1948年，从12降到7；1977年，从7降到3；最后，1988年的刑事司法法将此一权利彻底废除。[11] 有一种说法认为刑事案件中无因回避的权利排除的是那些看起来很聪明因而难以被收买和恐吓的陪审员。这种情况当然是有的，尤其是当站在被告人席上的被告人是共同犯罪案件中的多个被告人时，这种权利的行使就会非常可观——在一个案件中7名被告人一共行使了35次无因回避的权利。[12] 取消无因回避的原因可

---

[10] W. R. Cornish, *supra* note 5, p. 44

[11] Criminal Justice Act 1988, S. 118 (1). 上述变化过程参见 John Sprack, *Emmins on Criminal Procedure,* 8th Edition, Blackstone Press Limited, 2000, p. 257。

[12] W. R. Cornish, *supra* note 5, p. 48.

能就在于此。

在民事案件中不允许无因回避,但无论是民事案件还是刑事案件都允许当事人提出有因回避。有因回避不受次数限制,并且,被告人还可以陪审员的挑选程序不公正为由,申请所有陪审员名簿上的陪审员回避。但在实践中,有因回避的权利还不如无因回避有效,因为当事人无法了解与陪审员有关的更多信息,他也无权在法庭向陪审员发问。在加拿大,如果一方在审前与陪审员交流则被视为错误行为,在英国则没有明确规定。不过,在英国,当事人可以在审判前调查陪审员名簿上所列之陪审员的背景情况,如陪审员可能的态度等,这在法律上并不违法;相反,法律还鼓励当事人这样做。[13] 但在实践上,律师通常无法有效地对陪审员名簿上的候选陪审员进行详尽的调查。

英国与美国陪审团审判的一个重大区别就在于对陪审员的回避方面。在美国,通常的实践是陪审员必须接受询问,询问既可以来自法官,也可以来自当事人。这个询问的程序就被称为"陪审员照实陈述程序"(voir dire)。美国联邦最高法院认为,陪审员照实陈述的程序,对于保障被告人获得公正的陪审团审判发挥着举足轻重的作用。[14] 可见,陪审员照实陈述程序的目的在于保障被告人获得公正之陪审团审判的权利。

询问的内容可以是陪审员的个人经历、观念、信仰;询问的目的在于确定是否对陪审员提出无因回避或有因回避。通过这一手段,美国律师对陪审团的成员了解得更多,而且如何询问以及申请谁回避的问题也被公认为是辩护中十分重要的一部分。很多法律家在

---

[13] Jury Act 1974, section 5(2).
[14] *Rosales-Lopez v. United States*, 451 U. S. 182, 188 (1981). See also *Ross v. Oklahoma*, 487 U. S. 81, 88 (1988).

询问技巧与方法方面进行过细致的探讨[15];更有法律家模仿摩西十诫的箴言,提出在陪审员照实陈述程序中询问陪审员的十条戒律。[16] 从实践上看,这个过程是令人厌烦的,也是耗费时间的。发生于达拉斯的对杰克·罗比谋杀李哈维·奥斯瓦尔德的审判,正式组成的陪审团宣誓之前有162名备选陪审员被询问了15天。[17]

(四)选举陪审团团长

陪审团团长对案件的影响力是显而易见的。陪审室的评议在很大程度上受着他的影响。考虑到这一点,缺乏挑选陪审团团长的程序将是非常奇怪的。关于陪审团团长的挑选在不同的法院做决亦十分不同,有时候法官会建议陪审团自己选择团长[18];有时候谁坐上一个空出来的座位谁就是团长,有时候他们干脆什么也不说。曾经有陪审团未曾产生团长的情况,也有陪审团仅仅提名一个陪审员让他去提交裁决。但是,在新西兰,法官有义务在陪审团组成后立即指示陪审团退庭选举一个团长。科尼希认为这一制度值得引进到英国。[19]

三、陪审团审判程序

陪审团审判长期以来作为普通法法院不可分割的一部分,深刻地影响了法庭实践的许多方面。因英国民事诉讼中陪审团的适用已

---

[15] See, for example, Heath R. Patterson, *Jury Selection: Prosecution's Final Frontier*, 35 Prosecutor 29(2001); see also Gordon L. Roberts, Hon. Timothy R. Hanson, *Jury Selection*, 8 Utah B. J. 14(1995).

[16] Glenn H. Weiss, Steve Scheck, *Jury Selection: The Second Decalogue*, 69 Fla. B. J. 97 (1995).

[17] W. R. Cornish, supra note 5, p. 46.

[18] 据斯普拉克(Sprack)介绍,在英国,法官总是在对陪审团作出指示的最后阶段才建议他们自己选举一名陪审团团长。See John Sprack, *supra* note 11, p. 294。

[19] W. R. Cornish, *supra* note 5, p. 48.

经罕见,本部分主要探讨英美刑事案件中的陪审团审判,对主要存在于美国的民事案件之陪审团审判,仅在必要时有所涉及。

(一)交付程序(Committal Proceeding)

在英国,在刑事案件以可诉罪的形式在法官和陪审团面前受审时,通常有一个正式的审前步骤:由治安法官在治安法院主持的交付程序。交付程序目的在于要求控方使治安法官相信至少有表面可信的证据(prima facie case)反对被告人,并使那些明显不会被定罪的被告人早日从诉讼中解脱出来,以免去在陪审团审判中遭受的压力和花费。[20] 在治安法官审理的简易罪程序中没有这样的步骤。这是因为人们认为在被告人进入完全的陪审团审判程序之前,必须得到特殊的保护。因为审判总是要延后几个星期,而此前他将一直处于被监禁的状态,同时也是因为陪审团审判是更为严肃的事件,在这样的程序中被告人可能遭受比治安法院施加的惩罚严厉得多的惩罚。

1967年《刑事司法法》以前的交付程序大致如下:控诉方将有关的证据以口头形式出示给治安法官,法庭将做出正式的记录,向证人宣读并由其签字,以这种形式保存的证据被称为"证言笔录"(deposition);被告人有权询问控方的证人,有权提供自己的证据和传唤自己的证人,但实践中,被告人经常将这一权利保留到正式审判的时候行使;治安法官于是决定控诉方是否已经提供了具有表面可信的证据。

1967年以前,交付程序有两个问题引起争议:一是它所花费的时间;二是它可能导致陪审员产生的偏见。为了使被告人了解针对他的案件,为了避免他遭受不利益的审判,交付程序包含了很多费力的工作。这一程序并不会获得更为正规的证据,这些证人在警察局

---

[20] John Sprack, *supra* note 11, p. 175.

已经做过一次陈述,并且将来在法庭还要再做一次陈述。

因此,这一程序经常造成司法资源的浪费。它还引起这样的担心:其报告通过广播或其他媒体传播后会对陪审员产生不利于被告人的影响。这一危险是双重的:陪审员在走进法庭之前可能已经阅读或看过关于该案的报道,或者交付程序报告的内容;有些在法庭上不被允许的证据在交付程序中却是允许出示的,如被告人过去的犯罪记录等。

所以,1967年《刑事司法法》规定,治安法官在特定情况下可以不必考虑是否有表面可信的证据证明被告人会被定罪即可将其交付陪审团审判。[21] 1967年《刑事司法法》采取的措施既包括减少交付程序的时间和努力,也包括限制媒体对交付程序的可公开范围。交付程序的基本内容得以保留,但是双方传唤证人的权利被提交书面证言的方式所取代,不过这仅仅是在对方不反对(以书面证言代替传唤证人)的情况下才允许。另外,如果被告人已经看过控诉方的书面陈述以及控诉证人,他还可以选择完全放弃交付程序。

这些规定在1980年的《治安法院法》中得到重申,但是传统的、在听取证据基础上决断是否将被告人交付审判的程序仍然得到保留。[22] 20世纪80年代,由于犯罪的增加,尽管口头听证的交付程序实际使用已经不多[23],人们仍然感到交付程序造成资源的浪费。但是,目前还是存在着两种交付程序:一种是书面的;另一种是口头的。不过前者有逐渐吞噬后者之趋势。

---

[21] Criminal Justice Act 1967, section 1.
[22] Magistrates Court Act 1980. 传统的交付程序由该法第6条第1款规定,新的交付程序由该法第6条第2款规定。
[23] 据皇家刑事司法委员会估计,通过口头听证程序交付审判的案件仅占到全部交付程序的7%,还有93%的案件都是通过书面交付程序交付审判的。Royal Commission on Criminal Justice, Cm 2263, 1993。

(二)法庭审判

可诉罪在陪审团面前一旦开始审判,它就必须不间断地进行下去。只有在特别的情况下才允许法庭延期审理一个已经开始的案件并审理另外一个案件。这是因为,如果案件审理被打断的话,会给陪审员带来极大的不便,而且对于陪审员的记忆来说也是不可能的。在治安法院,延期审理的情况更经常发生,尤其是工作任务加重的时候。就陪审团审判而言,程序的中断会导致案件的某些因素(某些方面)被遗忘或被忽视。

实质的审判程序开始于控诉方律师的开庭陈述,然后出示控诉证据。大多数证据是以口头提供证言的证人做出的。一旦证人已经扼要地就其所知提供了证明,被告人或他的律师就可以通过交叉询问进行反击,或者就某些要点进行澄清。只有当王室的陈述和证据出示完毕,被告人和他的律师才可以概述其辩护主张,并提供证据以支持其主张。传统上,被告人可以将其证据作为秘密加以保守到这个时候,这是具有游戏性质的英国刑事审判制度的组成部分。但是,法律在1968年前后对这一原则做了小小的修正,那就是,如果被告人提出不在现场的辩护(Alibi),则他事先必须通知控诉一方。[24] 被告人可以提供证据,也可以不提供。证据出示完毕后,双方可以向陪审团发表演说,加强自己的论断,指出对方的缺陷。从1964年开始,一个不变的规则得到确立:控诉方先发言,辩护方后发言。[25]

(三)法官之指示

在被告方和控诉方都结束了他们的最后陈述[26]时,最后由法官

---

[24] Criminal Justice Act 1967, section 11.
[25] Criminal Procedure (Right of Reply) Act, 1964, section 1.
[26] 在英国,依照法律规定,被告一方总是享有作出最后陈述之权利;在美国联邦法院,也是由被告做最后陈述;但是在有些州法院,法律允许控诉方做最后陈述。据调查,有权进行最后陈述的一方通常更有可能赢得诉讼。

对案件进行总结,向陪审团指示应当适用的法律,指出哪些证据与案件的决定有关,告诉陪审团关于定罪的法律标准,并就他们必须做出决定的争议问题进行归纳或者概括。

在法官就案件之事实或法律问题向陪审团作出指示之前,控辩双方均有机会向法官提出他们希望指示的内容。通常,法官都会向陪审团解释他与陪审团之间的关系以及各自承担的职责;会告知陪审团证明被告人有罪的责任应由控诉方承担,被告人不承担证明自己无罪的责任,因而当通盘考虑全部证据之后如对案件还存有任何合理的怀疑,就应当作出有利于被告人的裁决;法官也会对被告人被指控的罪名进行界定,指出控诉方应当证明的各个要件;法官也会对证据规则进行解释,尤其是当有些证据对特定案件事实具有可采性而对另一些事实不具有可采性时,法官会提醒陪审团,他们只有在考虑特定事实时才能考虑该特定证据,而在考虑另一特定事实时则应当将该证据抛诸脑后;如果有两个或两个以上的被告人在同一案件中受到指控,法官会指示陪审团分别考虑他们的裁决。[27]

尽管陪审团拥有取消法律之权力,但是很多司法区的法官在作出指示时并不告诉陪审团其有这样的权力。在英国,陪审团的权力从未得到清晰的界定;在美国,法官通常也不会告诉陪审团他们可以作出与法律不符的裁决。

法官为什么不愿意告知陪审团他们可以作出与法律不相符的裁决呢?不同法官会出于不同的考虑。其中,有法官的解释是:我承认陪审团有作出与法律相违背的裁决的权力,当然他们也就有作出与证据相违背的裁决的权力,但是我不认为陪审团有这样的权利。[28]权力是不需要告知的,而权利则是需要告知的。还有些法官是担心

---

[27] John Sprack, *supra* note 11, pp. 292-293.
[28] *King v. Shipley*, (1784) 99 Eng. Rep. 774.

陪审团会取代法官成为法律问题的决定者。有些法官则认为,如果告知其这样的权利,他们就会不适当地对被告人定罪。这样的法官显然没有意识到:就像汽车在单行道上只能往一个方向走一样,陪审团违背法律的裁决也只有对被告人有利时,才是不可推翻的。

关于法官对陪审团的影响,英国和美国是不一样的。英国允许法官就证据作出总结,而美国的许多州不允许法官评论证据。如果律师请求法官进行总结,他会要求陪审团对以书面形式固定下来的证据和口头表达的证据给予平等的考虑;或者他会指示陪审团,社会或其他的偏见必须予以排除。如果他倾向于让陪审团考虑情况证据,他不能夸大或缩小它的实际效果。

美国的制度也曾遭到批评:一个联邦法院的法官将审判法官描写为"被堵住嘴的、戴着手铐的、蒙上眼罩的、腰部以上半身麻木的"形象。[29] 美国律师协会和美国法律机构曾经呼吁重建英国的制度,这一制度在美国有些州生存下来,但是这一呼吁并未成功。这也许跟法官的选拔方式有关。在美国,许多州的法官都是选举产生,因此更可能有偏见。

还有两个方面美国的做法与英国不同。其一是美国大约有 20 个州的法官指示是在律师对陪审团发表总结意见之前作出的——这是为了进一步降低法官对陪审团的影响。其二是在许多州,法官的指示是以书面的形式记录下来的,他的语句在双方律师认可(submissions)后被固定下来。

(四)陪审团评议

法官指示完毕之后,陪审团就必须退庭考虑其裁决。在总结之前,陪审团团长就宣布已经达成一致的有罪裁决是不合适的。一旦

---

[29] W. R. Cornish, *supra* note 5, p. 115.

开始评议，陪审员就不能被分开。在评议的任何阶段，如果他们想向法官提问，都可以这样做。他们与法官之间的交流在法庭上可以听到，被告人的律师还可以就此发表评论。但是，陪审员一旦进入评议室，就不允许有任何外部因素影响或干扰陪审员进行评议。为实现此目标，普通法确立了三个互相关联的规则：

一是陪审员在进入评议室后必须始终处于法庭监守的监控之下。这意味着法庭监守必须防止任何人与陪审员交谈。如果他没有做到这一点，将导致有罪判决被宣布无效。在1949年的一个案件中，陪审团在进入评议室后，经法官允许到法庭附近的一个餐馆午餐，法庭监守没有同去，陪审团回评议室后对被告人作出了定罪裁决，该裁决被上诉法院推翻。[30]

二是陪审团未经法官允许不得离开评议室。陪审团未达成裁决就离开评议室最通常的情形是法官需要对他们进行更进一步的指示。但在明显需要的情况下，法官也可以允许陪审员自己付费解决温饱问题。[31]

三是未经法官准许，陪审团不得被分开。一直到1994年，这一规则都是雷打不动。但1994年的法律规定，法官可以斟酌裁量是否允许陪审团在审判和评议期间分开。[32]

陪审团评议的秘密性还体现在，任何人，包括法官、法庭监守、媒体等均不得披露陪审团评议的细节。1992年，刊登在《星期日邮报》的一篇文章报道了三名陪审员在一个诈骗案件中评议的内容，这些陪审员描述了他们作出裁决的详细过程、他们对整个案件证据的看法，并透露了其他陪审员对案件的看法。为此，出版者、编辑和记者

---

[30] Neal (1949) 2 K. B. 590.
[31] They may be allowed reasonable refreshment at their own expense. See Jury Act 1974, section 15.
[32] Criminal Justice and Public Order Act 1994, section 43.

分别遭到罚金 3 万英镑、2 万英镑和 1 万英镑的惩戒。[33]

陪审团通常会花几个小时的时间考虑其裁决。最长的评议时间是 67 个小时,发生于对一个抢劫大火车的案件进行审判的过程中。直到 1870 年,陪审团在作出裁决之前都不能进食,不能饮水,也不能取暖。[34] 但是现在已经完全不同了。还有一种古老而现在已经不流行的做法是,如果陪审团的审判达到该巡回法院开庭的末期,法官就会让一辆马车载着陪审团到另外一个镇上,以便在他赶到那里的时候,陪审团能将裁决递交到他手上。如今,任何强迫陪审团作出裁决的做法都是不适当的。有一个案件,法官告诉陪审团,如果他们不能在 10 分钟内作出裁决,他就要离开市镇,并将他们锁在屋子里,直到他第二天回来。结果陪审团在 6 分钟内作出了定罪的裁决,但这一裁决被上诉法院推翻。[35]

(五)陪审团裁决

在英国,直到 1967 年以前,陪审团的首要任务都是尽力作出达成一致的裁决。多数裁决是不可接受的。但是这一规则在 1967 年发生了变化。从那时起,如果在两个小时以后,或者法官认为适当的、更长的时间以后,还不能取得一致意见,他们将被指示:他们可以达成一个 10∶2 的多数裁决;在审判的任何阶段,如果其中一名陪审员被辞退,则在 11 人的陪审团中,10∶1 的裁决是可以接受的。但是,9∶2 的裁决是不可接受的;或者,在 10 人的陪审团中,9∶1 的裁决也是可以接受的;如果陪审团仅由 9 人组成,则其裁决必须是一致

---

[33] *Attorney-General v. Associated Newspapers* Ltd. et al., [1994] 2 A. C. 238.
[34] W.R.Cornish, *supra* note 5, p. 70. 1858 年的一个案件中,由于陪审员通过绳子传递食物和饮水,该陪审团被解散,法庭重新组成陪审团审判。
[35] *R. v. Mckenna* [1960] *1* QB 411. W. R. Cornish, *The Jury*, Allen Lane the Penguin Press, 1968, p. 70; John Sprack, *supra* note 11, p. 313.

裁决。[36]

如果陪审团给出两个或两个以上的判决,则法官必须指示他们,不能给出骑墙判决(intermediate verdict)。例如,被告人提出精神病辩护,但是并未给出任何证据,法官应当从陪审团那里撤回这一答辩,但是他不能指示陪审团作出有罪裁决,哪怕精神病是唯一实质性的辩护理由。他必须告诉陪审团,要么给出一个无罪裁决,要么给出一个有罪裁决,但是不能给出一个"有罪但有精神病"的裁决。[37]

如果被告人被定罪,其以前的定罪记录就会被宣读。被告人可以答辩请求减轻(判刑)。法官会要求一份被告人医疗情况和社会状况的报告,最后被告人由法官来判刑,英国陪审团在判刑中不再扮演任何直接的角色。

(六)悬案陪审团

在陪审团不能达成一致裁决的情况下,法官没有义务让他们回到评议室看能否达成多数裁决,他可以立即接受这个非全体一致的结果并宣布解散陪审团。因无法达成裁决而被解散的陪审团通常被称为"悬案陪审团"(hung jury)。这种情况下必然导致重组陪审团进行审判。在引入多数裁决机制以前,法官建议陪审团可以提交一个多数裁决的指示是错误的。但现在法官则必须谨小慎微以便不暗示陪审员比所规定的限制产生更多的分歧。如果裁决有罪,陪审团将被要求明确指出是一致裁断还是多数裁决,以及如果是多数裁决的话,又是何种多数裁决。这非常重要,因为上诉法院刑事庭在考虑这种裁决是否是一个令人满意的结果时,会将多数裁决这一因素考虑进去。如果裁决是无罪,则陪审团不会被问及是否所有的陪审

---

[36] Criminal Justice Act, 1967, section 13; Jury Act 1974, section 17.
[37] Sir Patrick Devlin, *Trial by Jury*, 6th Impression 1978, p. 86.

员都同意这一裁决。这一规则的目的在于限制对被告人可能产生的偏见,如果大家知道他的无罪裁决仅仅是一个多数裁决的话。

四、法官与陪审团之关系

(一)法律与事实之分野

英美法系有一句著名的格言:法律由法官来决定,事实由陪审团来决定。但在刚开始的时候,并不存在法官与陪审团之间的这种权力分割。德弗林指出:从来没有人有意识地决定,事实由陪审团认定,法律由法官适用;陪审团所有的权力都来源于法官,以及法官接受其裁决的意愿。[38] 即使是在今天,如果一名法官不愿意接受陪审团的裁决,他还是可以拒绝接受它而不违反任何制定法,并且他的判决也不会有什么问题,除非被他的上级法院推翻。

普拉克内特指出,从爱德华一世统治时期开始,法律问题就与事实问题区别开来。[39] 当然,由于普拉克内特并没有举出有足够说服力之证据,因此,人们可能更倾向于相信德弗林勋爵的说法。很可能在 17 世纪的时候,法律问题与事实问题的分野才开始出现。黑尔在其名著中就曾经说过:"陪审团审判的一个重大优点就是,在这一审判中,陪审团帮助法官决断事实,法官帮助陪审团运用法律。"[40] 但是,这一说法并没有明确地说陪审团只裁断事实、法官只裁断法律,但是至少暗示着在那个时代,人们已经对法律问题与事实问题进行了区分。

虽然法官有时候也解决"事实问题",有时候通过自己的方式影

---

[38] Sir Patrick Devlin, *Trial by Jury*, 6th Impression 1978, p. 12.
[39] Theodore Frank Thomas Plucknett, *A Concise History of the Common Law*, The Lawbook Exchange Ltd., 5th edition, September 2001, p. 129.
[40] Matthew Hale, *The History of Common Law of England*, 1713, Chapter XII.

响陪审团的裁决,但是,解决法律问题的权力与解决事实问题的权力在法官和陪审团之间的区分是很明显的。科尼希曾经指出,在对这两种权力进行划分方面的制度移植十分困难,而这正是没有采纳普通法的国家在引进陪审团审判制度时没有成功的原因。[41]

(二)法官拒绝陪审团裁决的权力

在英国,法官拥有监督陪审团的权力,并且如果需要,他可以拒绝接受陪审团的裁决。这一权力在民事案件中十分广泛,但在刑事案件中它受到这一基本原则的限制:陪审团的无罪裁决是最终的并且不可置疑的。

在民事诉讼中,审判的最后阶段,陪审团的裁决一经作出,法官还可以考虑是否接受该裁决。在这一阶段,法官不仅要考虑当事人一方提供的证据和裁决之间是否存在致命的差距,还要在双方提出的证据的基础上考虑判决有利的一方的证据对另一方是否足够有力。如果不是,法官就可以拒绝该裁决,因为该裁决与证据的力量相矛盾。"证据力"在此是指对整个证据的要旨的理解和观察,而不是指"平衡的可能性"。此时,法官可以命令重开审判,或者作出他自己的、与陪审团裁决相反的判决。

在有些案件中,如果法官认为陪审团可能会作出不合理的裁决,他会就某些问题提前作出自己的决定。[42]

在刑事案件中,如果法官认为被告人并无案件需要答辩,他就可以指示陪审团直接作出无罪裁决。有时候法官仅仅指示陪审团可以停止审理案件,但陪审团可能并不理会法官的意图,并作出有罪的裁决。事实上,在有的场合陪审团拒绝从这种裁决的立场上退却,法官于是有义务解散陪审团。新的陪审团被召集宣誓,按照惯例,在这个

---

[41] W. R. Cornish, *supra* note 5, p. 72.
[42] W. R. Cornish, *supra* note 5, p. 107.

新的审判中,王室不提供任何证据,所以新的陪审团只能宣告被告人无罪。[43] 之所以设置这样的机制是由于一个基本的原则:一旦一个人在陪审团面前遭到指控而他又作无罪答辩,对他的指控就只能由陪审团作出裁决。这一严格的规则意味着,即使在起诉必须以不提供任何证据的方式停止(被抛弃)的情况下,也必须召集陪审团正式地对他宣告无罪。

在刑事诉讼中,如果法官对证据的评价和陪审团的裁决相反,他也必须接受裁决。但是他可以为上诉"开绿灯",使上诉的请求得到立即的同意,并且他可以拒绝作出判决,直至该上诉得到审理。这一规则确立于1907年,从那以后,刑事上诉法院——现在的上诉法院刑事分庭——一直有权推翻它认为不合理的或者不能被证据支持的定罪判决。[44] 后来,这一权力有所扩张。法庭可以推翻定罪,如果它发现让定罪的判决存在将会是"不安全的或者是不令人满意的"[45]。首席大法官曾说:这一改变不过是制定法将这一在实践中已经得到确立的权力带给法院罢了。[46]

---

[43] W. R. Cornish, *supra* note 5, p. 108.

[44] 在1908年以前,如果陪审团作出有罪裁决而法官不同意这样的裁决,具体应当怎样还不是很清楚,但是有一点是很明确的:法官至少可以通过给予被告人以宽恕的方式不执行该裁决。宽恕的决定实质上达到了否定有罪裁决的效果。1911年的一个案例显示了从1908年以后出现这种情况时的法律程序:被告人被指控犯有盗窃罪。在案件快要审结时公诉律师对法官说案件不必继续审理了。法官可能是因为被告人不具备盗窃的故意,并且如果他是陪审员的话也会这样想。但是案件还是必须由陪审团作出裁决。(由于这个缘故,)辩护人没有让他的当事人进入被告席,法官则指示陪审团作出有利于被告人的裁决。然而,出乎意料的是,陪审团却作出了有罪裁决。法官不愿意接受这一裁决,并指出如果他知道陪审团会这样做的话就不会将案件交给陪审团裁决。所以他又指示被告人和他的律师继续在同一陪审团面前进行辩护,并再次指示陪审团,没有足够的证据反对被告人。但是,陪审团再一次作出了有罪的裁决。这一裁决被法官所接受,但是法官推迟判决,并给予被告人上诉的许可。See Sir Patrick Devlin, *Trial by Jury*, 6th Impression 1978, p. 82.

[45] Criminal Appeal Act 1907, section 4(1); Amended by the Criminal Appeal Act 1966, section 4.

[46] H. L. Debates, Vol. 274, see from W. R. Cornish, *supra* note 5, p. 109.

如果陪审团的裁决是无罪裁决,不管法官如何考虑,它都是终局性的。并且也不允许任何形式的上诉,即使是对于法律的争点也不允许上诉。陪审团作出的无罪判决是至高无上的。[47]

法官不能指示陪审团作出有罪裁决,这是一个基本的原则。但是,对于有些问题,法官可以留给自己解决。例如,被告人以精神病为辩护理由时,他必须举证加以证明;如果他做不到这一点,法官不会把这一问题让陪审团去裁决。甚至在被告人以防卫为理由时,他也必须提出一定的证据,尽管法律规定证明防卫不存在的责任由控诉方承担;如果他不能提出任何证据,法官也不会将这个问题留给陪审团裁决。换句话说,如果没有任何证据作为被告方辩护理由的基础,法官可以指示陪审团不要考虑其辩护理由。尽管如此,如果被告人提供了证据,就应当由控诉方对整个案件进行证明,并且必须将被告人的辩护没有被证实这一事实证明到"排除合理怀疑"的程度,控诉方是否完成其证明责任由陪审团来判断。

(三)陪审团不理睬法官(法律)的权力

法官对陪审团的控制和影响只是问题的一个方面。另一方面,陪审团可以忽略法官的指示,无论是出于故意,还是由于没有理解法官的指示。陪审团评议秘密进行,作出裁决不给出任何理由,其对刑事被告的无罪裁决不受攻击,这一切联合起来更加强了陪审团的这一权力。

民事诉讼中的陪审团与刑事诉讼中的陪审团最显著的区别,就是民事诉讼中的陪审团无权作出与法律相悖的裁决,而刑事诉讼中的陪审团却可以作出与法律相悖的无罪裁决。这一伟大的权力有三根支柱:一是必须要有陪审团的裁决;辩护永远不能从陪审团手中

---

[47] W. R. Cornish, *supra* note 5, p. 109.

撤回;谴责被告人的词句必须出自陪审团团长之口。二是没有任何权力可以要求特定的裁决。因此,陪审团不得被要求解释他们的裁决。三是即使无罪裁决违反法律,它也是最终的裁决。[48]

实践中,被告人明显实施了所指控之罪行而陪审团却将被告人无罪释放的情况时有发生。1994年,在弗吉尼亚,罗热娜·波比特被指控恶意伤害她的丈夫:在她丈夫熟睡的时候,她剪掉了他的阴茎。被告人辩护时坚称她这样做仅仅是出于对他多年来的虐待的一个回应。很多证人也证实她的丈夫——前合众国海军军人怎样地殴打和羞辱她。波比特夫人还证实了她的丈夫经常性地拷打和强奸她。控诉方对这些并未进行争辩,而只是说两个不正义并不构成一个正义。尽管如此,陪审团还是判决她无罪。[49]

五、陪审员的报酬

几乎所有被征召为陪审员的人都在一定程度上被打乱了自己原来的生活秩序,只是程度上的不同而已。负责召集陪审团的官员有权酌情决定谁担任陪审员会产生极大的困难。

---

[48] Sir Patrick Devlin, *Trial by Jury*, 6th Impression 1978, p. 91.

[49] See *Daily Telegraph*, 15 January 1994. See from James Gobert, *Justice, Democracy and the Jury*, Ashgote & Dartmouth, 1997, p. 41. 波比特案件的裁决实际上是对两年前发生的梅德斯通刑事法院对史蒂芬·欧文一案的裁决的一个回应。欧文的儿子被泰勒撞死,一年后泰勒出狱,并且对自己的罪行毫无悔改之意,且不多久欧文儿子的坟墓就发现被人亵渎,但并无直接证据证明是泰勒干的。但是,泰勒在遇到欧文时,欧文还是朝他开了枪,虽然不致命,但泰勒还是中枪了。欧文还伤着了泰勒的妻子,她在他的身后,他想把她藏起来。在这一案件中,法官对陪审团指示道:"如果控诉方已经证明了欧文所犯的任何罪行,那么,不要让可以理解的、同情的情绪使你们背离了你们曾经宣誓要在证据的基础上给出裁决的义务。"但是,陪审团还是将被告人释放了。随后,在法院的台阶上,欧文宣布:"正义获得伸张!为了陪审团,感谢上帝!"在以上两个案件中,被害人的性格都被陪审团加以考虑,而这些因素通常都是法官拒绝加以考虑的。戈伯特认为,这两个案例清楚地显示了陪审团如何通过其特有的方式弥补了法律的空隙。See from James Gobert, *supra* note, p. 42。

法官的时间是最值钱的,其他所有人包括律师、检察官、证人、陪审员都必须等他有时间。[50] 对此,英国公布的刑事司法白皮书建议,必须采取措施让陪审员感觉到他在担任陪审员期间所做的工作是值得的、富有成效的。主要是采取措施让陪审员觉得受到尊重,其时间得到合理利用,其功能得到有效发挥,其价值得到社会承认。[51]

在英国,直到 1949 年,担任陪审员期间的工资损失都没有任何补偿。对于一个有工作的人来说,被征召为陪审员是一个痛苦的财政负担。但从 1949 年开始,陪审员可以主张赔偿其在任职期间遭受的收入损失,其内容包括交通费、每日津贴、损失的收入以及其他花费等,但是有一个最高限额,最高赔偿额为每日 35 英镑。后来这一数字已经提升到每天 610 英镑,前提是已经服务了 10 天以上。

在美国,无论是联邦的陪审员还是州的陪审员,都可以获得一定的补偿,其中,担任联邦陪审员可获得的补偿数额最高,一名陪审员通常每日可获得 40 美元的补偿,并且如果任职超过 30 天,法官可以酌情将陪审员的补偿额提高到 50 美元一天;其次是西弗吉尼亚州(West Virginia),每日补偿额亦达 40 美元;补偿最低的州为伊利诺伊州(Illinois),只有 4 美元一天。另外,在科罗拉多州,担任陪审员的头三天是没有报酬的,三天以后每日报酬为 50 美元;在康涅狄格州,担任陪审员的前 5 天没有报酬,第 5 天以后每日报酬亦为 50 美元。[52]

---

[50] W. R. Cornish, *supra* note 5, p. 51.
[51] *Justice for All*, Presented to Parliament by the Secretary of State for the Home Department, the Lord Chancellor and the Attorney General by Command of Her Majesty, July 2002.
[52] *Sourcebook of criminal justice statistics 2002,* available at: http://www.albany.edu/sourcebook/ 1995/pdf/t190.pdf, visited: 28 April 2004.

六、美国死刑案件中的陪审团

美国从 1973 年恢复死刑[53],但是反对死刑和赞成死刑的争论从未间断。反对死刑者不仅从道德上、效果上论证死刑的不人道和不必要,而且从死刑案件造成错案的比率方面质疑死刑制度的合理性。2000 年 6 月,以哥伦比亚大学教授李伯曼为首的一批社会学家发表了一篇长文指出:在 1973—2000 年期间,美国全国 5760 个死刑案件有 68% 属于误判。[54] 其推理过程如下:

在所有判处死刑的案件中,有 41% 的案件在州的直接上诉审查程序中就被发现了错误。因此,剩下的 59% 的案件在第一道关口没有被发现错误。这 59% 的案件会在定罪后审查程序中受到复查。在这个程序中,又有 10% 的案件,也就是全部案件中 5.9%,不能通过审查;从而,经过两道关口后,错误率已经达到 47%(41%+5.9%)。剩下的 53% 的案件,由联邦人身保护令审查程序来审查;在这 53% 的案件中,有 40%,即全部案件的 21%,没有通过联邦的检查。所以,总体上看,68% 的案件(41%+5.9%+21%)在不同的阶段被发现有严重错误而没有通过审查(见表 8-1)。[55]

---

[53] 美国恢复死刑的运动始于联邦最高法院 1972 年的一个判例:*Furman v. Georgia*, 408 U. S. 238 (1972)。

[54] James S. Liebman, Jeffrey Fagan, Valerie West and Jonathan Lloyd, *Capital Attrition: Error Rates in Capital Cases*, 1973-1995, 78 Tex. L. Rev. 1839(2000). See also James S. Liebman et al., *A Broken System: Error Rates in Capital Cases, 1973- 1995 (2000)*, available at: http://justice.policy.net/jpreport/finrep/pdf.本资料的最初来源是中国政府于 2001 年 2 月 27 日发表的《2000 年美国的人权纪录》,该文引用了这一资料,但是没有注明出处,笔者在通过与哥伦比亚大学法学院管理部门联系,获得该资料的复印件。

[55] James S. Liebman et al., *supra* note 54, p. 1849-1850.

表 8-1[56]　美国死刑案件判决推翻率

	案件总数	维持	推翻
一审判处死刑	5760		
直接上诉程序	4578		1885(41%)
定罪后审查程序			10%
联邦人身保护令程序	599		237(40%)
总计		32%	68%

社会学家们还指出：在误判的案件中，有82%的案件是由于不应当被判处死刑而被发回重新审判的。在这些案件中，被告人在重新审判后被改判其他刑罚，或者根本就没有被判刑，其中包括，在7%的案件中，先前由于被指控的罪行而被判处死刑的被告人在重新审判后被宣告无罪，因而没有对他处刑。[57]

虽然批评的矛头主要是指向死刑这种被很多人认为是残酷

---

[56] James S. Liebman et al., *supra* note 54, p. 1849-1850.本表系根据该文提供的数据整理而成。

[57] James S. Liebman et al., *supra* note 54, p. 1852.该文发表后引起巨大的轰动,社论家、政治家、法学家、社会学家纷纷发表文章,赞赏或者批评李伯曼的研究及其结论,具体可参见：Judge Rudolf J. Gerber, *On Dispensing Injustice,* 43 Ariz. L. Rev. 135 (2001); Joseph L. Hoffman, *Violence and the Truth,* 76 Ind. L. J. 939 (2001); Barry Latzer & James N. G. Cauthen, *Capital Appeals Revisited,* 84 Judicature 64 (Sept./Oct. 2000); Barry Latzer & James N. G. Cauthen, *The Meaning of Capital Appeals: A Rejoinder to Liebman, Fagan, and West,* 84 Judicature 142 (Nov./Dec. 2000); Jamie Sneider, Statistics Fail Activists, Columbia Daily Spectator, Feb. 6, 2001, available at 2001 WL 12495817. 最后这篇文章是李伯曼所在的研究所的教授发表的,对李伯曼的研究及其结论提出了批评。在面对赞扬和批评的同时,李伯曼也对批评自己的文章及时作出了回应,这些回应可参见：Jeffery Fagan, James S. Liebman and Valerie West, *Death Is the Whole Ball Game,* 84 Judicature 144 (Nov./Dec. 2000); James S. Liebman, Jeffrey Fagan and Valerie West, *Death Matters, a Reply to Latzer and Cauthen,* 84 Judicature 72 (Sept./Oct. 2000); Valerie West, Jeffrey Fagan and James S. Liebman, *Look Who's Extrapolating: A Reply to Hoffman,* 76 Ind. L. J. 951(2001)。以上文章均可在 www.westlaw.co.uk 查到。

的刑罚[58]，但由于美国的死刑案件均是由陪审团审判的，所以，人们自然地会产生对陪审团审判质量的怀疑，从而也产生了对陪审团审判制度的怀疑。

对于本书的主题而言，弄清楚陪审团在死刑案件中错判的原因至关重要。根据本书第四章得出的结论，陪审团审判制度是放任自由主义意识形态的体现，它是一种保护被告人、从根本上有利于被告人的程序。既然如此，它应当对死刑案件被告人更加宽大为怀才对，为什么反而会造成那么多的冤错案件呢？如果事实证明陪审团比法官更容易、更愿意对被告人判处死刑，对于本书的结论将是致命的打击。因此，必须对陪审团在死刑案件中的表现给出有说服力的解释。

要达到此目的，第一种方法，也是最有效的办法是证明李伯曼的研究提供的数据根本就是错误的，陪审团误判的比率没有那么高。但是这几乎是不可能的，一方面，我们根本不可能获得这些数据[59]；另一方面，即使有这些数据，分析起来也是困难重重。就这种方法而言，已经有学者从社会学研究的角度指出李伯曼研究方法的不可靠，从而否定其结论的精确性，乃至正确性。[60] 但是，这一方法毕竟不能从根本上动摇李伯曼的研究所得出的结论。

因此，第二种方法就是，在承认误判比例很高的前提下，寻求造成误判的原因。如果所有的误判或者大部分误判都是由陪审团的原

---

[58] 一个社论作家称李伯曼的研究是"在盛殓死刑的棺材上钉下的又一颗铁钉"，Editorial, *New Evidence of Errors Fuels Death-Penalty Doubts*, USA TODAY,12 June 2000, p. 18A。由此亦可看出，即使死刑案件误判比率极高，人们也不会将它归因于或完全归因于陪审团审判。

[59] 很多学者批评李伯曼拒绝透露其研究资料的做法。格拉克在一篇文章中指出，李伯曼据以作出结论的资料既无法获得，亦无法接近。See Adam L. Van Grack, *Serious Error with "Serious Error": Repairing a Broken System of Capital Punishment*, 79 Wash. U. L. Q. 973, 989(2001)。

[60] Adam L. Van Grack, *supra* note 59, p.991.

因所造成,那么,陪审团审判体现并保障放任自由主义意识形态的原则在刑事诉讼执行的命题就要遭到否定;相反,如果误判的主要原因不在于陪审团,或者根本就不是由陪审团审判制度所造成,那么,陪审团审判体现并保障放任自由主义原则在刑事诉讼得到实现的结论就仍然成立。

要探究死刑误判的原因,也有两种方法:第一种就是获得关于死刑误判原因的整体资料,从全部数据上看造成死刑误判的原因;第二种就是对个案进行分析,探究死刑案件误判可能存在的原因。本书决定从这两个方面入手,来分析死刑误判的原因与陪审团审判制度之间的关系。

首先,从整体上看,李伯曼的研究本身就提供了很好的证据。在李伯曼的研究中,有68%的案件被认定为误判。李伯曼经分析后指出:最经常出现的导致错判的原因是,第一,被告人没有获得有力的辩护;第二,控诉方隐瞒了被告人可能无辜的证据。[61] 从这一推断可以看出,死刑误判至少主要地不是由于陪审团自身的原因。

除李伯曼的研究以外,其他学者的研究也证实,误判的原因主要不在于陪审团。例如,来自耶鲁大学和哈佛大学的两个学生联合发表的一篇文章指出:陪审团之所以在死刑案件中的表现不尽如人意,最经常提到的原因主要来自两个方面:第一个方面的原因就是,陪审团经常不被允许看到被告人具有可以减轻刑罚的情节的证据;第二个原因则是,检察官经常选择那些具有判处死刑倾向的人担任陪审员。[62] 这两个方面的原因可以说都与陪审团审判制度间接有关,如果这两个原因能够成立,对陪审团审判制度虽然不构成根本

---

[61] James S. Liebman et al., *supra* note 54, p. 1853.
[62] Guy Goldberg, Gena Bunn, *Balancing Fairness & Finality: A Comprehensive Review of the Texas Death Penalty*, 5 Tex. Rev. L. & Pol. 49, 136(2000).

性的冲击，也能产生一定的影响。但是对于这两个方面的原因，该文均给予了相应的批驳。笔者认为，陪审团没有看到有利于被告人的证据并非陪审团的错误，因为在既有的体制下，当事人完全有机会让陪审团看到有利于被告人的证据，但是最终没有出示这种证据，这与陪审团无关；至于说检察官经常挑选有判处死刑倾向的人担任陪审员的说法则完全经不住推敲，因为挑选陪审团并非检察官单方面的行为，被告人的律师也参与其中，人们还可以指责被告人的律师总是排除那些有判处死刑倾向的人担任陪审员。由此可见，与陪审团有关的指责实际上均不能成立。

其次，从个案分析的角度我们可以看出，死刑的误判不仅主要不是由于陪审团审判制度所造成，而且根本就不是由于陪审团审判制度所造成的；迄今为止，还没有哪种制度能够比陪审团审判更好地保护被告人的利益，在死刑案件中也是如此。我们可以从对佛罗里达州的一个死刑案件改判经过的分析得出这一结论。

在《对一个死刑案件的解剖：佛罗里达州差点对无辜者执行死刑了吗？》一文中，作者不厌其详地介绍了佛罗里达州一个死刑案件被改判为无罪的经过。[63] 该案经过大致如下：

1973 年 8 月 31 日，哈勃兹的尸体与另一名妇女的尸体同时被发现在瑟米诺尔郡的一个垃圾场。两具尸体均被严重损伤，另一具根本已经无从辨认。1974 年，侦查人员开始与托尼·迪利修谈话[64]，这是

---

[63] Tena Jamison Lee, *Anatomy of a Death Penalty Case: Did Florida Almost Execute an Innocent Man?*, 23 Hum. Rts. 18(1996).

[64] 在此以前，最初的侦查工作大部分集中在嫌疑人塔特身上，他曾经在他的家乡因强奸一名妇女而被捕，银行记录显示在哈勃兹失踪前后他在奥兰多银行开立了一个新账户。他也曾经向哈勃兹工作的医院申请过工作。塔特曾被讯问，并进行测谎检查，并被施以催眠术。他没有通过测谎检查。侦查人员的报告明确指出塔特实施了杀害哈勃兹以及另一个未辨明身份妇女的行为。然而，塔特却没有遭到指控，虽然直至 1974 年以前他一直未被解除怀疑。

一个 16 岁的吸毒者,崇拜斯巴兹亚诺的身材。迪利修相信斯巴兹亚诺与自己的继母有不正当关系,他曾经告诉记者他曾被斯巴兹亚诺强奸,但是没有提起控告。

在被施行催眠术后,迪利修说他记得斯巴兹亚诺曾经给他看过两具尸体。这一通过引诱方式获得的证言,正是检察官所希望得到的。在 1976 年 1 月的正式审判中,迪利修说他记得斯巴兹亚诺曾经带他去垃圾场看过两具严重损伤的尸体,并向他吹嘘是他杀死了她们。但是,在迪利修作证时没有人提醒陪审团,迪利修的记忆是在休眠的状态中被引导出来的。迪利修的大部分证言均未受到辩方律师的挑战,但他的证言却是先后矛盾的。一开始他说当他被带到现场时正在吸毒,但在审判中却又说他是在看完尸体后才吸毒的。除迪利修的证言以外,检察官没有提出任何反对斯巴兹亚诺的物证。陪审团对被告人作出了有罪裁决,并建议对被告人判处终身监禁。在被问及为何会如此建议时,其中一个陪审员回答说,他们对被告人是否有罪实际上并不十分确信。然而,法官罗伯特·麦克格来戈推翻了陪审团的建议,判处被告人死刑。

1983 年,麦罗被指派为斯巴兹亚诺提供援助。州长在 1984 年 10 月签发了对斯巴兹亚诺的死刑执行令。麦罗获得了缓予执行的令状。但是他没能说服佛罗里达州最高法院采纳他的主张。1994 年,他又一次向佛罗里达州最高法院申请复审,但是无济于事。1995 年 5 月 24 日,佛州州长再次签发了执行死刑命令,执行死刑的时间定在 1995 年 6 月 27 日上午 7 点。

感到绝望的麦罗只好寻求媒体的帮助,尽管他曾经发誓永不以此种方式办理案件。最后,麦罗将迪利修在彭撒克拉的地址给了迈阿密先驱报的记者罗蕾·偌莎。她在第四次对迪利修进行访问时才最终获得了成功。迪利修将门打开,并将偌莎请到厨房,告诉她警察曾经在 20 年前向他施加压力，要求他指控斯巴兹亚诺，否则就要对他提出指控；他也曾提到他父亲仇恨斯巴兹亚诺，因其与迪利修的继母有染。说他愿意做任何事情以取悦父亲。他又说他找到了上帝，并且希望自己的良心得到清静。

佬莎写了一篇关于迪利修改变论调的报道，强调斯巴兹亚诺的无辜，其他媒体纷纷转载，并指责对斯巴兹亚诺的控告纯属错告。1996 年 1 月，佛罗里达州最高法院终于决定就新的证据举行听证，佛罗里达州最大的律师事务所花费了价值 40 万美金的工作时间为斯巴兹亚诺提供辩护。在定罪后 20 周年的前一天，佛罗里达州巡回法院法官签发了对该案重新审判的命令。

这个案件属于典型的"错案"，但是，仔细观察，这个案件之所以成为一个错案，并且是一个由陪审团审理的错案，有两点需要引起特别的注意：

第一点，陪审团在裁决被告人有罪后，建议法官不适用死刑，但是该建议被法官拒绝。美国只有四个州的法律赋予法官这样的权力，佛罗里达州只是其中之一。[65] 因此，该案至少在是否适用死刑这个问题上，陪审团并没有错，如果有错，一定是法官的错。

第二点，就是陪审团为什么会对被告人定罪。既然案件改判了，原来的定罪裁决又是由陪审团作出的，那只能说明陪审团的裁决确实错了。关于这一点，又有两点需要注意：

首先，应当承认，陪审团的确作出了一个错误的、冤枉无辜的裁决，但是，这并不影响陪审团审判制度所具有的放任自由主义意识形态的特征。因为放任自由主义只是尽量少地不冤枉无辜，并不承诺永远不冤枉无辜；其特征仅仅在于，在放纵有罪者和冤枉无辜者之间进行选择的时候，放任自由主义比激进主义更愿意选择放纵有罪者。

---

[65] 另外三个州分别为：印第安纳州、亚拉巴马州和特拉华州。

但是,这并不是说放任自由主义就永远都不会冤枉无辜者。如前所述,要做到永远不冤枉无辜者只有一个办法,那就是取消刑事审判,永远不对任何人定罪。这是不可能的。所以,即使陪审团偶尔冤枉无辜,也不能因此否定其放任自由主义的性质和功效。

其次,从该案来看,即使陪审团冤枉了无辜,也不能得出陪审团审判制度不值得称道的结论。恰恰相反,没有比陪审团更合适的审判机制,能够更好地保护被告人的利益。在陪审团审判制度下,对于无罪的裁决,固然由陪审团说了算;但对于有罪裁决,其效力却是由法官最后定夺。因为,对于有罪裁决,法官可以有很多途径对被告人予以救济,如果法官不同意定罪裁决,他可以将案件搁置起来不进行判刑,或者可以在裁决后立即赋予被告人上诉的机会。但从该案的经过来看,法官并未采取措施对被告人实施救济,恰恰相反,在陪审团建议不适用死刑的时候,法官居然将陪审团的建议置之脑后,对被告人判处死刑。这说明什么问题?除非法官对被告人深怀仇恨(这种可能性几乎不存在),否则就只有一个解释:法官比陪审团更可能相信被告人有罪。

事实上,根据该案律师事后对该案陪审团成员的采访,恰恰说明陪审团之所以不愿意对被告人适用死刑,其中一个最重要的原因就是他们对被告人是否有罪这个问题是拿不准的。而法官急于对被告人判处死刑则说明,法官在内心里对被告人有罪的判断是拿得准的。在这里必须注意,法官对案件的掌握是与陪审团同时进行的,如果法官同意被告人被定罪,陪审团确实也给被告人定罪了,最后却发现定罪是错误的,那只能得出一个结论:在既有的条件下,不可能获得一个更加完美的制度,以确保所有的无辜者都不被定罪。换句话说,法官并不比陪审团更聪明或更可靠;法官也会错判案件,而且在实行陪审团审判的案件中,如果有罪裁决最后被证明为错误,法官难辞其咎。即使将该结论进一步扩充，得出的结论也仍然是正确的：由于法官拥有否决或搁置陪审团的定罪裁决的权力，所以，哪怕所有的死刑判决都错了，也不能否定陪审团的价值。

　　结合以上论述，我们可以得出一个基本的结论：在任何对被告人错误定罪的案件中，法官都有一份责任；同时，没有一种制度比陪审团审判制度更能避免将无辜的被告人定罪，在死刑案件中也是如此。这一结论同时也是对第四章得出的，"陪审团审判是一种保障放任自由主义原则在刑事诉讼中得到贯彻的制度"的验证。这一结论不仅适用于美国死刑案件中的陪审团审判，同时也适用于一切实行陪审团审判制度的国家对于一切刑事案件的审判。[66]

　　对该案的分析还验证了本书在对死刑案件的整体分析中得出的结论：程序的瑕疵很可能是陪审团错误定罪的更具有根本意义的原因。之所以说这种原因更具有根本性，是因为这样的原因是可以消除的，而上面所分析得出的原因却是不可消除的。从该案的经过来看，被告人被错误定罪是由于非常典型的程序瑕疵所造成的。为了获得其中一个关键证人的证言，警方对该证人采取了利诱的手段；对被告人实施催眠获得的供述，在法庭出示时并未告知陪审团该供述是通过催眠手段获得；等等。另外，辩护律师没有太多的法庭辩论经验也是该案失败的一个需要考虑的因素。所以，如果有什么需要改进的地方，那也是程序的个别地方应当更加合理化，而不是将责任全

---

[66] 在英国，由于已经废除死刑，所以不存在死刑误判的问题。但是，英国同样存在无辜的被告人被陪审团冤枉的情况，其中最著名的案例可能要数康费特案件。关于该案的审理情况，详见 *R. v. Colin George Lattimore, R. v. Ahmet Salih, R. v. Ronald William Leighton*, in 62 Cr. App. R. 53 (1976)。迈克·麦康威尔在其为《英国刑事诉讼法（选编）》一书所作的序言中对该案进行了简单的介绍，参见中国政法大学刑事法律研究中心编译：《英国刑事诉讼法（选编）》，中国政法大学出版社2001年版，"英国刑事诉讼导言"部分，第23页。

部推到对于任何指责均不具有还手能力的陪审团身上。正是基于这种认识,有学者撰文指出:死刑案件中律师帮助的不够有效和正当程序的缺席,是一个必须予以正视的问题。[67]

---

[67] Ronald J. Tabak, *Report: Ineffective Assistance of Counsel and Lack of Due Process in Death Penalty Cases*, 22 Hum. Rts. 36(1995). 相关文章还可参阅:Guy Goldberg & Gena Bunn, *Balancing Fairness & Finality: A Comprehensive Review of the Texas Death Penalty*, 5 Tex. Rev. L. & Pol. 49(2000); Ronald J. Tabak, *Finality without Fairness: Why We Are Moving Towards Moratoria on Executions, and the Potential Abolition of Capital Punishment*, 33 Conn. L. Rev. 733(2001)。

第五编
陪审团审判的力量与未来

Jury Trial and
the Adversary System

第九章　没有陪审团审判就没有对抗式诉讼

——陪审团审判与其他审判程序之比较

陪审团审判制度是英美法系最重要的制度之一。它在英国历史上曾经有效地阻止了欧洲大陆纠问式诉讼的入侵,并且为英国的刑事审判成功地保留了古老的弹劾式特征,从而使其看上去不像大陆法系的纠问式诉讼那样骇人听闻;在美国历史上,陪审团成功地扮演了保障自由、体现民主的角色,利维曾盛赞其为"正义的守护神"。[1]在一定意义上,可以说陪审团审判制度乃是当今英美法系对抗式诉讼的缔造者和维护者。这一方面可以通过英美法系陪审团审判与大陆法系重罪案件审判程序的比较看出;另一方面还可以通过英美法系内部法官审判与陪审团审判之间的比较看出。

笔者以为,尽管欧洲大陆的刑事审判与英美法系的刑事审判已经没有本质上的区别,但是,从总体上看,与大陆法系的刑事审判比较,英美法系的刑事审判程序具有纠纷解决程序的特征和言词辩论的法庭审判风格。具体而言,第一,英美法系的法官比大陆法系的法官更为消极;第二,英美法系的律师比大陆法系的律师更为活跃;第三,英美法系比大陆法系为被告人定罪设置了更多的证据障碍;第四,英美法系的法庭审判比大陆法系的法庭审判更多辩论和对抗的

---

[1] L. W. Levy, *The Palladium of Justice, Origins of Trial by Jury*, Ivan R. Dee, 1999.

风格。[2] 这些区别不仅是英美法系与大陆法系诉讼程序之间的区别,而且也是英美法系内部法官审判程序和陪审团审判程序之间的区别。

本章第一、二、三、四部分将分别介绍这些区别;第五部分将指出,这些区别不同程度地存在于英美法系法官审判和陪审团审判之间;第六部分对造成这些区别的原因进行分析,最后得出结论。

一、英美法系的法官比大陆法系的法官更加消极

美国的法官几乎总是以法庭审理的消极裁判者的姿态出现。尽管在很多方面他们比大陆法系的法官享有更多的自主权,在审判中他们仅仅是监督战斗的当事人遵守程序的规则。在大陆法系,主持审判的法官要阅读案卷,决定证人作证的顺序,传唤并询问证人,还要出示证据。所有这些事务在英美法系都是律师的责任。尽管美国的法官也拥有传唤和询问证人的权力[3],这一权利的行使在实践中却十分稀罕。一方面,虽然美国联邦最高法院在其判例中也声称"法官不仅是仲裁者,而且也是法庭审判和决定法律问题的正确进行

---

[2] 对于英美法系与大陆法系之间的这些区别,已经有众多的比较法学家加以论述。具体可参看,Douglas G. Smith, *Structural and Functional Aspects of the Jury: Comparative Analysis and Proposals for Reform*, 48 Ala. L. Rev. 441, 457(1997); Gordon Van Kesse, *Adversary Excesses in the American Criminal Trial*, 67 Notre Dame L. Rev. 403, 432 (1992); Mirjan Damaska, *Evidentiary Barriers to Conviction and Two Models of Criminal Procedure: a Comparative Study*, in 121 U. Pa. L. Rev. 506(1973)。

[3] 联邦证据规则也赋予法官询问证人并传唤当事人未曾传唤的证人到庭作证的权力,参见 Fed. R. Evid. 614。咨询委员会(The Advisory Committee)却认识到法官询问证人的权力会由于法官抛弃了其适当的角色并假想其充当辩护士的角色而遭到滥用。咨询委员会还注意到,由于对法官这一权力的界定并不成功,因此,实际上法庭为了防止法官这种权力的滥用而不得不排斥这一权力的适用。Fed. R. Evid. 614 (b) advisory committee's note。

的统治者"〔4〕,并且警告说:"对于保证审判公正、合法地进行的责任属于法官而不是律师"〔5〕;但另一方面,上诉法院却经常找出审判法官在过度主导或询问证人方面的错误。〔6〕

不仅如此,上诉法院还禁止审判法官在审理结束时行使法庭总结或评论案件的权力并以此干预律师辩护的行为,其目的则在于限制法院的权力。从美国独立战争以来,各州就削减了法庭评论证据的权力。〔7〕一直到最近,大部分州都不允许法官就证据的证明力问题或者证人证言的可信性问题,以及整个案件发表自己的看法。即使在联邦法院,虽然并没有明确的规则规定法官不能行使这项权利,实践中法官行使这一权力的情形还是非常少见。因此,正如弗兰克法官所说的那样,在美国,"审判法官对证据作有意义的评价……这并不是一件很经常的事"〔8〕。

联邦证据规则允许法官公平地并且不偏不倚地就证据力和证人的可信性向陪审团进行总结和评论。〔9〕这一规则在 1972 年联邦最

〔4〕 *Quercia v. United States,* 289 U. S. 466, 469 (1933) [*citing Herron v. South Pac. Co.,* 283 U. S. 91, 95 (1931)].

〔5〕 *Lakeside v. Oregon,* 435 U. S. 333, 341–42 (1978). See also *Geders v. United States,* 425 U. S. 80, 87 (1976),该案中法庭指出,若要使真相和公平不被牺牲,法官就必须对程序进行实质上的控制。

〔6〕 See, e. g., *United States v. Liddy,* 509 F.2d 428 (D. C. Cir. 1974) [Sound and accepted doctrine teaches that the trial judge should avoid extensive questioning of the witness and should rely on counsel to develop testimony for the jury's consideration. Id., p. 440 (footnote omitted)], cert. denied, 420 U. S.911 (1975); *Blumberg v. United States,* 222 F.2d 496, 501 (5th Cir. 1955) (It "is far better for the trial judge to err on the side of abstention [sic] from intervention in the case rather than on the side of active participation in it").

〔7〕 Jack B. Weinstein, *The Power and Duty of Federal Judges to Marshall and Comment on the Evidence in Jury Trials and Some Suggestions on Charging Juries,* 118 F. R. D. 161, 163 65 (1988).

〔8〕 Marvin E. Frankel, *The Search for Truth: An Umpireal View,* 123 U. Pa. L. Rev. 1031, 1042(1975).

〔9〕 Federal Rules of Evidence, rule 105.

高法院的判例中得到认可,但是由于众议院的司法委员会建议将此规则删除从而失效。委员会注意到,法官就证据力和证人可信性进行评价的权力是富于争议且在很多州都是不允许的。[10] 尽管联邦法官在这方面的权力没有明确界定,其范围肯定小于英国法官所享有的权力范围。因为,法官无论如何也不能向陪审团传递他个人关于证据可靠性和案件总体看法的信息。总而言之,尽管参议院最终还是承认法官评价证据的权力并不违反普通法,一个很明显的事实是,美国的法官并不拥有像英国法官那样总结评价证据的权力。但是,它允许法官"在强有力的辩护可能导致错误的假象的时候,通过行使这一权力挽救整个案件"[11]。

综上所述,美国的法官总是以一种消极的姿态审判案件。弗兰克法官曾经这样描述美国司法机关的地位:"我们的法院消极地等待着当事人出示的东西,他们几乎从来都不知道——经常也不怀疑——当事人会选择不出示什么东西。"[12] 在审判法庭上,英国的法官比美国法官拥有更大的权力,但是总的来看,其消极性仍然高于大陆法系的法官。

法官消极性的一个直接结果就是当事人主义,但是在现代英美法系,当事人主导诉讼已经表现为另外一种形式:律师代表当事人主导诉讼。

在美国,律师控制着法庭审判。对抗制与非对抗制的一个核心的区别就是,在非对抗制中,法官而不是律师控制着整个程序。但在对抗制中,则是由律师控制着法庭审判。如果把整个审判比喻为一部电影的话,则在对抗制中,律师不仅是主要的演员,而且也是导

---

[10] H. R. REP. NO. 650, 93d Cong., 1st Sess., p. 5 (1973) (report of the House Committee on the Judiciary concerning superseded Fed. R. Evid. 105.

[11] Wolchover, *Should Judges Sum Up on the Facts*?, Crim. L. Rev. 783, 788(1989).

[12] Marvin E. Frankel, *supra* note 8, p. 1038.

演,他们推动着整个诉讼程序的前进。在这个方面,美国人并不孤单。英国的一位法官也曾经这样形容他们的律师:他扮演着他所创造的那一部分(戏)的角色;他必须选择构成他语句的词汇;……他必须随时准备改变、删除或者重新创作,以便适应庭审之日种种突然的以及不可预见的事件,并且他必须使这些态度上的变化不让任何人明显地感觉到。[13]

在对抗制中,律师不仅抢占了法官的风头,而且抢占了程序的第一主体——被告人的风头。在大陆法系,法官主导着诉讼程序,并且,诉讼的注意力都集中在被告人身上。在美国,律师主导着诉讼程序,并且将注意力从被告人身上转移到自己身上。诉讼程序由检察官迈开第一步,接着就是律师出示证据,但是律师始终像一道屏障一样拦在被告人与检察官、法官和陪审团之间。

关于这一点,甚至从法庭设备的安排和法庭规则中也可以看出来。在美国,律师就坐在被告人旁边,处于舞台的中心位置。美国的很多司法区都允许律师在询问证人和在陪审团面前发表意见时自由地走动。相比而言,在大陆法系,被告人通常被安置在法庭的中间,律师的座位则放置在两旁,并且律师的动作也受到限制。

英国的法官虽然没有美国法官那么消极。在律师出示证据和进行辩论后,英国和美国的法官都会就一般性原则问题,如举证负担问题,以及一些特定的法律适用问题,向陪审团作出指示。美国的法官通常也就到此为止,不会就证人的可靠性或证据力问题发表评论。而在英国,法官不仅有权,而且有义务,"就作出决定需要的事实争点作出简洁然而必须是精确的总结,就双方的争议和证据作出正确并且简短的概括,就陪审员可以从表面的事实作出的推论给出一个

---

[13] See from Gordon Van Kesse, *supra* note 2, p. 432.

正确的陈述。"[14]尤其是在复杂的、审判时间长的案件中,法官还必须帮助陪审团处理证据方面的显著问题,帮助严重犯罪案件中的被告人以陪审团能够理解的方式进行辩护。[15] 在庭审结束时,英国的法官一般都会花相当长的时间进行总结,这也是对双方律师的争议进行平衡的一种手段。但是从总体上看,英国法官并不拥有大陆法系国家的法官那样控制审判的权力。

在大陆法系,法官控制着整个审判,律师则处于相对次要的位置。[16] 为使所有参与审理的人员都明了案件的重要争点,并避免在法庭上出现令人惊讶的情形,双方律师都必须在案件审理之前向法庭呈送一份包括争议事实和主张的提纲的摘要。[17] 审理过程中,证人也都被允许以自然的方式陈述案情,对证人的交叉询问也不像英美法系那样咄咄逼人。这主要是由于法官第一个对证人进行询问,法官询问时已经广泛而全面地就证人所知的案情进行了询问,律师的询问实际上只起到一个补充的作用。尽管德国的法律不要求法官对证据和案情进行总结,并且也有理论家批评这种做法,实践中,法官进行总结的案件却占到全部严重犯罪案件的三分之二以上。[18]

另外,在大陆法系的审前程序中,检察官享有的自由裁量权也少于英美法系的检察官。在德国,对于所有可诉案件,只要有充分的事实基础,检察官就必须提起公诉,这被称为"强制起诉"。在英美法

---

[14] *Regina v. Lawrence,* 73 Crim. App. 1, 5 (1981) (Lord Hailsham).
[15] *Regina v. Hamilton,* 1972 Crim. L. R. 266.
[16] 例如,在德国,法庭审判的主角是主持庭审的法官,他在法庭辩论中发挥着举足轻重的作用。
[17] 在德国,双方律师都知道将被传唤的证人。但是,辩护方可以通过让未经传唤的证人自愿出庭作证的方式打检察官一个措手不及。
[18] Gerald Casper, Hans Zeisel, *Lay Judges in the German Criminal Courts,* 1 J. Legal Stud. 135, 150–152(1972).

系司空见惯的辩诉交易,在德国的严重案件中也通常都是不允许的。[19]

二、英美法系的律师比大陆法系的律师更为活跃

美国刑事审判中的律师比大陆法系和英国的律师都要好斗和好辩。美国的法律家经常将法庭审判视为"礼仪化的进攻"[20]。韦希曼曾经将律师形容为奖牌的竞争者:法庭审判就是在审判中所有的律师都是竞争者的一种对立双方之间的战争;赢得诉讼意味着打败另外一方,打败你的兄弟,正如有的时候击败你的父亲,或者法官;裁决是明晰的和不含糊的,并将在所有观看过你的演出的人群中宣布;胜利除令人愉快以外,别无其他。[21] 无论是律师还是检察官,都将获得胜利作为自己最重要的目标。对辩护律师而言,完全的胜利就意味着无罪释放,至于查明真相,则被视为偶然的或者与追求的目标无关的事情。事实上,在大多数案件中,查明真相都只是律师的一个最不重要的愿望。有一个律师曾经这样描述自己的角色:当事人委托我的事项是进行辩护,而不是判断;假如我是一名检察官,我会有自己对案件的见解,如果我感觉被告人无罪,我可以撤销案件;但是作为辩护律师,我曾经参与过无数案件的审理,但是从来没有对我的委托人形成过关于他有罪还是无辜的个人的看法,因为那不是我的工作,既不是我的功能,也不是我的责任。[22] 事实上,在避免明显的作伪证的条件下使有罪的被告人逃脱惩罚被当作辩护艺术中最伟大的

---

[19] Albert W. Alschuler, *Implementing the Criminal Defendant's Right to Trial: Alternatives to the Plea Bargaining System*, 50 U. Chi. L. Rev. 931, 983(1983).
[20] Gordon Van Kesse, *supra* note 2, p. 435.
[21] Seymour Wishman, *Confessions of a Criminal Lawyer*, Times Books, New York, 201 (1981).
[22] William B. Enright, *The Much Maligned Criminal Lawyer and/or the Stake of the Profession in Criminal Justice*, 46 Cal. St. B. J. 720, 723 (1971).

成就。[23]

在美国，关于法庭进攻的适当限制的职业行为规范并不明确，但是强调的重点明显在于热心的辩护。《美国律师协会职业行为模范规则》规定，"律师必须投入且忠诚地维护委托人的利益，在以委托人的名义进行辩护时必须热心"，但同时警告律师"不能受到委托人所有可能实现的利益压力的约束"。[24] 至于律师通过何种手段追求其应当实现的目标，该模范规则则将自由裁量的权利留给了律师。[25]《美国律师协会职业责任模范法典》在这一问题上的规定也比较含糊，但是其重点也在强调热心的辩护。根据这一法典，律师"必须在法律的约束范围内热情饱满地代表他的当事人"；同时，"除非例外，律师不得有意地不去通过合理的手段追求他的委托人合法的利益"。[26]

美国刑事辩护律师必须赢得诉讼的压力来自许多方面，其中最主要的方面还是来自律师与其当事人的目标之间过于密切的联系，以及对当事人利益目标之追求持赞赏态度的职业伦理。美国的公众观念又加强了律师及其当事人的这种身份认同，并常常以相同的道德标准描述这两种不同身份的人。[27]

检察官追诉的热情则在一定程度上由于"无适当理由不得追诉"[28]

---

[23] Gordon Van Kesse, *supra* note 2, p. 436.
[24] Model Rules of Professional Conduct Rule 1.3 cmt. (1984) The Model Rules were adopted in 1983 and have provided a guide to state legislatures in setting ethical and disciplinary standards for members of the bar.
[25] Id.
[26] Model Code of Professional Responsibility EC 7-1 & DR 7-101(A)(1) (1984). The ABA's Code was largely superseded by the adoption of the Model Rules in 1983, but many states in setting ethical standards for lawyers have adopted parts of either the Code or the Rules or both.
[27] Gordon Van Kesse, *supra* note 2, p. 439.
[28] Both the Model Rules and the Model Code provide that the prosecutor must not institute criminal charges "when he knows or it is obvious that the charges are not supported by probable cause". MODEL RULES, at Rule 3.8(a); MODEL CODE, at DR 7-103(A).

这一伦理义务所削弱;但是,一旦检察官认为有充足的证据对被告人定罪,他就可以辩护律师一样的热情为实现自己的目标而奋斗。因此,在美国的法庭上,既充满着咄咄逼人的辩护律师,也充满着气势汹汹的检察官。也因此,一旦检察官认定被告人有罪,他就会不遗余力地将被告人送进监狱,从而对胜利的追求也就取代了对正义的追求,对定罪的渴望也就取代了对事实真相的渴望。

造成检察官这一形象的原因除美国的职业伦理规范允许检察官像律师一样以咄咄逼人的方式进行法庭调查和法庭辩论[29]以外,还有一个重要的原因就是检察官也面临着巨大的胜诉压力。[30] 如前所述,与律师不一样的是,检察官提出控诉必须有适当理由。因此,无论是法官、律师,还是一般民众,都希望检察官至少在大多数案件中必须胜诉,否则,检察官就会被视为滥诉的典型。从而胜诉—败诉的比率,也成为衡量检察官战绩的一个重要标准。另外,由于律师的好斗,检察官即使希望保持冷静、平和的姿态,也几乎不可能。在一个消极的法官和好斗的律师面前,冷静与平和有时候看起来就像是软弱和退却——虽然其效果并不总是这样。因此,检察官除表现得像律师一样充满自信以外,几乎别无选择。

在英国,巴律师辩护的热情程度也远不及美国律师。其中一个原因是英国的巴律师与其当事人之间的关系并不十分密切,巴律师主要是对沙律师负责而不是主要对当事人负责。英国的律师伦理准则根本上就禁止巴律师直接处理委托人的事项。巴律师从来就不会单独跟委托人在一起,即使在会见委托人的场合,也必然有沙律师在场。在法庭上,被告人坐在被告席上,沙律师则处在被告人与巴律师之间。这种安排更进一步疏远了巴律师与其委托人之间的距离。此

---

[29] Gordon Van Kesse, *supra* note 2, p. 440.
[30] Gordon Van Kesse, *supra* note 2, p. 442.

外，在英国，律师职业伦理准则禁止巴律师访问证人；而在美国，律师访问证人是例行公事。由于这一区别，在法庭上，美国的律师要对自己证人的表现负责，而英国的律师则不必对证人出现的错误负责。对于担任检控任务的巴律师而言，这种独立的身份就削弱了他在法庭富于攻击性的可能。因为巴律师仅仅负责法庭指控，并不负责决定起诉、实施侦查、收集证据等活动，他对于整个案件胜诉与否的责任相应减轻，其获得胜诉的动机也由此受到削弱。他在法庭上相应地也就较少表现出情绪化的倾向。另外，巴律师既可能担任检控律师也可能担任辩护律师的制度，也在一定程度上遏制了巴律师表现出情绪化倾向的现象。虽然英国的律师看上去比美国的律师更富有理性和镇定，但是，只需要轻轻一瞥，就可以看出英国的律师在法庭审判中远比其大陆法系的同行显得争强好胜。

大陆法系的律师也喜欢胜利，但是他们并没有把胜利看得无比重要，也不会气势汹汹地追求胜利。大陆法系的律师一般都没有那么咄咄逼人，他们对胜诉的追求也不是忠心不二。这主要是由于大陆法系法官主持并主导审判，发现真实和实现正义的义务主要由法官来完成，律师对胜诉就不再是第一重要的期望。首先，大陆法系的律师与证人之间的关系远不如英美法系的律师与证人之间的关系密切，因为在大陆法系，证人并不属于当事人，而是由法院传唤。在英美法系，证人在出庭前通常要由当事人进行"演练"，而在大陆法系却不存在演练的问题。其次，由于法官传唤并询问证人，律师自然就变得不那么好辩，而且在交叉询问和对证据的可采性方面提出反对的空间也就相对狭小一些。还有一个原因就是，大陆法系的审判采取混合式法庭而不是陪审团审判。这样，大陆法系律师的主要说服对象就是专业法官而不是外行法官，他就不能像英美法系律师在陪审团面前那样气势汹汹、充满激情，甚至以情绪渲染；相反，他必须诉诸于理智和理性。

三、陪审团审判为定罪设置了更多证据障碍

众多的学者认为,当代英美法系的证据规则比大陆法系的证据规则复杂、精致。[31] 达马斯卡甚至指出,证据规则的区别就是大陆法系与英美法系刑事诉讼的主要区别:英美法系的陪审团审判制度下,其证据法比大陆法系的证据法对给被告人定罪设置了更多的证据障碍。[32]

具体而言,与大陆法系相比,英美法系对被告人定罪的证据障碍主要体现在以下三个方面:一是英美法系存在着比大陆法系更多的排除规则;二是英美法系的法庭举证规则为控诉方实现定罪目标比大陆法系设置了更多的障碍;三是英美法系的证据评价机制比大陆法系更加有利于被告人。

(一)英美法系存在着比大陆法系更多的排除规则

在英美法系,在逻辑上具有可采性的证据仍然由于证据法的规定而不具有法律上的可采性,这些规则的存在很大程度上是由于人们相信,采纳这样的证据可能会给事实裁判者造成超过它本身应当具有的证据力的评价。但在大陆法系,并没有基于事实裁判者可能会错误地评价这样的证据,从而影响事实认定的精确性而将其予以排除的规则。事实是,大陆法系受过训练的法律家几乎全体一致地认为,这样的排除规则是不能接受的。[33] 比起英美法系的法律家,他们对法官在作出决定时不给予某些证据不适当的考虑的能力方面更有信心。但是,在通过立法预见将来方面,他们比英美法系的

---

[31] Gordon Van Kesse, *supra* note 2, p. 463-466.
[32] Mirjan Damaska, *supra* note 2, p. 506.
[33] Mirjan Damaska, *supra* note 2, p. 514.

法律家又更加悲观，因为他们不相信在预见到特定种类的证据对认定事实的影响的基础上，可以成功地制定一套关于证据的法律规则。

当然，这并不是说大陆法系完全没有排除规则。很多在英美法系形成规则的东西，在大陆法系是以赋予法官自由裁量的方式来排除证据。例如，虽然大陆法系并没有明确的可采性规则，但是在很多场合下，法官对某些证人可以决定不让其出庭作证，理由则是这样的证言对于决定没有什么影响。[34] 这其实就是赋予法官在证据是否具有相关性方面的自由裁量权。

大陆法系另一个具有排除证据效果的机制是"直接原则"，它是对中世纪适用的纠问式诉讼程序的一种比较激烈的反应。在这样的纠问式诉讼中，侦查官员在侦查过程中记录下所有的证据，而审判官员则几乎不与被告人见面，而是依赖侦查人员制作卷宗笔录来判决案件。意识到原始的证据比经过传递的证据更加具有可靠性，现代大陆法系国家的诉讼程序采用了证据必须由决定制作者直接询问而不得以派生的方式获得的原则。[35] 或许这一原则可以用英美法系法律家广义的"最佳证据"来解释。这一原则在大陆法系不同国家实行的情况也不尽相同，但是无论如何，其基本的要求是法官必须对原始的陈述人进行亲自的询问。这样，至少有一部分在英美法系被以"传闻证据"规则排除的证据，在大陆法系也被以违反"直接原则"而被排除。

大陆法系也缺乏对先前定罪的证据以及其他定罪的证据的正式的排除规则，但在大陆法系，这样的证据其实同样是予以排除的，只不过排除的理由是不具有相关性，而在英美法系则是不具有可采性。

---

[34] Mirjan Damaska, *supra* note 2, p. 517.
[35] A. Esmein, *A History of Continental Criminal Procedure: With Special Reference to France*, translated by John Simpson, The Lawbook Exchange Ltd., New Jersey, 2000, p. 408 infra.

但是，决不能因此夸大二者之间的同质性。大陆法系虽然可以通过直接、言辞原则、法官的自由裁量排除一些证据，但是这些证据的排除都不是强制排除，也不是当事人的权利，而是完全由法官掌握。可以说，在没有受到英国普通法影响的国家，对证据的出示和对待通常都采取了更为宽松的态度。因此，在实践效果上，大陆法系的证据排除远不如英美法系频繁。郎本曾经指出：在我们的审判法庭上，无论是民事诉讼还是刑事诉讼，你都可以听到律师们不断地打断（对方律师对证人的询问）并提出基于证据规则的反对；人们对这些咒语是如此熟悉，以致它们已经进入公共文化领域；闭上你的眼睛，你就可听到佩雷·马森或相似的电视中传出严厉而掷地有声的反对："不具有实质性！""传闻！""意见！""诱导性问题！"而当我们切换频道，来到法国或意大利或瑞典的法庭，你便再也听不到这些声音了。[36] 郎本还指出："在过去的二十年间，我曾经常参观德国的民事和刑事诉讼程序。我听到过很多传闻证言，但是从未听到过反对此类证言的声音；我也听到意见证据在法庭上如潮水一般汹涌而至，却没有遭受任何抵抗。"[37]

另外，在非法证据排除方面，英美的排除规则比在任何大陆法系国家的排除规则都要多得多，也精致得多。排除规则在证人特权的范围方面可能差别并不显著，但是一旦涉及与存在缺陷的讯问被告人的程序问题，我们的印象就会明显改变。很多大陆法系国家在以不适当的方式讯问被告人而获得口供的排除规则方面保持沉默。只有少数几个大陆法系国家在立法中明确拒绝非法获得的被告人证言。但是最显著的区别还是存在于搜查和扣押的法律方面。在这

---

[36] John H. Langbein, *Historical Foundations of the Law of Evidence: A View from the Ryder Sources*, 96 Colum. L. Rev. 1168, 1169(1996).

[37] John H. Langbein, *supra* note 36.

一领域，大陆法系的排除规则几乎不存在，而所谓的毒树之果理论，在大陆法系的法律家看起来简直是"神经有毛病"。而在实践方面，达马斯卡声称："我敢充满自信地说，在大陆法系的法院，提出排除非法获得的证据的动议比在美国要少得多。"〔38〕

在欧洲大陆国家，排除规则的首要目的均在于防止不可靠的证据进入法庭并以此提高认定事实的精确性。事实上，尽管大部分制度都禁止极端形式的警察违法行为获得的证据或者以可能影响证据可靠性的方式获得的证据，警察的违法行为本身一般不会单独导致证据的排除，尤其是当其获得的证据在后来被认定是可靠的"果实"或"产物"时。德国以及其他大陆国家的排除规则排除的证据范围，一般都比美国的排除规则狭窄。例如，在德国，警察未告知嫌疑人他享有保持沉默的权利这一不作为行为并不导致其后所获得的被告人供述被排除。另外，德国的搜查和扣押规则也相对比较宽松，法庭也不会自动排除警察违反该规则所获得的证据。〔39〕相反，法庭试图在保护被告人权利与有效地执行法律之间进行平衡。这使他们经常考虑犯罪的严重性以及被告人受怀疑的程度。另外，即使在证据

---

〔38〕 Mirjan Damaska, *supra* note 2. 在这个问题上，英国的做法更加接近大陆法系：非法获得的证据不仅在大陆法系具有可采性，而且在英国及英联邦国家也具有可采性。转引自 Gordon Van Kesse, *supra* note 2, p. 451。例如，尽管英国的法律排除通过强迫手段获得的供述证据，但是却拒绝适用毒树之果理论。See *Rex v. Warickshall*, 1 Leach 263, 264 (1783); Police and Criminal Evidence Act, 1984, ch. 60, §76(4) (Eng.). 此外，英国法律对于通过非法搜查、拘留和逮捕所获得的实物证据也不要求排除。*Regina v. Sang*, 1980 App. Cas. 402, 436 (1978) (appeal taken from C. A.); Police and Criminal Evidence Act, 1984, ch. 60, §67(8)(10) (Eng.); *Fox v. Chief Constable*, 3 All E.R. 392, 396-97 (1985) (H.L.). See generally, Gordon Van Kessel, *The Suspect as a Source of Testimonial Evidence: A Comparison of the English and American Approaches*, 38 Hast. L. J. 1, 32-33 (1986). 但最近英国也在朝着美国的方向而是不是欧洲大陆的方向发展。

〔39〕 Bradley, *The Exclusionary Rule in Germany*, 96 Harv. L. Rev. 1032, 1064 (1983).

被禁止的场合,被禁止的证据通常也为审理案件的法官所知晓。[40]因此,即使证据被排除,效果也不明显。至于法国的情况,其法典明确规定的排除规则屈指可数,并且大部分被排除的证据都是由于违反了该法典的实质性规定并且导致对被告人的不利益。即使在这样的场合,被排除证据派生的果实也不一定被排除。[41]

(二)英美法系的举证规则为控诉方实现定罪目标比大陆法系设置了更多的障碍

举证规则是法庭上双方如何提出证据证明自己主张的规则。在这方面,英美法系的检察官对被告人的定罪,必须付出比大陆法系的检察官更多的努力。这主要体现在以下三个方面:

首先,英美法系的被告人受到更多的尊重,而大陆法系的被告人则更可能被当作信息的来源。与英美法系的特权概念比较起来,虽然英美法系和大陆法系的被告人都享有反对自我归罪的特权,但是,英美法系的被告人可以选择是否在法庭上作证。如果选择作证,则他必须在法庭上接受交叉询问;如果他选择不作证,则任何人没有权利对他进行讯问。大陆法系的被告人不能自由地选择是否在法庭作证,从而接受讯问。通常他都会被问到很多问题。他仅仅有权不回答,或者拒绝回答特定的问题。但是,作为一个正式的原则,事实的裁判者可以从他的拒绝回答问题作出对他不利的推论。所以,英美法系的被告人享有的是"不受讯问的权利",而大陆法系的被告人享有的则是"拒绝回答的权利"。[42] 不管其理论基础是什

---

[40] Bradley, *supra* note 39.
[41] Richard Frase, *Comparative Criminal Justice as a Guide to American Law Reform: How Do the French Do It, How Can We Find Out, and Why Should We Care?*, 78 Cal. L. Rev. 539, 672-673(1990). (the French defense counsel has an absolute right to pretrial inspection of the full dossier).
[42] Gordon Van Kessel, *supa* note 38, pp. 32-33.

么,在大陆法系,被告人就是被当作证据来源来对待的。

其次,英美法系补强证据规则的存在也为被告人设置了比大陆法系更为精致的保护。补强证据规则为英美法系的检察官证明被告人有罪的事实存在设置了一个大陆法系的检察官从来没有而且永远也不会碰到的障碍。当然,对于补强证据规则可能有众多的解释,有些规则牵涉证据的可采性,有些则只牵涉最终对证据的评价。与本书有关的则仅仅是牵涉可采性的那些规则。这样的规则是很多的而且其影响在实践中对于许多案件也是十分重要的。例如,在美国的许多司法辖区,在强奸案件中,被害人的证言如果没有其他证据加以佐证,它就不能出示给事实法官进行证据力上的评价。换句话说,检察官将无法建立起一个表面的证明。但在大陆法系,不仅没有表面证明的要求,而且对于定罪也没有必须有一个以上的证据的要求。

最后,在证据披露的比较方面,英美法系的规则也比大陆法系的规则更有利于被告人。在大陆法系,审判之前,侦查程序不仅要过滤掉未被发现的指控,而且要准备证据材料以备法庭检验。在侦查程序中,被告人能够在多大程度上知悉指控自己的证据在不同的司法管辖区是不一样的,但是即使在限制最严的国家,也允许被告人和他的律师在审判到来之前查阅所有的卷宗。这些卷宗包括所有证人证言的摘要,以及所有的取证活动的记录,被告人因而可以熟悉所有以前取得的证据。建立在侦查基础上的检察官的指控单必须显示他所依赖的法律理论以及将要在法庭上出示的证据。当然,双方都可能在法庭出示额外的证据。但是,无论何时,只要有一方未准备的证据在法庭上出现,法庭就应当允许这方当事人继续其熟悉证据的工作。但是,虽然法官可以拒绝这样的证明,他却没有权力通过不听取令他惊讶的证言的方式惩罚这样的当事人。这样的裁决被认为有违法官发现真相的职责。

证据开示规则在美国的不同司法管辖区实行的情况也是不一样的,但即使在最自由的州,也不会让被告人事先知道检察官提供的证人在法庭上的陈述的实质内容。更经常的情况则是,被告人必须猜测谁会在法庭上为控诉方作证。

在这方面大陆法系的被告人比美国的被告人更占便宜。但是,在美国人看来,大陆法系的被告人为此付出的代价也是很惨重的。那就是,法官在审判前已经完全掌握了对被告人不利的全部证据。所以,大陆法系的证据披露是一把"双刃剑"。另外,大陆法系的被告人更经常地遭到讯问,他们更多地被视为证据的来源。

(三)全"外行"组成的陪审团的证据评价机制更加有利于被告人

首先,不同的法庭指示规则对于法庭审判的效果产生的影响是不一样的。在英国和大陆法系国家,被告人都有权作最后发言。但是法庭的最后干预对于被告人和控诉方之间的辩论力量起到一种平衡的作用。因为法官可以就证据问题进行总结和评论。在大陆法系,专业法官本身就是陪审团的组成部分,而且主持审判的法官在陪审团开始讨论之前一般都要对证据进行总结和评论。德国法虽然没有要求这样的总结和评论,并且这种行为也曾经受到批评,但在实践中,德国法官在三分之二以上的轻罪案件中以及几乎全部的严重犯罪案件中实际上进行了总结和评论。[43]

其次,不同的控制投票的规则对于审判结果的影响也是不一样的。普通法关于有罪的裁决传统上要求一致同意。不过,苏格兰在很多世纪以来一直都实行简单多数原则。英格兰也于1967年废除了一致裁决原则并允许陪审团以10∶2的比例作出定罪裁决。美国

---

[43] Gerald Casper and Hans Zeisel, *Lay Judges in the German Criminal Courts,* 1 J. Legal Stud. 135, 150–152(1972).

1972年的两个案例中最高法院裁决一致同意原则并非宪法的要求。[44] 所以,这一规则最近可能在走向衰弱,但是仍然有大部分州坚持这一原则。大陆法系从来就没有采用过一致裁决规则。甚至在法国大革命后,由于被英格兰的制度所吸引,也于1791年试图整个地移植英国的刑事诉讼程序,他们也从来没有要求过其陪审团必须采取一致同意的规则。相反,他们仅仅规定:三名陪审员就应当总是足够作出对被告人有利的裁决。[45] 这些区别对决定制作的影响是显而易见的。在一致裁决规则之下,检察官必然会面对比多数裁决规则之下更多的困难。因为,只要有一个陪审员拒绝定罪,陪审团就不可能得出一个定罪裁决。所以,在一致裁决仍然占主导地位的英美法系的司法管辖区,检察官渴望得到的定罪比例当会更低。在约翰逊诉亚利桑那一案中,道格拉斯法官作为反对派指出:比较法上的研究已经显示,拒绝一致裁决规则的后果就是评议时间的显著缩短。[46] 在大陆法系的混合庭中,评议的时间都比较短,而且少数持不同意见者直到最后也会投否决票。[47]

最后,专业法官和外行法官的不同倾向性,对于决定是否定罪这个问题也发挥着举足轻重的作用。在陪审团审判中外行法官完全掌握着决定是否有罪的权力,而在大陆法系的混合庭中,专业法官扮演着积极的角色。如果外行法官比专业法官更加宽容,那么陪审团会比混合法庭更不愿意对被告人定罪,从而检察官要说服陪审团比说

---

[44]　*Apodaca v. Oregon*, 406 U. S. 404 (1972).

[45]　A. Esmein, *A History of Continental Criminal Procedure: With Special Reference to France*, translated by John Simpson, The Lawbook Exchange Ltd., New Jersey, 2000, p. 417.

[46]　*Johnson v. Louisiana*, 406 U. S. 356, 381 (1972) (Douglas, J., dissenting). See also, Mirjan Damaska, *Evidentiary Barriers to Conviction and Two Models of Criminal Procedure: A Comparative Study*, 121 U. Pa. L. Rev. 506, 537.

[47]　Gerald Casper and Hans Zeisel, *supra* note 43, p. 151.

服混合法庭更加困难。关于外行法官比专业法官更容易对被告人采取宽大为怀的态度的印象,已经有经验性研究加以支持。无论是欧洲大陆还是美国,外行法官和专业法官之间对案件的分歧都曾经被当作研究对象来研究。《美国陪审团》一书的作者研究后发现,陪审团比专业法官更具有宽容性[48];卡斯帕与翟塞尔对德国专业法官和外行参审法官的研究也表明了同样的趋势。[49] 另外,与其他领域的人类行为一样,经常参与审判案件会使法官感觉麻木。经验丰富的法官,将会告诉我们当他第一次基于情况证据而将被告人定罪时产生的痛苦。但是久而久之,对每一个案件的新鲜感也就消失了,从而一个人也就会调节自己的行为,以便有效率地完成自己例行公事的任务。

英美法系的法官对陪审团的限制仅仅是通过对它进行指示,而一旦陪审团退庭评议,法官就不能继续施加影响。另外,陪审团的无罪裁决不允许上诉也削弱了法官对陪审团的监督(通过上诉程序的监督)。但是,在大陆法系,外行的因素在很大程度上被十分有效地控制在专业法官手中。审理结束后,专业法官或专业法官们与外行法官们一起进行评议,参加讨论的过程并且主持整个讨论。当然,外行法官经常比专业法官人数更多,在大多数司法辖区,外行法官的角色都是很积极的,并不是仅仅作为一个"化妆品"的角色。但是,很少有人会否认,专业法官在他的外行同僚眼中是一个杰出的和有影响力的角色;同时,在作出判决时,法官还必须说明哪些证据被采信了,哪些没有被采信。这样,即使检察官输掉官司,他还可以通过上诉的方式赢回来,并且可以从法官的判决中找到攻击的弱点。在陪

---

[48] Harry Kalven and Jr. Hans Zeisel, *The American Jury*, Chicago University Press, 1971, p. 193 infra.

[49] Gerald Casper and Hans Zeisel, *supra* note 43, pp. 151、154-160、175.

审团审判的情况下，就不存在这个问题，因为对于无罪判决是不允许上诉。

在大陆法系，由于专业法官与外行法官一起评议，所以在评议前法官不必对证据和适用的法律进行指示，也没有必要就如何处理事实上的疑问进行提醒。如果这样的疑问在评议中产生，专业法官会向外行法官提出建议。所以，大陆法系的法官也很少就定罪需要的充足的证明作出正式的指示也就毫不奇怪了。而在英美法系，情况则完全相反。在陪审团评议的过程中，法官与陪审团之间没有正式的意见交流；相反，考虑到可能发生的事实方面的疑问，法律要求法官在陪审团退庭前就必要的、充足的证明向陪审团作出指示。

在刑事案件中，无论是英美法系还是大陆法系，现代的法律制度都已经要求当事实有疑问时作有利于被告人的解释。疑问作有利于被告人解释的思想应当在古罗马的时候就已经产生了，甚至在中世纪的纠问式证明程序中，也存在着这种趋势。例如，证明有利于被告人的证据要求比证明不利被告人的证据要求更少。但是，大陆法系要求的是"内心确信"，英美法系要求的是"排除合理怀疑"。证明到排除合理怀疑原则的范围，至少潜在地比无罪推定原则的范围要广泛。因为无罪推定只有在定罪这个问题上有效，而排除合理怀疑则除定罪以外，在其他问题上也是有效的，如程序性事实、加重情节等。

在所有的大陆法系国家，即使法律允许的边际错误非常小而证明的要求非常高，达到完全的确信也是不可能的要求。而且，假定充分的证明要求不会由于决定制作程序的变化而变化在心理上是幼稚的。尽管有人会承认决定的制作者有时会要求较低的标准，很少有人会进一步公开承认可以容忍的怀疑的程度是随着环境变化而变化的，所以可以容忍的怀疑就应当是一条斜线而不是一个固定的数值。

因此，在大陆法系，由于缺乏对外行法官就定罪所需要的足够的证明进行指示的程序,减小了外行法官和专业法官之间在定罪的倾向性方面的差别;而英美法系,由于这种指示的存在,则增加了这种差别。

四、英美法系比大陆法系之法庭审判更富于辩论风格

英美法系的律师在程序方面接受的是"运动—游戏理论"。有论者指出:钟爱精彩的战斗是美国人民族性格中的一个重要方面,并且他们经常视两造对抗本身比对抗的结果更为重要。[50]

美国律师作为演员的角色也提供了一种娱乐形式。美国公众对律师怀有一种爱恨交织的态度。很久以前,罗斯科·庞德就曾经将司法中的运动理论归结于盎格鲁-撒克逊人对辩论程序的膜拜和对公平竞争的钟爱,以及美国的精英对法庭这一未开垦地的辩论游戏之技巧的渴望。[51] 他发现,司法的运动理论如此深深地植根于美国职业中以致我们已经把它作为一个基本的法律原则。

意大利最近修订的刑事诉讼法典采纳了许多对抗制的因素,但是也保留了审前程序中为被告人披露证据的程序。其目的即在于"拒绝司法的运动理论。对意大利的法律家而言,以出现惊奇的方式进行审判是违反法律的正当程序这一宪法性规则的,因而是不能容忍的"[52]。

对于大陆法系的刑事审判,给予人们的总的印象是它更像一种协商会议而不是一场体育竞赛。[53] 郎本对大陆法系审判风格的总

---

[50] Gordon Van Kesse, *supra* note 2, p. 448.
[51] Roscoe Pound, *The Canons of Procedural Reform*, 12 A. B. A. J. 541, 543 (1926). See from Gordon Van Kesse, *supra* note 2, p. 449.
[52] Ennio Amodio, Eugenio Selvaggi, *An Accusatorial System in a Civil Law Country: The 1988 Italian Code of Criminal Procedure*, 62 Temp. L. Rev. 1211, 1223 (1989).
[53] Douglas G. Smith, *Structural and Functional Aspects of the Jury: Comparative Analysis and Proposals for Reform*, 48 Ala. L. Rev. 441, 459 (1997).

结是:"审前程序与审判程序并无明显区别,披露证据和呈交证据的程序也无明显区别。审判不是一个单一的连续不断的事件。实际上,法庭是按照具体情况的要求在一系列的听证中收集和评价证据。"[54]在美国,侦查机关尽量地收集所有能在法庭上出示的证据,因为一旦进入法庭审判程序,他们就很难再退回到侦查程序去收集更多的证据。与之形成对照的是,在大陆法系,并不存在复杂的审前披露证据的程序。在这种情况下,很难出现法庭上戏剧化的审判效果,因为审理是可以间断的;一旦出现了令一方当事人惊讶的证据,当事人可以在休庭很长一段时间以后再来应付这种意想不到的局面。史密斯将大陆法系的这种诉讼程序归纳为"插话式的诉讼程序"[55]。

  大陆法系的刑事审判辩论风格比较弱的另一个原因,就是其上诉法院对下级法院的案件实行全面审查的原则。例如,意大利的上诉法院可以改变下级法院判决的任何方面。也就是说,意大利上诉法院对初审案件实行的是全面审查原则,既审查法律的适用,也审查事实的认定。在德国,上诉法院可以通过下级法院的审判记录或者通过传唤证人对事实形成自己的判断。审判法官更被要求就案件事实的认定以及法律的适用写出自己的推理过程,即判决理由,以便于上级法院进行审查。这就不可避免地降低了初审法院法庭审理的重要性,而这又是造成其审判不具有对抗性或者只有很不显著的对抗性的一个直接原因。

---

[54] John H. Langbein, *The German Advantage in Civil Procedure*, 52 U. Chi. L. Rev. 823, 831 (1985).

[55] Douglas G. Smith, *Structural and Functional Aspects of the Jury: Comparative Analysis and Proposals for Reform*, 48 Ala. L. Rev. 441, 460 (1997).

五、英美法系法官审判中对抗制因素之削弱

前文比较了英美法系的陪审团审判和大陆法系法官审判以及混合法庭审判之间的区别。但是,这并不是说,英美法系所有的刑事审判都具有陪审团审判所具有的全部特征。事实上,在法官审判的场合,其审判无论是在定罪的证据障碍方面,还是在程序的其他方面,相较于陪审团审判,对抗式诉讼的因素较少。例如,在有些法官审判的案件中,对抗式诉讼对被告人的保护并不发挥作用。弗兰克法官就曾经叙述过一个案例,在这个案例中,法官刚刚听完开庭陈述就对案件作出了判断,无论被告人说什么,他都无动于衷。[56]

但是,英美法系法官审判与陪审团审判最显著的区别,还是存在于证据规则的适用方面。

很多学者认为,刑事诉讼中的证据规则是用来保护被告人免于在对抗式的诉讼中处于不利地位的。当没有陪审团时,被告人在对抗式的竞争中实际上是处于不利地位的。减少这种缺陷的一个办法就是保证证据规则在法官审判程序中得到严格的执行。[57]

不幸的是,在陪审团审判的情况下,法官必须决定哪些证据能让陪审团知道,哪些不能。在法官审判的程序中则没有相关的裁决机制,这意味着在这样的程序中被告人从证据规则中所获得的保护不可避免地遭到削弱。在北爱尔兰的迪普洛克法庭(该法庭由法官主持审判,并无外行人组成的陪审团),证据的可采性和被告人审前供述的分量,都是由法官在证人审查程序(Voir Dire)中决定。在审判的时候,证人围绕被告人供述提供的情况证据就不再接受交叉询

---

[56] See from Ellen E. Sward, *Values, Ideology and the Evolution of the Adversary System*, 64 Ind. L. J. 301, 315 (1989).

[57] Sean Doran, John D. Jackson and Michael L. Seigel, *Rethinking Adversariness in Nonjury Criminal Trials*, 23 Am. J. Crim. L. 130 (1995).

问,被告人也不再在法庭上作证。其结果则是,审查程序中对证据的分量的听证影响了证据的可采性,而对证据可采性的决定又影响了证据分量的决定。它最终导致的是被告人丧失了免受错误容许证据以及不适当地运用证据的保护。

尽管如此,北爱尔兰的上诉法院对维持正式的证据规则还是显得比较热心。尽管在初步审查程序中将证据的许容性与证据的证明力混在一起,但是法庭还是在很大程度上维持了这两个问题的区别。[58] 与北爱尔兰的法官不一样,美国的法官几乎一致地认为,法官有能力克服他们曾经予以排除的有偏见的证据的影响。换句话说,美国的法官总是认为他们有能力不考虑不适格的证据,而只考虑适格的证据。在美国诉门克一案中,上诉法院认为:容许不具有可采性的证据进入法庭是错误的,如果是在陪审团审判程序中,我们会推翻这一裁决;但是,我们认为,受过训练的、有经验的联邦地区法院的法官与陪审团是不一样的,他们应该能够对不合适的证据和合适的证据进行区分,并且能够仅仅将自己的裁决建立在合适的证据的基础上。[59] 美国联邦上诉法院曾经一遍又一遍地重复过这样的观点。[60]

与陪审团审判的情况不一样的是,在门克这样的案件中,即使推翻判决,也不一定导致重新审判。除非错误是明显有害的,否则上诉法院可以就法律问题作出自己的裁决,然后将案件发回,初审法官在上诉法院的裁决的基础上重新考虑自己的裁决。然后,在重新考虑后,如果初审法官认为在不容许该证据进入法庭的情况下也会产生

---

[58] Sean Doran, John D. Jackson and Michael L. Seigel, *supra* note 57, p. 30.

[59] *United States v. Menk*, 406 F.2d 124 (7th Cir. 1968), Sean Doran, John D. Jackson and Michael L. Seigel, *supra* note 57, p. 31.

[60] *United States v. Dillon*, 436 F.2d 1093, 1095 (5th Cir. 1971); *Wythers v. State*, 348 So. 2d 390, 391(Fla. Dist. Ct. App. 1977); *State v. Astley*, 523 N.E.2d 322, 326(Ohio Ct. App. 1987); *State v. Fierro*, 804 P.2d 72, 81(Ariz. 1990); Sean Doran, John D. Jackson and Michael L. Seigel, *supra* note 57, p. 36.

相同的结果,那么,他就可以照此发布一个命令。通常来讲法官都是这样做的。如果偶尔有法官认为在不容许该证据进入法庭可能影响裁决的时候,他才会采取措施进行纠正——或者宣告被告人无罪,或者让另一个法官重新审理此案。

因此,在美国,很多在陪审团审判中本来不具有可采性的证据在法官审判程序中却畅通无阻。例如,强迫性供述是为宪法所禁止的,该规则并不考虑该证据的可信性和可靠性,放弃陪审团审判的权力也不意味着放弃就宪法层面的问题进行裁决的权力。假定法官发现供述是非自愿的,该供述被裁决不得采用。但是,如果法官成为事实的裁判者,问题也就产生了:法官是否能够成功地清楚有污点的证据留在他脑海里的印象?马里兰最高法院认为,法官是可靠的,值得信赖的。在一个案件中,警察违反了米兰达警告规则,获得被告人的供述。审前听证程序,发生在审判之前的一个月,裁决是:该供述可以进入法庭审判程序。被告人放弃陪审团审判的权利。审判由另一名法官主持。但是在审判中,被告人供述的真实性成为案件的争点,法官不得不再次面对该供述是否可采信的问题。最后法官裁定该证据不可采信,被告人却被定罪。被告人提起上诉。美国最高法院早已指出,如果该案是由陪审团审判,那么这样的定罪当然是不允许的。尽管存在着法官与陪审团审判的区别,从法理上看,却不能得出在法官审判时规则的适用就不必那么严格的结论。可马里兰最高法院却不是这么看的,它支持了定罪的裁决:"我们司法制度的核心——法官,无论在法律方面还是在评价证据的实质性方面都是富有洞察力的、博学的和有经验的。"[61]

传闻证据规则在法官审判程序中也不如在陪审团审判程序中执

---

[61] *Hutchinson v. State*, 9 Md. App. 41, 44, 262 A.2d 321, 323-24 (Md. Ct. Spec. App. 1970), rev'd, 260 Md. 227, 271 A.2d 641 (1970).

行得严格。尽管法律也要求法官受传闻规则的约束,但是在很多场合,法律允许法官不受这些种类的规则的束缚。但它不是通过在无陪审团审判的程序中采用另一套标准,而是通过允许法官以不做裁决的方式实现这一目标的。所以,在法官审判程序中,许多不为陪审团知晓的证据,法官却能了如指掌。

在法官作为事实裁判者而不是陪审团作为事实裁判者的时候,证据法的适用就不再那么严格。当没有陪审团时证据排除规则的适用就相对不那么严格,这至少有两个主要的政策考虑支持这一做法:

第一,证据法长期以来被认为是陪审团制度的产物,其目的是防止未受法律训练的公民不加批判地接受不可靠的证据。法官由于受过职业训练,在评价证据方面有一定的经验,因此,在筛选和衡量证据方面比陪审团更可信赖。有一个案件的判决指出,由于法官的法律训练、解决问题的传统方法,以及他的职业艺术的状态,同时由于他应当很早就学会感知、区分和解释法律之间的细微差别,当有助于法官防止前面所考虑到的脆弱性。[62]

第二,至少在过去的几十年中,由于大量过剩的规则以及例外吓阻了审判的进行,同时,法官的判决也存在着被推翻的多重危险,所以,人们普遍对此表示不满。如果即使在陪审团审判的案件中,证据法的实质部分都已经被过分崇拜或者发挥了过分的效力,那么,在无陪审团的审判中,它就更不应该不加任何改变地加以执行。

但是,曾经有人指出,法官也是有血有肉的主体,他们与其他人一样,也会受到感情和人类的脆弱性的影响。另外,刑事案件中的排除规则有着不同的关注点,有很多规则是用来降低由于被告人被显示为一个坏人而定罪的危险性;他们处理的是潜在的偏见,这种偏见来源于感情的冲击,而不是来源于知识上的错误;其他一些规则,如

---

[62] *State v. Hutchinson*, 260 Md. 227, 233, 271 A. 2d 641, 644 (1970).

禁止采纳非自愿的但是可靠的自白,则是为了保存外在的政策,即使牺牲审判的质量,获得一个关于事实的更少理性的解决,那也在所不惜。[63] 在这样的场合,无论是认为法官会免于偏见的影响,还是认为他不应比行政听证中的事实裁定者受到更多的限制,都是错误的。所以,对法官审判的案件,也必须适用严格的证据规则。

在宾夕法尼亚州最高法院裁决的共同体诉俄格斯比[64]一案中,显示了让审判法官知道被告人先前曾被定罪记录的危险性。被告人被指控携带并藏匿致命性武器。审判法官在法庭审判快要结束时寻求更进一步的证据。但是没有更进一步的证据,因为证据法明确规定了证据的可采性是有一定限制的,并且双方都表示排除规则必须得到遵守。被告人拥有的武器是一把直线型的剃须刀,但是被告人作证说他是一名理发师,正要出去为一名顾客剃须。如果这一辩解成立,则从实体法上已经构成一个充足的辩护。法官坦率地表示,他要对被告人定罪,他要看一看被告人过去的记录。后来,法官告诉被告人:如果我发现你没有犯罪记录,你的叙述就是真实的,那样我就会考虑我的判断并判你无罪。

宾夕法尼亚最高法院推翻了该法官的裁决。这一案件并不涉及证据问题,但是它至少暗示出,法官容易受先前定罪记录的影响。

在州诉加西亚[65]一案中,被告人被指控非法拥有大麻。大约三十年前,他因为大麻的问题曾被指控。法庭在被告人的反对下,允许这样的证据进入法庭:被告人在被逮捕的时候持有一个被盗的汽油信用卡,而这一事实在审判时间表上是要在另一个分离的案件中予以审判的。另外,还有一个证据是被告人在其他州进行盗窃,这也

---

[63] A. Leo Levin, Harold K. Cohen, *The Exclusionary Rules in Nonjury Criminal Cases*, 119 U. Pa. L. Rev. 905, 905(1971).

[64] *Commonwealth v. Oglesby*, 438 Pa. 91, 263 A. 2d 419 (1970).

[65] *State v. Garcia*, 97 Ariz. 102, 397 P. 2d 214 (1964).

在被告人的反对下进入法庭。亚利桑那州最高法院毫不费劲地就发现采纳这样的证据是错误的,然而,它却裁决支持对被告人的定罪。其理由是:很难说如果其他定罪的证据不被出示,法官的判决就会明显地与现在不一样。或者说,法官已经受到足够的约束不考虑被禁止的证据,或者即使考虑了也会在作出决定时不将该证据计算在内。但是这样的论调是很值得怀疑的。威格默指出:无论是法官还是陪审团,也无论是允许它对于现在的指控承担过重的任务,还是将这个证明作为谴责一个与现在的指控不相关的罪行的理由,法庭的一个自然的和不可避免的趋势就是对于不良的过去的记录给予过高的分量;并且,如果允许对被告人整个一生中的特定行为都拿到法庭来运用,即使全部这些行为均属捏造,被告人也不可能有效地准备自己的辩护。[66] 在《美国陪审团》一书中,作者用一章的篇幅论证了陪审团和法官之间产生分歧的原因是法官知道很多陪审团不知道的信息:其中有些是由于法官与被告人认识,有些是由于法官知道被告人撤回有罪答辩这一事实,或者有时候是由于血型检验被拒绝。但是,最显著的原因则是在法官单独知道被告人曾经有过定罪记录的场合。[67]

因此,法官在认定事实方面并不比普通人具有更多的理性。证据规则在法官审判程序中的忽视,必然导致对被告人保护的削弱。

六、造成差别之原因

综上所述,无论在大陆法系还是英美法系,在没有陪审团的情况下,法官充任事实的裁判者时对被告人的保护在效果方面远不如陪审团审判下对被告人的保护。当陪审团审判被法官审判所取代

---

［66］ Wigmore, *Evidence*, Peter Tillers Rev., Little Brown and Company, 1983.
［67］ Harry Kalven Jr., Hans Zeisel, *The American Jury*, Chicago University Press, 1971, pp. 121-133.

时,审判的特征也就发生了变化。在外行法官审判的对抗制程序中,法官是消极的,这可以保证控诉方和被告方均有机会向陪审团陈述自己的事实和主张。当然也存在着法官可能会过分干预的情况。但是,由于种种原因,这种干预的可能性在法官独任审判的时候更可能发生。这种负面影响的原因可能来自三个方面:

第一,法官与陪审员具有不同的身份,其所受的约束也不一样。在这个方面,罗赛尔勋爵曾经指出:

> 法官是由国家任命的,并由国家付报酬,其职务的保障也有赖于国家。因此,即使法律没有规定法官有支持国家法律的义务,法官在心理上也会被驱使着这样做。而就陪审团而言,虽然也可能是国家任命的,但是任期并不长;虽然也由国家支付一定的薪水,但是数量并不多;他们的未来也不会因为他们作出的裁决而受到影响。所以,陪审员就能够做到独立地作出裁判,在需要的时候,他们就可能站在政府的对立面,而法官几乎总是与政府保持一致的。[68]

在美国,法官受到的约束也许不像他们的英国同行那样明显,但是执行法律的心理压力仍然使他们有别于陪审团的角色。

第二,正是由于法官与陪审团存在着不同的身份,所以他们也就被赋予不同的责任。与陪审团审判比较来看,法官在没有陪审团审判的程序中还被赋予了更多的责任,其中最显著的就是必须为自己判决中认定的事实负责。乍一看,当法官取代陪审团作为事实的裁判者的时候,他与陪审团的角色似乎没有什么不同——本质上都是决定控诉方是否证明了被告人犯有被指控的罪行。但实际上,这并

---

[68] See from James Gobert, *Justice, Democracy and the Jury*, Ashgate & Dartmouth, 1997, p. 34.

不是需要决定的全部事实。刑事诉讼程序是以整个社会的名义进行的,所以决定也必须要么由社会来达成,要么由其代表来达成。当外行被吸收到程序当中的时候,决定的制作被视为社会活动的结果,这些外行人能够对于程序的优点以及以该优点为基础对被告人的定罪提供更为广泛的考虑。他们首先对法律制度负责,并且最终要通过其决定对社会负责。这就要求他们在证据的基础上严格执行法律。如果由职业法官单独审判,那么诉讼程序就更像是决定被告人是否有罪,而不像是解决国家和被告人之间的纠纷。尽管诉讼程序仍然保持弹劾式的形式,本质上却更倾向于政策执行模式。弹劾式的保护将被吸收到政策执行的程序中,但是,人们越将诉讼程序视为一个纠纷解决程序,当事人也就越能控制争议的轨迹和范围。

  第三,在法官审判的案件中,原来用于保护被告人的许多证据排除规则的运用将大大减少,或者即使得到适用,其有效性也会大大降低,因此,被告人会受到弹劾式因素减少的负面影响。与陪审团相比,法官极可能拥有更多的关于案件的信息。陪审团还可以保证被告人受到一些非排除性规则的保护,如举证规则、证明标准的要求等;在法官审判程序中,这些规则能发挥的作用十分有限。

  总而言之,缺乏陪审团的审判对刑事审判中证明程序的影响比人们通常认为的要大得多。传统的诉讼结构是由陪审团作为第三方裁决控诉方针对被告人提起的指控。陪审团的中立姿态不仅是由于他们很少参与到竞争的程序中,12个人组成这个团体这一事实意味着即使这个团体想发言,它也不可能只有一种声音。理想上,它是一个代表不同的经历、观点、和背景的混合的群体。更重要的是,在法官就案件作出指示、陪审团进行评议之前,陪审员不可能达成一个被告人有罪的集体的判断。所有这些因素都使陪审员的态度变得不容易预见。法官则更为我们所了解,即使法官保持传统的中立姿态,他也已经知道被告人过去的记录,所以行使着比陪审团更大的控制权。尽管审判仍然可以保持其竞争的特征,但实际上法官已经成为竞争的第三方参与者。

这样,被告人的权利就有可能不会得到充分的保护。在没有陪审团的审判中,律师还可能被禁止抗议法官对案件的看法。同样重要的是,即使法官保持消极姿态,危险反而可能会更大。在法官咄咄逼人的情况下,他们的偏见至少还可以让当事人看到,律师从而有机会进行反抗。消极的法官则将手藏在背后,这样律师在判决作出之前就没有机会抗议其观点。

当然,在陪审团审判的情况下,律师也不能知晓陪审团对案件的看法。但是,这与法官审判是有显著区别的。因为陪审团没有观点需要隐瞒。在审判结束以前他们不能进行评议,即使其中个别陪审员已经形成预断,在评议之前陪审团作为一个整体不可能形成固定的看法。所以,当事人不会受到最危险的消极法官的损害。另外,法官可能在程序开始的时候就形成了对案件的看法,尽管律师可以感觉到法官在想什么,法官的消极姿态却可能使律师无法采取有效的措施。

虽然也有些法官会对自己审理的案件采取开明的姿态,但是,由于其事实裁判者的角色,决定了他们必然会采取更多的干预性姿态或者甚至是纠问式的姿态。更重要的是,过分地消极使法官审判的程序同样虚弱。一个单个的事实裁判者常常在所有的证据都出示完毕之前就已经形成了对案件的看法。如果他的看法没有与任何当事人进行过交流,则败诉者实际上丧失了在法官面前陈述自己的证据和理由并说服他接受自己观点的机会。陪审团审判对这种现象提供了一个保护机制,因为作为一个整体,他们在评议之前不可能形成对案件的看法。

所以,从整体上看,法官审判比陪审团审判具有更多的纠问式因素。

第十章 陪审团在衰退吗

——当代陪审团审判制度发展趋势之解读

一、陪审团审判适用减少的趋势及其原因

(一)陪审团审判适用减少的趋势

陪审团审判适用减少的趋势,首先表现为民事案件中限制或取消陪审团审判。在英国,直到 1854 年,陪审团审判都是普通法院唯一的审判方式。从 1854 年开始,法官可以在双方当事人都同意的情况下独任审判。到 1883 年的时候,只有诽谤、恶意中伤、恶意起诉、非法拘禁、引诱(seduction)和违反婚约等案件由陪审团审判,其他案件则必须经申请方能由陪审团进行审判。1918 年以后,陪审团审判在除诈骗案件和以上提到的 6 种案件以外的案件中都不再适用。[1]

1913 年的时候,陪审团审判在民事案件中都还占据主导地位,那一年在高等法院审理的案件中有 55% 是由陪审团审判的。1918 年这一数字减少到 36%;1919 年新法颁布的第一年,由陪审团审判的案件已经下降到 16.5%;1922 年,这一数字下降为 8%。由于 1918 年的法律遭到批评,所以 1926 年由陪审团审判的案件数又上升到 36%,也就是 1918 年的水平,这一水平一直维持到 1933 年,但是

---

[1] 以上变化过程可参看 Sir Patrick Devlin, *Trial by Jury*, Stevens & Sons Ltd., London, Sixth Impression 1978, pp. 130—131。

1933年的法律重申了1918年的原则,所以1935年这一数字又下降到12%。1968年,当德弗林勋爵应邀到汉姆林讲座时,由法官独任审判的机制已经占据了决定性地位,由陪审团审判的案件只占2%到3%。[2]

在美国,在1938年颁布《联邦民事诉讼规则》以前,大约有20%的民事案件是通过审判解决的[3];但从1938年通过该规则之后,通过审判解决的民事案件呈直线下降之趋势,陪审团审判的适用也呈现出逐步下降的趋势(表10-1列出了从1945年到1995年期间美国民事案件陪审团审判的适用趋势)。[4]

表10-1 美国联邦民事法院适用的陪审团审判

年份(年)	案件总数(件)	审判总数(件)	审判案件占全部案件的百分比	陪审团审判数(件)	陪审团审判占审判案件的百分比	以陪审团结案的案件占全部案件的百分比
1995	229325	7443	3.2	4126	55.4	1.8
1985	268609	12570	4.7	6278	49.9	2.3
1975	103787	8722	8.4	3512	40.3	3.4
1965	63137	7297	11.6	3217	44.1	5.1
1955	58974	5239	9.8	2433	46.4	4.1
1945	52300	2883	5.5	825	28.6	1.6

不仅在民事诉讼中陪审团审判给人以逐渐消亡之印象,在刑事案件中陪审团审判的范围也越来越小,大部分案件均通过简易程序处理。简易程序处理可诉罪经历了一个漫长的发展过程。在英

---

[2] Sir Patrick Devlin, supra note 1, p. 132.
[3] Stephen C. Yeazell, *The Misunderstood Consequences of Modern Civil Process*, 1994 Wis. L. Rev. 631, 633 n. 3.
[4] Ellen E. Sward, *The Decline of the Civil Jury*, Carolina Academic Press, Durham, North Carolina, 2001, pp.12-13. 表中数据来自该书第13页,部分数据有删除。——作者注

国,第一个按照简易程序处理的可诉罪案件的规则确立于 1855年,它包括盗窃金额不足 5 先令的盗窃罪;1879 年,这一最高金额提高到 2 英镑;1915 年,提高到 20 英镑;1925 年,金额的限制彻底废除。[5] 后来,由陪审团审判的案件已经只占全部案件的极小部分。在这部分案件中,被告人一般是成年人,而且作无罪答辩,被指控的是严重的罪行,并且要么不能选择简易程序,要么可以选择而被告人没有选择。1960 年,全部案件的 82% 是由治安法院处理的,其中74% 的案件是成年人犯罪的案件;1965 年扩大了简易程序的可诉罪范围后,88% 的案件在治安法院得到处理。[6] 虽然陪审团审判在实践中运用很少,但是我们必须注意,无论是何种案件,只要最高刑期超过三个月,被告人都可以选择陪审团审判。

在美国,刑事案件以陪审团审判结束的案件数也逐年下降。1990 年的报告显示联邦法院被告人以辩诉交易结案的案件占全部案件总数的 72%,只有 14% 的案件进入审判,在这 14% 的案件中,大约有 78% 的案件经由陪审团审判。[7]

另据美国有关部门对 1971—1995 年期间美国联邦地区法院对刑事被告人的不同处理情况所作之统计,在 1971 年的联邦地区法院中,被告人作有罪答辩的案件仅占全部案件的 61.7%;由陪审团审判的案件占全部案件比例的 9.6%。到 2002 年,被告人作有罪答辩的案件数已经上升为全部案件的 86.0%;由陪审团审判的案件占全部案件的比例则下降到 3.4%。[8]

---

[5] W. R. Cornish, *The Jury*, Allen Lane the Penguin Press, 1968, p. 57.
[6] W. R. Cornish, *supra* note 5, p. 60.
[7] L. Ralph Mecham, Administrative Office of the United States Courts, Annual Report of the Director, 12, T. 9(1990), see also Ellen E. Sward, *supra* note 4, p.14.
[8] 参见美国联邦法院网站(http://www.uscourts.gov/judicialfactsfigures/table3.5.htm),访问日期:2004 年 3 月 17 日。

(二)陪审团审判适用减少的原因

陪审团审判在民事诉讼中的衰落很可能的一个原因,就是对那些比较独特的侵权案件而言,由陪审团决定当事人是否有过失比由法官决定的确更为可靠,而且也更容易获得公众的接受,尤其是在没有先例可循的情况下,由 12 个人组成的团体比一个法官更有可能代表普遍的观念。因此,在这样的案件中,陪审团审判是有益的,但是并非所有的案件都属于这一类别,绝大部分案件都是很普通的案件。另外,即使案件很独特(因而没有先例可循),当事人和律师经常也不愿意冒险以不可靠(找不到先例)的理由提起诉讼,从而使有必要运用陪审团审判的案件大大减少,陪审团审判的运用也就更加稀罕。

陪审团审判减少的另一个原因是它的花费比较昂贵。只要法官在公众心目中已经建立起信心,诉讼当事人一般都不太可能选择陪审团审判。对于当事人而言,他肯定希望知道他有多少机会胜诉;是否必须妥协,以及在多大程度上妥协;审判需要的花费。如果他不能获得一个满意的答复,很可能就会谴责他的事务律师。因此,市场就转向不利于陪审团审判的方向。

在刑事诉讼中,按照简易审判处理的可诉罪在审判之前自然要由治安法官征求被告人的同意。但是,有些简易罪也规定了超过 3 个月监禁的刑罚,在这种情况下,被告人也享有受陪审团审判的权利,因此,是否适用简易审判,仍然要征求被告人的同意。此外,还有一些特定的犯罪由制定法明确规定按可诉罪或简易罪处理,其最高刑期也做了分别的规定。这样的案件由警察和检察官决定适用的程序,但是他们必须得到治安法官的同意。跟以前一样,如果规定的最高刑期超过 3 个月,被告人仍然享有受陪审团审判的权利。

对被告人来说,选择简易审判最大的好处是治安法官的量刑权限有限,其判处的刑罚监禁最长不超过 6 个月,罚金最高不超过 400

英镑。但在2002年的司法报告中,内政部部长建议将治安法院的量刑权扩张到12个月。[9]

还有一些特定因素会使被告人选择陪审团审判或简易审判。有些案件陪审团明显地会倾向于作无罪的判决,如一些特定的汽车事故案件和性案件。这可能是出于陪审团的同情心,如一个被告人怀孕的妻子在法庭上作证,或者有一些因素导致陪审团对控诉方有偏见,比如被告人声称警察曾对他实施暴力。

早在1968年,科尼希就曾指出:"推论出陪审团是一个正在消亡的制度的结论是错误的,在英格兰和威尔士,每年都有175000人被征召为陪审员,其中有111000人真正担任了陪审员。事实上,与其说陪审团审判制度在消亡,不如说其运用正在日益进入这样一个法律领域:主要刑事案件的审判。正是在这一领域,一个公正无偏的、具有代表性的且对国家的自由承担责任的法庭,显得尤为重要。"[10]

在这个领域,陪审团审判仍然发挥着重要的作用。这种作用虽然象征意义多于实践意义,它对于整个国家的司法制度而言,却起着榜样的作用。正是由于陪审团审判制度的存在,使我们看到一种完美的刑事诉讼程序的模型,从而不至于在相反的方向上走得太远。

二、对陪审团审判制度的批评与对批评的评析

(一)对陪审团审判制度的批评

对陪审团审判制度的批评既来自公众,也来自法学家。法学家关于陪审团审判制度的批评意见多如牛毛。其实,对陪审团审判的

---

[9] *Justice for All*, presented to Parliament by the Secretary of State for the Home Department, the Lord Chancellor and the Attorney General, by Command of Her Majesty, July 2002.

[10] W. R. Cornish, *supra* note 5, p. 10.

批评并不是从今天才开始的，早在19世纪，就已经有学者对陪审团审判制度提出了尖锐的批评，只不过那时候的批评是为了完善陪审团审判制度，恢复陪审团审判在历史上曾经发挥的作用。例如，19世纪李桑德·斯伯纳在其著作中就曾指出[11]：第一，现代陪审团的组成都是非法的，因为它不符合普通法的要求。根据普通法：首先，任何自由人，或者任何成年的国家成员，均有资格担任陪审员。其次，所有年满21周岁的自由人，均有资格担任陪审员。而现代陪审员的资格规定已经违反了普通法的这两条精神。第二，现代的法官也是非法的，因为根据大宪章，任何由国王任命的官员，包括法官，都不得主持刑事案件中的陪审团审判。大宪章使用的词汇是"bailiff"，而这个词在古代是包括国王任命的任何官员的。大宪章对于民事案件规定了有特定的案件可以由国王任命的官员主持陪审团审判，而没有提到刑事案件可以有这样的例外，这一点也说明了从大宪章的规定来看，国王任命的法官是不能主持刑事案件的陪审团审判的。第三，陪审团有权决定被告人是否有犯意。犯意，是指被告人必须明确地知道自己的行为具有犯罪性质，即中国古代格言所说："不知者不为罪。"在此，作者批评了"对法律的无知不能成为免责的理由"这一格言及其理论基础。斯伯纳认为，陪审团不仅要对某一行为是否真正的犯罪进行判断，而且要对被告人的思维能力即他对自己行为性质的理解能力进行判断。如果陪审员们自己都认为自己不知道某种行为违法，当然没有理由要求被告人知道这样的行为具有犯罪性质。我们没有理由要求被告人比12个普通人知道得更多。最后，斯伯纳还对多数裁断的主张提出了激烈的批评。他认为，多数裁断的程序是荒谬的。举例而言，如果两个人在路上遇见了第三个

---

[11] Lysander Spooner, *Trial by Jury: Its History, True Purpose and Modern Relevance,* Scorpio Recording Company Ltd., London, Second Edition, revised, 2000, p. 107.

人,那么,这两个人是不是可以投票表决任意处置第三个人？在英国和美国,陪审团审判是唯一可以使弱小的一方否决强大的一方的机制。[12]

历史进入20世纪和21世纪,批评的矛头已经直指陪审团审判制度内在的缺陷。比较激烈的批评者并不认为陪审团对法官的制约是绝对必要的;相反,他们通常拿陪审团审判制度与其他形式的审判制度进行比较,并且常常看到其他形式的审判法庭的优势,并以此指责陪审团审判制度的不足。

科塞尔(Kessel)是这一领域的代表人物。他在一篇批评对抗式诉讼的长文中,顺便对美国的陪审团审判制度提出了尖锐的批评。科塞尔指出:"目前,在欧洲大陆,对于全外行组成的陪审团已经达成一致,问题仅仅在于对这种陪审团的否定性观点是否将导致外行参与混合法庭的制度也予以废除。……我们运用陪审团的方式也走过了头。尽管美国联邦最高法院在(陪审员人数以及裁决机制)这一领域已经放宽了要求,联邦法院、加利福尼亚州法院,以及其他很多州的法院仍然保留着由12人组成陪审团以及一致裁决的规则。同时,最高法院还拒绝将其在上述领域采取的灵活性姿态延伸至采用大陆法系那样由专业法官和外行法官共同组成的陪审团并且采用平等投票的机制这一领域……"[13]

科塞尔认为,全外行的陪审团、一致裁决机制以及冗长的陪审团挑选程序均非对抗制所必需,因而废除他们也不会导致对抗制的消亡。[14]

以上是对陪审团审判制度的两种截然不同的批评意见。之所以

---

[12] Lysander Spooner, *supra* note 11, p. 107.
[13] Gordon Van Kessel, *Adversary Excesses in the American Criminal Trial*, 67 Notre Dame L. Rev. 403, p. 459 (1992).
[14] Gordon Van Kessel, *supra* note 13, p. 461.

把他们列出来是因为他们代表了两种不同的趋势：一种是主张完全保留陪审团原来所具有的放任自由主义因素,加强陪审团审判制度特有的原则,或者为这些特有的原则辩护。总的来说,今天,有关陪审团审判的所有制度或原则,都曾经或正在受到挑战,但同时,所有的原则也都有相应的学者站出来表示拥护。这些原则包括无因回避制度、一致裁决原则、陪审团取消法律原则、全部外行组成原则等。另一种趋势则是要废除这些原则,代之以新的制度,如允许多数裁决、允许法官评价证据、允许陪审团作记录,甚至引进混合庭等。从这些批评来看,有关陪审团审判的每一个制度都被质疑,有的学者赞成废除某一个制度,同时又主张保留另一些制度。

例如,艾尔舒勒毫不留情地批评说,在审判程序前半部分,即关于陪审团的能力方面,美国为陪审团审判设置了严格的控制机制,而在审判的后半部分,即对错误裁判的救济方面,又完全忽视了对陪审团的控制。[15] 这实际上是对与陪审团有关的证据排除规则和陪审团裁决的终局性表示不满。美国宪法刑诉领域的领袖人物阿克尔·雷德·艾玛则认为,传统上不允许陪审员做笔记的做法也是令人惊讶的。他说:"有些法官不允许陪审员做笔记。这是白痴的行为。法官自己做笔记,大陪审团的陪审员允许做笔记,立法者们也可以做笔记,为什么陪审员就不允许？如果陪审团有时候作出愚蠢的裁决,不要仅仅责备他们！"[16] 对于无因回避制度,艾玛也提出强烈的批评。他说:"陪审团代表的是人民,不是当事人。""目前的制度使有些陪

---

[15] Albert W. Alschuler, *The Supreme Court and the Jury: Voir Dire Peremptory Challenges, and the Review of Jury Verdicts*, 56 U. Chi. L. Rev. 153, 154–155 (1989). 艾尔舒勒指的是法律一方面不相信陪审团有完全的评价证据的能力,从而设置了众多证据排除规则;另一方面又对陪审团赋予了过多的信任,从而设置了反对双重归罪的原则,使得错误的裁判无从纠正。艾尔舒勒认为这简直是自相矛盾。

[16] Akhil Reed Amar, *Reinventing Juries: Ten Suggested Reforms*, 28 U. C. Davis L. Rev. 1169, 1185 (1995).

审团作出愚蠢的判决,但是这不能归咎于陪审团,而应当归咎于那些愚蠢的律师以愚蠢的方式挑选陪审员。"[17]因此,他建议废除无因回避制度。[18]

陪审团在发现事实方面的能力也受到严厉的批评。1994年,一位曾经在哈佛受训的律师史帝芬·阿德勒出版了一本书:《陪审团:美国法庭中的审判与错误》。作者从他观察的六个审判中得出结论说:陪审团的决定大部分是错误的。[19] 但是,另一些作者在他们的实证性研究中却得出结论说,即使进入法庭审判程序的证据经过当事人双方律师精心地挑选,陪审团还是有能力从这些证据中,达成一个信息比较完全的结论。[20] 在这方面,20 世纪 60 年代的研究成果《美国陪审团》一书得出的结论也对陪审团十分有利,该书作者认为,陪审团在总体上能够理解法庭上的证据并据此作出正确的裁判。[21]

(二)对陪审团审判制度批评的评价

第一,随着西方国家民主政治制度的建立以及相应的刑事诉讼制度的民主化和文明化,陪审团审判制度在中世纪所体现出来的优势已经不明显。这种不明显并不说明陪审团审判已经不再具有这些优势,而是因为法官审判和混合庭审判已经扬弃了中世纪的刑事诉

---

[17] Akhil Reed Amar, *Reinventing Juries: Ten Suggested Reforms*, 28 U. C. Davis L. Rev. 1169, 1181 (1995).
[18] 相同的结论还可以在下列文章中找到:Raymond J. Broderick, *Why the Peremptory Challenge Should Be Abolished*, 65 Temp. L. Rev. 369, 423 (1992)。
[19] Stephen J. Adler, *The Jury: Trial and Error in the American Courtroom*, N. Y.: Times Books., New York, xiv (1994). See from Rogelio A. Lasso, *The Jury: Trial and Error in the American Courtroom*, 36 Santa Clara L. Rev. 655 (1996).
[20] Luke M. Froeb, Bruce H. Kobayashi, *Naive, Biased, Yet Bayesian: Can Juries Interpret Selectively Produced Evidence?* 12 J. L. Econ. & Org. 257, 270 (1996).
[21] Harry Kalven Jr. and Hans Zeisel, *The American Jury*, Chicago University Press, 1971, Chapter 11, pp. 149-162.

讼所具有的骇人听闻的特征,从而显得与陪审团审判并无实质区别,尽管程度上的差别仍然存在。在这种情况下,人们自然而然地会将陪审团审判程序与其他形式的法庭审判程序进行比较。由于任何制度都不可能完美无缺,在比较中,法官审判和混合庭审判的优势当然也很明显,而这些优势恰恰是陪审团审判所不具备的因素。在这种情况下,对陪审团审判的批评也就不足为奇。

第二,陪审团评议实行秘密的原则,这就导致它容易受到攻击;陪审团是一个沉默的团体,无论怎样指责,它都不会站出来为自己进行辩护,这更助长了攻击者的威风。因此,一旦某个案件在审判或者审判结果方面出了问题,法官、律师、检察官一般不会互相指责,因为互相指责具有惹火烧身的危险性;但是,指责陪审团是绝对安全的,因为陪审员裁决之后就回家了,谁也不会对指责作出反应。

第三,陪审团审判制度本身确实存在着缺陷。如前所述,任何制度都不可能完美无缺,陪审团审判制度也不能例外。就陪审团的组成而言,一方面要求陪审团必须发现事实真相;另一方面又要求陪审团不能有任何偏见。后一项要求使那些对案件事实有所了解的公民不能充任陪审员,但是这一要求不可避免地导致了陪审团发现真实能力的降低。虽然说陪审团不是一个发现真实的机制,但是诉讼的目的决定了发现真实乃是任何诉讼中一个永远也无法回避的、永恒追求的目标。因此,在不同的诉讼价值观来看,陪审团的缺陷都是显而易见。另外,陪审团的优势之一在于引进社区价值、引进一般观念,但是,这种价值的引进通常也导致引进了偏见。在更相信法官而不是普通人的公众和学者那里,陪审团的这一优势不仅不是优势,反而成了众矢之的。如何避免种族偏见的问题,也一直是陪审团审判制度面对的一个难题。

三、陪审团在部分国家的复兴

就在英美法系的陪审团给人以一种正在消退的印象的同时,也有不少国家或地区却在引进或试图引进陪审团审判制度。当我们讨论陪审团的发展趋势的时候,对这一现象视而不见或置之不理,都是有失公允的。另外,前文曾经提到,与欧洲大陆的混合庭比较起来,英美国家的陪审团在保护被告人方面虽然仍有优势,但是其差别可能并不明显。在另一些国家,或者由于刚刚摆脱专制的压迫,或者出于对纯粹民主和自由的向往,都开始引进或恢复陪审团审判。这从另一个侧面体现了陪审团审判制度的价值,也是对前文解释的补充和后文论证的加强。所以,必须对陪审团的这一现象亦做一简略概括。

(一)俄罗斯

俄罗斯于 1864 年引进陪审团,于 1917 年废除。[22] 但是,随着苏联社会主义的解体,陪审团审判制度也迅即得到恢复。1991 年 10 月 21 日,俄罗斯联邦最高苏维埃通过了关于"司法改革的观念"这一文件,该文件建议废除参审制度,代之以陪审团审判的制度。[23] 对于陪审团的引进,该文件评论说:"在一个视稳定比真理更重要的地方,在视墨守成规比实现正义更重要的地方,专业法官制度就已足够;但是,如果法律的实施所带来的恐怖比犯罪所带来的还要多——如果被告人确信他的无辜,如果社会不能够逃避但是又不能信任由

---

[22] 详细论述参见 James W. Diehm, *The Introduction of Jury Trials and Adversarial Elements into the Former Soviet Union and other Inquisitorial Countries*, 11 J. Transnat'l L. & Pol'y, 1, 21(2001)。

[23] Concept of Judicial Reform, Issue No. 44, Item No. 1435 (1991), see from Stephen C. Thaman, *The Resurrection of Trial by Jury in Russia*, 31 Stan. J. Int'l L. 61, 61 (1995).

国家来作出决定——那么,陪审团就派上了用场。"[24]

该文件还描述了苏维埃法院堕落为镇压人民的工具和执行党政策的工具的过程,重述了改革时期对苏维埃制度的批评,其目标则是使俄罗斯"重新回到世界文明的怀抱"[25]。为了实现这一目标,从1992年开始,三个专家组在该文件的指导下,开始起草新的刑事诉讼法典;同时,引进陪审团的准备工作也如火如荼地展开。1992年1月,伊凡诺夫地区的长官给叶利钦写信,请求允许在该地区实行实验性质的陪审团审判。[26] 1992年5月23日,《陪审团法》获得通过。[27]

1993年12月12日,俄罗斯通过了新宪法,该宪法规定了陪审团审判的条款。1994年1月1日,在俄罗斯的五个地区,陪审团审判成为现实。[28]

(二)西班牙

西班牙分别于1812年、1837年和1869年的自由主义宪法中确立了不同形式的陪审团审判制度;1872年,西班牙刑事诉讼法典也规定了陪审团审判制度。[29] 但是,1875年,西班牙陪审团遭到废弃,这个国家又回到了纠问式的诉讼模式;1882年的立法以口头辩论原则取代了书面化的诉讼程序;1888年,被废弃的陪审团审判制度得到重建。[30] 但在1923年,西班牙的陪审团又被专制政府废除,不过在1931年和1936年又有反复。1978年,西班牙宪法规定了

---

[24] Stephen C. Thaman, *supra* note 23, p. 61 (1995).
[25] Stephen C. Thaman, *supra* note 23, p. 73 (1995).
[26] Stephen C. Thaman, *supra* note 23, p. 78 (1995).
[27] Stephen C. Thaman, *supra* note 23, p. 81 (1995).
[28] Stephen C. Thaman, *supra* note 23, p. 82 (1995).
[29] Stephen C. Thaman, *Europe's New Jury Systems: The Cases of Spain and Russia*, 62 Law & Contemp. Probs. 233, 238 (1999).
[30] A. Esmein, *A History of Continental Criminal Procedure: With Special Reference to France*, translated by John Simpson, The Lawbook Exchange Ltd., 2000, p. 584.

陪审团审判制度,但是从 1978 年到 1995 年,大多数法学家们都在质疑传统的陪审团在刑事司法改革中的正当性,最终,西班牙还是在 1995 年恢复了传统的陪审团审判制度。[31]

(三)日本

日本陪审团于 1923 年 4 月 18 日通过《陪审团法》得到引进,但是该法生效则是在 1928 年。在引进陪审团之前,日本对法国、德国、英国、美国的陪审制度均进行了考察,并在此基础上设计出自己的陪审团审判制度。从实践效果来看,陪审团在日本的实施并不理想。1929 年是实行陪审团审判最多的一年,这一年陪审团审判的案件达到 143 件;这一数字在 1930 年减少为 66,并且此后逐年递减,到 1942 年的时候,全年只有 2 个案件是由陪审团审判的。[32] 最终,日本陪审团于 1943 年被废除。在 1928 年到 1943 年这短短的 15 年间,一共有 611 名被告人选择了陪审团审判,其中 94 名被告人被陪审团审判后宣告无罪[33],占全部陪审团审判案件的 15.4%。

日本陪审团在 1928 年实施后于 1943 年被废除,前后只实施了 15 年时间。但是从 20 世纪末期开始,日本朝野都在呼吁重建陪审团审判制度。尽管这种呼吁集中于刑事诉讼领域,也有学者主张同时在民事诉讼中引进陪审团审判制度。[34] 来斯特凯斯 1999 年发表的一篇文章指出:从文化的角度来看,日本文化并不存在阻碍实行陪审团审判制度的因素;从社会结构的角度来看,日本是一个高度同质性的社会,其公民受过良好的教育,大多数人属于中产阶级;从法律的角度来看,实行陪审团审判也不存在任何障碍。因此,日本有必要重

---

[31] Stephen C. Thaman, *supra* note 29, p. 238(1999).
[32] Lester W. Kiss, *Reviving the Criminal Jury in Japan,* 62 Law & Contemp. Probs. 261, 267 (1999).
[33] Lester W. Kiss, *supra* note 32, p. 267.
[34] Lester W. Kiss, *supra* note 32, p. 261.

新引进陪审团审判制度,并且这种引进必须吸取上一次的教训,避免上次引进的陪审团制度中的所有缺陷;同时,在英美法系的陪审团和德国的混合陪审团之间,英美法系的陪审团比德国的混合陪审团更适合日本的国情。因此,如果引进的话,日本必须引进英美法系全部由外行组成的陪审团制度。[35]

(四)南非

陪审团在南非的引进几乎没有任何可以称道之处,这也是南非在废除种族隔离制度之后甚至没有人想起历史上曾经实行过的陪审团审判制度的主要原因。但是,1997年,维斯撰文指出,既然由非国大领导的南非政府的目标是建立民主政府,一切主权属于人民,那么,实行陪审团审判制度就是实现这一目标的适当途径;同时,由于原来的法院充满着种族歧视的气氛,公众对法院能否实现司法公正已经毫无信心,因此,必须以陪审团审判重建公众对司法的信心。[36] 同时,维斯还对反对建立陪审团审判制度的观点给予了批驳,他指出:陪审团在南非不受支持主要是由于南非法律界对陪审团不支持,但是,实行陪审团审判制度并不以法律界支持这一制度为前提;很多人认为,陪审团在南非的失败主要是由于南非是一个种族差异明显的过度的国家,实行陪审团审判容易引起种族偏见导致的审判不公。对此,维斯反问道,在全部由白人法官组成的法庭审判大部分

---

[35] Lester W. Kiss, *supra* note 32, pp. 266-267. 就在本书即将付梓之际,日本山梨学院大学上条醇教授一行于2004年9月初访问清华大学法学院,并就司法改革问题与清华大学法学院同人进行交流。其间提到,日本已经通过法律正式恢复陪审团审判制度,该法律将于5年后实施,届时将对一部分案件由3名法官与6名陪审员共同组成混合庭进行审判,法官与陪审团共同就事实认定与法律适用作出决定。之后,日本确于2009年恢复了陪审团审判制度。

[36] Tracy Gilstrap Weiss, *The Great Democratizing Principle: The Effect on South Africa of Planning a Democracy Without a Jury System*, 11 Temp. Int'l & Comp. L. J. 107, 119 (1997).

被告人是黑人的案件，这样的审判就能得出公正的结论吗？至于实行陪审团审判的成本，维斯认为，很多设备只需要一次性投入，虽然投入比较大，但是在一个司法制度已经不得民心的情况下，其产出也必然是十分丰厚的；关于语言差异问题，维斯也认为已经不成为问题，因为目前南非官方正式语言有两种，很容易找到懂得这两种语言的人担任陪审员；关于陪审员的理解力问题，维斯则抬出反联邦党人论证陪审团制度的"杀手锏"，说明一般民众担任公职能力的无可辩驳性。[37] 在这一认识的基础上，维斯提出了在南非逐步重建陪审团审判制度的构想：首先在可能判处死刑的刑事案件中实行陪审团审判，然后将陪审团审判制度延伸到所有刑事案件，最后，在时机成熟时，将陪审团审判制度适用于民事案件。[38]

从以上介绍来看，俄罗斯和西班牙已经恢复了历史上曾经引进的陪审团审判制度；日本虽然没有正式恢复，但是由于主张恢复的呼声比较高，而且这种呼声在立法部门很有影响，因此恢复的可能性比较大；南非虽然政府方面没有迹象表明会恢复陪审团审判制度，但是已经有学者呼吁重建陪审团审判制度。这些现象至少从一个侧面加强了我们的观念：陪审团审判的价值依然存在；同时，它也有助于澄清一个错误的观念：陪审团正在走向消亡。事实上，由于陪审团审判所具有的体现民主和保障自由的功能，在任何时候只要对民主和自由的需求压倒了对其他价值的追求，只要对专制压迫和司法专横的恐惧超越了对民主和自由所造成的不便的恐惧，陪审团审判就将成为人们首选的制度。

---

[37] Tracy Gilstrap Weiss, *supra* note 36, pp. 122-127 (1997).
[38] Tracy Gilstrap Weiss, *supra* note 36, p. 130.

四、陪审团的力量

前文已经指出,陪审团审判在历史上扮演过自由的守护神的角色,它同时也是司法民主的体现,是对法官司法可能造成的自发专横的有效的制约。正是由于这些功能的存在,尽管在英美法系这一制度在实践中的实施已经十分有限,有些国家在追求民主和自由的时候,还是会不由自主地将目光投向历史上曾经辉煌的陪审团审判。那么在今天的英美法系,陪审团审判制度是否还在发挥着同样的作用呢?

达马斯卡认为,决定诉讼程序主要特征的因素有两个:一是意识形态所决定的诉讼目的;二是司法的官僚结构。[39] 从我们目前所掌握的材料来看,一方面,当今英美法系与大陆法系的刑事诉讼在意识形态方面并无显著区别。例如,尽管英美法系尤其是美国的刑事诉讼比较注重法律的正当程序和个人权利的保护,在英美法系也一样要追求事实真相的发现。在大陆法系,虽然传统上比较注重事实真相的发现,但是现在也强调保护人权。所以,大陆法系的刑事诉讼也有无罪推定原则,同时,几乎所有的大陆法系国家都赋予被告人获得律师帮助的权利。在侦查和起诉过程中,大陆法系的被告人同英美法系的被告人一样享有沉默权。在审判当中,英美法系沉默权与大陆法系沉默权的区别仅仅是:英美法系的被告人享有在接受讯问和不受讯问之间进行选择的权利,而大陆法系的被告人享有的是作出回答和拒绝回答之间进行选择的权利。

另一方面,欧洲大陆的被告人普遍享有被保释的权利,而在英美法系国家,只有有钱人才可以享受保释的特权。大陆法系的被告人还可以在审判前知悉所有针对他的犯罪的证据,而英美法系的证据

---

[39] Mirjan Damaska, *The Faces of Justice and State Authority: A Comparative Approach to the Legal Process*, Yale University, New Haven and London, 1986.

开示制度却总是遮遮掩掩。另外,无论是英美法系的法官,还是大陆法系的法官,都已经享有独立地对其案件作出裁判、不受来自政治的或者政府的干涉的权力。

基于此,弗兰克大法官曾经断言:从最狭隘的角度而言,对抗制仅仅指争议中的当事人,包括与国家产生争议的当事人,(其意见)都有权被独立的、受过训练的、党派性的法律代理人所听取,从这个角度来看,当今西方所有的司法制度,都是对抗式的。[40]

但是,差别的减少并不意味着没有差别。如果仅仅从陪审团审判和混合庭审判的角度,而不考虑审前程序中的其他机制,则二者的区别还是比较明显的。造成这些区别的原因固然有法律传统之间的因素,但是,司法裁判结构的区别,才是当今两大法系之间法庭审判程序中各种区别的主要原因。本节试阐明陪审团这种司法官僚结构与诉讼程序之间的关系。

(一)陪审团仍然是放任自由主义意识形态的忠实体现者

从历史上看,陪审团审判体现了放任自由主义的意识形态;不仅如此,陪审团审判在黑暗的中世纪还保留并促进了放任自由主义意识形态的发展。放任自由主义的基本特征就是反对任何激进的改革,反对对政府以及政府任命的官员给予过高的评价和信赖。[41] 简而言之,放任自由主义就是不相信政府会自己约束自己的权力、掌权者不会自己为自己谋利益。如果用现代制度经济学的术语,每一个主体都是约束条件下的利益最大化的追求者,国家官员也不例外。因此,只

---

[40] Marvin E. Frankel, Partisan Justice 7 (1978). See from Gordon Van Kesse, *Adversary Excesses in the American Criminal Trial*, 67 Notre Dame L. Rev. 403, 413(1992).

[41] 在一个放任自由主义意识形态占主导地位的国家,国家存在的目的仅仅是为社会交往提供一个框架,政府被定义为最小主义的政府。也就是说,政府必须尽可能少地干预公民个人的生活。诉讼的进行也应由当事人主导,政府则仅仅提供一个中立的纠纷解决机制。See Mirjan Damaska, *supra* note 39, pp. 73-75.

要有权力,就存在着权力被滥用的可能;对权力的约束越少,权力被滥用的可能也就越大。在现代社会,司法权可以说是各种政府权力中对公民权利威胁最小的权力,因为该权力的行使具有内在的消极性。但是,公民的权利一旦与法庭联系起来,其受到侵害的可能性仍然存在,法官滥用其权力的可能性仍然存在。所以,一方面,现代社会强调赋予法官独立的地位;另一方面,也对如何防止法官的权力滥用绞尽脑汁。西方国家实行的法官专业化以及法官精英化,并为法官设置了相应的职业伦理约束,这些都是为防止法官滥用权力设置的内在约束。但是,仅仅有内在约束显然是不够的。因此,在英美法系,陪审团审判作为一种裁判机制,实际上构成了对法官行为的外在约束。陪审团决断事实、法官决断法律的机制,是陪审团与法官之间进行分权的一种机制。法官对某些事实问题拥有发言权,而陪审团却当然地享有在任何时候、任何场合否决法律的权力,这实际上又是法官与陪审团之间的一种制衡。所以,法官与陪审团的体制,是一种典型的分权与制衡的体制。正是由于这个缘故,阿玛在其著作中,曾经将陪审团对法官的制衡比喻为美国联邦政府中平民院对参议院的制衡,立法机关对行政机关的制衡、州对联邦政府的制衡。[42]

这种制衡的思想正是放任自由主义不信任国家及其政府任命的官僚的一种体现。这种思想在美国联邦宪法修正案前十条中的每一条都有体现,其中与陪审团直接有关的条文就有三条之多。第五修正案保障的是刑事案件中大陪审团起诉的制度,第六修正案规定的是刑事案件中小陪审团审判的制度,第七修正案规定的是民事案件陪审团审判的制度。虽然直接提到陪审团的只有这三条修正案,但是仔细分析

---

[42] Akhil Reed Amar, *Reinventing Juries: Ten Suggested Reforms*, 28 U. C. L. Rev. 1169, 1174 (1995). See also Akhil Reed Amar, *The Constitution and Criminal Procedure: First Principle*, Yale University Press, New Haven and London, 1997, p. 165.

起来，权利法案中的每一条都与陪审团有关。其第一条规定的是公民言论自由的权利，这一权利的确立是陪审团审判制度在18世纪80年代对政府权力的约束的直接结果。第二修正案规定了美国人民组织民兵的权利，而民兵实际上就是陪审团的孪生兄弟，他们都是地方团体，都是集体的、公共性质的机构；他们都是由普通公民组成；他们实际上都是对政府权力进行制约的一种机制；他们都是对政府任命的、领政府薪水的官员不信任的表现。第三修正案则是对这种不信任的进一步的表达。第四修正案看似与陪审团无关，因为它规定的是禁止非法搜查和扣押的政府行为。但如果我们再看看第七修正案，那么它实际上是与陪审团审判密切相关。因为在美国，非法搜查、扣押所造成的损害后果可以由受到侵害的公民在法院提起民事诉讼，而民事诉讼又有陪审团审判的保障。所以，将这两条修正案联系起来看，宪法的要求就是由陪审团———一个12名普通公民组成的团体，来审查政府官员实施的搜查、扣押行为是否具有"适当的理由"(probable cause)。至于第五修正案，一方面它规定了大陪审团起诉的权力，这实际上也是对国家任命的检察官的不信任；另一方面它又规定了反对双重归罪的原则，这一原则在目的上是防止国家对公民个人无限制地追诉，在效果上却体现为确立了审判陪审团的无上权威；陪审团对被告人是否有罪的问题拥有最终决定权。可以说，如果没有这一规定，陪审团审判制度的效用必然会大打折扣。第九和第十修正案则隐晦地体现着人民主权的观念。所以说，美国人权法案的每一条都是在告诉我们：政府是有可能要滥用权力的，所以其权力是应当受到限制的。陪审团作为其中的一个具体的设置，正是约束和限制政府权力的有效保障。

正因为如此，有学者指出："总而言之，陪审团在实践中究竟如何并不重要，重要的是它在意识形态领域所取得的成就。陪审团代表着依赖于国家的公民大众，它代表着在一般意义上保障民主制度、而在特殊层面上保障刑事司法制度之合法性的各种目标和理念的混合体。陪审团首先是作为正义的象征而存在;它象征着刑事诉讼程序中公平和独立的决定制作过程;在更广泛的意义上,它象征着社区在政府的程序中的代表和参与。"[43]

(二)更高的证明要求为被告人提供了更多的保护

只需要简要地回顾一下历史就不难发现,在中世纪欧洲大陆的刑事诉讼逐渐步入纠问式诉讼的时候,英国的刑事诉讼却在很大程度上保留了古老的弹劾式诉讼的基本特征。这主要是因为那时候的陪审团审判有力地保障了无罪推定原则在刑事审判中的实现,作为一种同位模式的司法官僚结构,它也加强了法庭审判的对抗制风格。

在现代西方国家,已经没有哪个国家的刑事诉讼不实行无罪推定。但是,虽然原则一样,在实际执行中的效果却并不完全相同。无罪推定具体体现为控诉方对指控的罪行承担举证责任。控诉方必须将案件证明到何种程度,实际上也就体现了无罪推定原则执行的程度。这种证明的要求在大陆法系和英美法系在表述方面是不一样的,但是其含义却是一致的:欧洲大陆的"内心确信",就相当于英美法系的"排除合理怀疑"。从这个意义上讲,欧洲大陆的刑事诉讼证明标准,与英美法系刑事诉讼中的证明标准并无实质的差别。但是,在英美法系陪审团审判的案件中,对于这一在含义上没有区别的证明标准,在执行上却比欧洲大陆的要求要高出许多。这一点仍然

---

[43] Peter Duff and Mark Findlay, *Jury Reform: of Myths and Moral Panics*, 25 Int'l. J. Soc. Law 363, 363-384 (1997).

可以通过定罪率的高低来体现。[44]

表 10-2 列出的是两大法系较有代表性的国家和地区在定罪率方面的区别。从表内数字来看，除意大利这一特殊个案外，凡实行陪审团审判的国家，其无罪释放的比率就高。换句话说，所有不实行陪审团审判的国家，其无罪释放率皆不及实行陪审团审判的国家。我们可以有很多种理论来解释这种区别，但是，陪审团比专业法官和混合庭掌握的定罪标准高这一理论，即使不是最重要的解释，也应当是最有说服力的解释。

表 10-2　从无罪释放率看英美陪审团审判与大陆法系审判程序的区别[45]

对抗式诉讼 （国家与地区）	年份	起诉率	无罪释放率（包括法院撤销的案件）	是否有陪审团审判制度
英国	1994	88.3%	9.7%	是
美国 （地区法院）	1998	90.6%	11.8%	是
香港地区	1994	67.8%	15.9%	是
新西兰 （地区法院）	1990	n.a.	10.4%	是

[44] 虽然在英美国家，起诉的标准和定罪的标准不一样，但要清楚地界定二者的区别实际上却是很困难的。几乎是不可能的。甚至也可以说，二者几乎不存在区别。英美法系之所以区分它们就是为了给人造成一种印象：定罪的标准是很高的；审判与起诉是不一样的；被起诉的公民不一定是有罪的。所以，尽管由于起诉标准的不统一而使定罪率几乎也不具有可比性，但如果考虑到这种标准的精确界定的不可能性，我们也就有了充分的理由对定罪率进行不同国家之间的比较。在这样的前提下，可以说，一般而言，定罪率越高的国家，其打击犯罪的比率也就越高。同时，其保障无辜的程度也就越低。因为，从概率论的角度而言，被无罪释放的被告人越多，也就意味着被无罪释放的无辜者越多；反之，被定罪的被告人越多，相应地被冤枉的无辜者也就越多。从统计数据来看，英美法系的无罪率一般为 20%，而大陆法系的无罪率则一般都在 4%~5%。

[45] Sources: Mike P. H. Chu, *Criminal Procedure Reform in the People's Republic of China: The Dilemma of Crime Control and Regime Legitimacy*, 18 UCLA Pac. Basin L. J. 157, 163 (2001).

(续表)

对抗式诉讼 (国家与地区)	年份	起诉率	无罪释放率(包括法院撤销的案件)	是否有陪审团审判制度
斯里兰卡	1992	96.5%	7.3%	是
丹麦	1992	n. a.	5.2%	是
意大利	1994	80.7%	22.3%	否
加拿大	1994	n. a.	5.5%	是
纠问式诉讼				
日本	1992	68.1%	0.2%	否
泰国	1992	97.6%	0.8%	否
朝鲜	1992	56.9%	0.4%	否
德国	1994	31.1%	3.1%	否
法国(重罪法庭)	1994	80.2%	4.7%	是
荷兰	1995	72.7%	3.7%	否
芬兰	1994	42.0%	3.8%	否
混合式诉讼				
以色列	1994	n. a.	3.4%	否

陪审团比专业法官对定罪的证明要求掌握的标准更高,这是有田野性研究所提供的资料予以证明的。《美国陪审团》一书的作者经研究发现陪审团比专业法官更具有宽容性[46];并且,卡斯帕与翟塞尔对德国专业法官和外行参审法官的研究也表明了同样的趋势。[47]更为重要的是,研究的结果还表明,外行法官与专业法官就案件看法方面的差别不仅仅是由于外行法官对被告人有着更多的同情,而且

---

[46] Harry Kalven Jr., Hans Zeisel, supra note 21, p. 193.
[47] Gerald Casper, Hans Zeisel, *Lay Judges in the German Criminal Courts*, 1 J. Legal Stud. 135, 151, 154-160, 175 (1972).

也是由于外行法官对于"排除合理怀疑"这一证明标准建立更高的要求:《美国陪审团》的作者们发现,尽管定罪的要求在表述上没有区别,人们对它的理解和执行却存在着区别,对于排除合理怀疑这一证明标准的理解,在实践中也应当是一条斜线而不是直线,而在这条斜线中,外行法官常常比专业法官在定罪方面要求更多的证据,尤其是在案件只有情况证据的时候。[48]

那么,如何解释意大利的数据呢?这个国家于1865年引进了陪审团审判但却于1931年予以废除;1988年意大利通过新的刑事诉讼法并设置了由2名专业法官和6名外行法官组成的混合庭审判制度。[49]对此,合理解释也许是陪审团审判虽然可以导致更高的无罪释放比例,但是,陪审团审判并非导致高比例的无罪释放率的唯一因素。事实上,不仅陪审团审判本身可以导致高比例的无罪释放率,而且决定陪审团审判机制背后的放任自由主义意识形态,以及由该意识形态所决定的纠纷解决模式的诉讼程序,也可以导致高比例的无罪释放率。换句话说,无论是纠纷解决模式的诉讼程序(它与争斗风格的审判一道构成了通常所谓的"对抗式诉讼"),还是陪审团审判制度,都是由放任自由主义的意识形态决定的。在这样的意识形态之下所设置的制度,无论是陪审团审判还是纠纷解决模式的诉讼程序,都会由于对发现真实和打击犯罪这些目标的(比较意义上的)忽略,而导致定罪率的下降。所以,不仅在进行了对抗制改革后的意大利刑事诉讼程序中其无罪释放的比例可以高达20%以上,而且在英美等实行陪审团审判的国家,即使是在法官审判的程序中,也存在着比较高的无罪释放比例。有时候,法官审判程序被告人无罪

---

[48] Harry Kalvem Jr. and Hans Zeisel, *supra* note 21, pp. 182-190.
[49] Stephen P. Freccero, *An Introduction to the New Italian Criminal Procedure*, 21 Am. J. Crim. L., 345, 351 (1994).

释放的比例甚至高于陪审团审判程序中被告人被无罪释放的比例。[50] 这也许可以从一个侧面说明,一方面,陪审团审判本身并不是被告人得到保护的根本原因,该制度背后的意识形态才是更为深层次的原因,而陪审团审判无非是放任自由主义意识形态的忠实体现者而已;另一方面,陪审团审判虽然不是被告人得到保护的全部原因,但是陪审团审判制度的存在加强了放任自由主义的意识形态,同时也使英美法系法官审判中较高比例的无罪释放率能够得到公众的宽容,而不至于被公众误解为放纵了犯罪。[51]

当然,很难说更多的被告人被无罪释放就意味着更多的事实真相得到了发现。无论是陪审团审判还是法官审判,其裁决的结果从总体上看都只有两种可能:第一种是尽量多的有罪者被定罪,其伴随的后果就是更多的无辜者也被定罪;第二种则是尽量多的无辜者获得自由,其伴随的后果就是更多的有罪者也获得自由。[52] 在这一问

---

[50] 1971年,陪审团审判程序中被告人被无罪释放的比例为27.1%,法官审判程序中被告人被无罪释放的比例则高达32.3%;1990年陪审团审判中无罪释放比例为15.7%,法官审判中无罪释放比例则高达38.4%;2000年陪审团审判无罪释放比例为14.7%,法官审判中无罪释放的比例竟高达48.8%。

[51] 要理解这一点,回忆一下法国大革命时期引进陪审团审判以后定罪率急剧下降引起公众愤怒的历史是十分必要的。法国大革命后引进的陪审团审判其定罪率大约在70%–80%,在特定种类的案件中可能只有50%;这引起了公众极大的愤怒,认为是陪审团在包庇罪犯,从而引发了拿破仑对法国陪审团的改革,甚至一度险遭废除。具体情况详见 William Savitt, *Villainous Verdicts? Rethinking the Nineteenth-Century French Jury*, 96 Colum. L. Rev. 1019, 1025(1996). 笔者认为,法国陪审团之所以引起这样的误解,就是因为法国民众不能容忍高比率的无罪释放,而英国之所以能够容忍,因为陪审团审判刚刚建立的时候是从古老的弹劾式诉讼过渡而来的,古老的弹劾式诉讼之下无罪释放的比例本来就很高,因此,英国人对此现象司空见惯习以为常,也不会大惊小怪。而法国则从纠问式诉讼直接过渡到陪审团审判,高比例的无罪释放率自然容易引起震惊。在英美,由于一直实行陪审团审判,定罪比例一直都不高,所以法官审判中无罪释放的高比例也能够得到认同。这种心理认同无疑是陪审团审判制度的贡献。

[52] 另外两种情况从理论上看也是可能的,但在实际上行不通:第一种就是使所有的有罪者被定罪——条件是对每个人都定罪,一个也漏不了;第二种是使所有的无辜者都获得自由——条件是永远也不定罪,一个也冤不了。

题上,放任自由主义常常选择让更多的有罪者逃脱惩罚,而积极行动主义常常选择让更多的无辜者遭受冤屈。陪审团审判的效果就是使更多的无辜者获得自由,虽然在这个过程中有罪者也跟着沾光。因此,不能说更多的无辜者得到保护就推论出更多的真相得到发现。刑事诉讼当然要发现真相,但是,并不是所有的制度都是用来保证发现事实真相。至少,陪审团审判制度就不是。正如德弗林勋爵所说:陪审团审判不是一个用来发现事实的机制,而是用来确保无辜的被告人尽可能地不被定罪的机制。[53] 如果我们希望正确地理解陪审团审判制度,就必须将这一观念牢记在心。

(三)当事人主义的诉讼模式更多地维护了诉讼参与人的尊严

放任自由主义的意识形态要求法官必须是中立的裁判者。在古代社会,法官的中立性是其裁判获得权威性的最重要源泉。即使在专制时代,法官也必须表现出一定程度的中立。进入现代社会,专业法官的独立地位已经得到保障,其中立性也得到加强。但是,法官仍然不能实现完全的中立,因为法官也有自己的欲求,法官也会形成自己的偏见。从这个角度而言,虽然陪审团审判同样无法避免偏见的存在,但是,古往今来,陪审团这种法庭,可以说是迄今为止人类所创造的最为中立的一种法庭。在中世纪的英国,法官虽然与案件并无利害关系,但是他们对于事实真相探求的积极性不亚于控诉方。因此,法官总是保持着一种积极的姿态,而不是纯粹消极的姿态。这种姿态在当今大陆法系的刑事诉讼中得到继承。所以,如果我们为法庭的中立性按升幂排一个顺序,则独任的法官排第一,混合庭排第

---

[53] In a speech, "The Criminal Trial and Appeal in England," delivered at the University of Chicago for the Third Dedicatory Conference, Jan. 1960. See from Harry Kalven Jr. and Hans Zeisel, *supra* note 21, p. 190.

二,陪审团法庭排第三——因为陪审团法庭中立性最强。

法官中立的结果就是当事人主义。只要略加比较即可发现,英美法系的陪审团法庭是最为中立的法庭;同时,英美法系中的当事人(由律师代表)也是最为活跃的当事人。如果说大陆法系的法庭审判更具有合作的意味,而英美法系的法庭审判则更具有对抗的意味。在这种当事人主义的诉讼模式下,当事人的积极性、主动性能够得到更为充分的发挥,当事人也就能够在更大程度上掌握自己的命运。

很难下结论说对抗式诉讼一定比其他形式的诉讼保障了更多的人权,也很难说对抗式诉讼为世界带来了更多的正义。也许恰恰相反,当事人主义的对抗式诉讼并没有为我们带来这些美好的东西,恰如英美法系的一位大法官马修斯(Lord Justice Mathews)所调侃的那样:"当我还是一个年轻的实习律师的时候,我失去了很多本来应当获得胜诉的案件;等到我成熟的时候,我又赢得了许多本来应当败诉的案件。这样,从总体上看,正义还是得到了伸张。"[54]但是,在对抗式诉讼中,我们可以看到人的尊严的确得到了更多的尊重,当事人的自由得到更多的保障,诉讼的结果更多地由当事人来决定。如果不是狭隘地将人权定义为生存权,或者在一定的阶段(无论是社会主义初级阶段还是资本主义初级阶段)它就是指生存权,并且,也不武断地决定哪一种人权更加基本或更加不基本,那么,我们可以说,对抗式诉讼和陪审团审判都是值得向往的,至少是值得借鉴的。

(四)同位模式的法官体制从各个角度加强了英美法系法庭审判的辩论式特征

首先,陪审团审判决不允许阶段性审理的存在。这里所说的阶段性审理,与集中审理相对应。在大陆法系的法庭审判中,审理过程

---

[54] Social Psychology in Court, p. 100.

简直就像是在举行会议,一个案件可以开好几次会议。在英美法系的陪审团审判中,尽管历史上曾经出现过一个陪审团一天之内审理好几个案件的情况,但是一个陪审团审理的案件决不会中断,这就是通常所谓的不间断原则。

与法官审判比较起来,不间断原则在陪审团审判中更显突出。事实上,不间断原则只有在陪审团审判的案件中才是有充分必要的,而且只有当它同"口头辩论"原则结合在一起时才是充分合理的。在一个实行书面审理的刑事诉讼程序中,在任何时候法官都可以将过去的案卷翻出来看,以恢复他(她)那已经模糊甚至完全消失了的记忆。在这种情况下,不间断原则几乎根本不受重视,在实践中也无人重视,而且实际上也不值得重视。

其次,陪审团审判中反对双重归罪原则的存在决定了陪审团裁决的终局性。这种终局性使陪审团作为一种司法裁决机制成为完全的"同位模式"。这种模式的一个直接效果就是反对诉讼程序的书面化,从而保证了直接原则、言词原则的有效执行。1700年以前,英国法院的直接言辞原则就是由陪审团审判予以保障的。进入现代社会以后,欧洲大陆国家尤其是法国,在受到引进英国式刑事诉讼的热情所驱使的情况下,确立了法庭审判的直接言词原则。但是,陪审团审判还有一种效果,就是法庭辩论的激烈性。这种效果是由于陪审团裁决的终局性决定了初审法院的法庭审判成为整个诉讼程序焦点中的焦点,一切证据都必须在这个法庭上出示,一切法律意见都必须在这个法庭上辩论,否则,均视为不存在或未曾发生。这一机制大大地加强了法庭辩论的刺激性,同时也就增加了法庭审判出现戏剧化效果的可能性。在大陆法系的混合庭审判中,虽然也实行直接言词原则,但是由于上诉审查制度(即使是在混合庭审理的案件中,上诉法院审查时也不受下级法院认定事实的限制,而是根据下级法院制作笔录不受约束地重新认定事实)内在地削弱了初审审判在诉讼程序中的重要性,所以其举证和辩论在总体上都显得更为舒缓、更为平静。

五、改革:英美法系陪审团的发展趋势

综上所述,陪审团审判制度在维持对抗式诉讼特征的各个方面均发挥着举足轻重的作用。不仅如此,陪审团审判制度的功能迄今为止仍然找不到合适的替代方式。因此,在可以预见的将来,陪审团审判不会在英美法系国家消失。同时,正是因为陪审团审判制度本身也存在着缺陷,所以对陪审团审判制度的批评也会一如既往;但是,这些批评不会导致陪审团的废除——似乎还没有哪个法学家明确地表示要废除陪审团审判制度。即使是最激烈的批评家,也没有提出要废除陪审团审判。科塞尔在其文章中对大陆法系的混合庭审判制度赞美有加,但到最后提出对美国制度的改革建议时,也没有提出要废除陪审团审判;美国的一位传记作家在其著作中记录了一些陪审团审判的案例,这些案例足以使人对陪审团审判制度丧失信心,但是,即使这样,该作家在其著作的末尾还是说,美国陪审团审判制度是值得保留的制度。[55]

但是,这些批评最终可能会引起该制度在某些方面的变化,或者说改进。

关于改革现有的陪审团审判制度的建议也已经屡见不鲜。自然,这里不可能列出所有的改革建议。这里仅介绍两种最有代表性的建议:一是美国学者艾玛的主张,一是英国刑事司法白皮书的意向。

---

[55] See form Lisa Kern Griffin, *The Image We See Is Our Own: Defending the Jury's Territory at the Heart of the Democratic Process*, 75 Neb. L. Rev. 332(1996).

艾玛是当代美国最有影响力的宪法学家之一。在一次演讲中,艾玛对陪审团(包括小陪审团)制度提出了改革的十项建议,这里仅列出与审判陪审团有关的前七项建议:

第一,任何人都不得豁免其担任陪审员的义务。为保证这一规则得到实施,阿玛进一步建议,每个人都应当在一年的年初制订一个计划,在这一年中抽出一个星期的时间担任陪审员,并将其确定的具体时间通知司法管理当局,当局在这个基础上制定候选陪审员名单。

第二,废除无因回避制度。陪审团代表的是人民,不是当事人。律师通过行使无因回避的权利而对陪审员横挑鼻子竖挑眼的做法是一种愚蠢的做法。

第三,规则化陪审团。这是指,同一个陪审团在一个任期内可以审理不同的案件。只要他们任期尚未结束,就应当继续履行陪审员的职责,直至任期结束为止。在历史上,17、18世纪的陪审团就要审理很多案件。

第四,尊重陪审团。这主要是指应当允许陪审员做笔记。法官自己做笔记,大陪审团的陪审员可以做笔记,立法者们也可以做笔记,却不允许陪审员做笔记,其荒谬性是显而易见的。

第五,教育人民。既然陪审团制度能起到教育的功能,就应当允许对陪审团评议进行录像,录像可以作为关于美国民主的生动的素材,在高中的政治课程予以播放。当然,不能允许以录像为基础对陪审团的裁决提出上诉。

第六,规定陪审团组成人数的底线。有的州已经允许6个人的陪审团存在。既然6名陪审员组成的陪审团是合法的,5名为什么就不可以?如果5名是可以的,为什么4名就不可以?如果……1名为什么不可以?按照目前的逻辑,1名陪审员组成的陪审团在将来是有可能的。实际上,完全有很多的理由支持陪审员的数目至少应当保持在 12 名。理由是：其一，陪审团既然是一种实现民主的机制，其人数越多，就越能让更多的人参与民主。其二，陪审员必须具备广泛的代表性，而陪审员人数的众多正是陪审团广泛的代表性的保证。当然，人数过多也导致讨论不能正常进行的后果，但是 12 这个数字绝不足以产生这种后果。第七，以多数裁决或绝对多数裁决取代一致裁决。虽然 6 名陪审员不足以组成陪审团，但是多数裁决应该成为可以接受的裁决。[56]

英国于 2002 年公布的关于刑事司法的白皮书，也针对陪审团审判以及与之相关的制度提出了六项建议，其内容如下：[57]

第一，限制陪审团审判的案件范围。严重和复杂的诈骗犯罪案件、复杂并且审判时间长的案件以及陪审团可能受到恐吓的案件，可以不实行陪审团审判。对于陪审团已经受到恐吓的案件，目前的做法是重组陪审团进行审判。对此白皮书还建议，在陪审团已经受到恐吓的情况下，应当允许由法官独任审判。

第二，赋予被告人选择法官审判的权利。美国和加拿大的被告人很久以来就已经享有这项权利；但是在英国，刑事法院的被告人无权选择法官独任审判。白皮书建议赋予刑事法院被告人以放弃陪审团审判、选择法官独任审判的权利。

第三，放宽"反对双重归罪"原则的限制。在新的证据足以表明原来被无罪释放的被告人确实有罪，而该证据在第一次审判时由于合理的原因不能取得时，上诉法院得允许检察官提起上诉并重开审判。

---

[56] Akhil Reed Amar, *supra* note 16, p. 1174.
[57] *Justice for All*, presented to Parliament by the Secretary ot State tor the Home Department, the Lord Chancellor and the Attorney General, by Command of Her Majesty, July 2002. 之所以称英国刑事司法白皮书的建议为积极行动主义的改革措施，主要是因为这些措施的中心目标是为了加强打击犯罪的力度。

第四,扩大治安法官量刑权。将治安法官量刑权扩大到 12 个月;特殊情况下可延长至 18 个月。治安法官应当享有对自己定罪的所有案件量刑的权力。治安法官在被告人做答辩时应当告知被告人自己的量刑权限,从而使被告人知晓在治安法院接受审判可能的最长监禁期限。这样可以鼓励被告人选择接受治安法院审判而不是选择陪审团审判。这一规则只适用于两可的案件。

第五,扩大证据可采性的范围。被告人先前曾经被定罪的记录应当由法官决定是否允许在法庭上出示。有些证人证言笔录在特定情况下也应当由法官决定是否允许在法庭上出示。

第六,提高陪审员的代表性,增加公民对陪审团审判制度的信心。主要是采取措施让陪审员觉得受到尊重,其时间得到合理利用,其功能得到有效发挥,其价值得到社会承认。

结　　语

英美法系陪审团审判制度是在破除迷信的过程中得以确立的。虽然并非有意设定,其认识论基础是人类普遍具有的认识客观世界的能力,这种能力足以使任何一个理智正常之人能够在诉讼案件中,对于过去发生之事实作出理性的、符合一般人类经验的判断。这种判断不一定是正确的,但是它代表着当时社会人们的一般认识水平,因为陪审团是从当地居民中随机挑选的。换句话说,即使作出判断的不是抽选的陪审员,而是其他未被抽中的居民,他们也会作出相同的判断。这一设置一方面可以加强裁判的权威性和正当性;另一方面也可防止人们对法律判决的过高期望。在英美法系,具有特异功能的法官是不会被人们期望的,因为其法官之主要职责并非发现真实,而是适用法律。发现真实的责任,则是由与普通民众一般无二之人来担任的,或者说,是由普通民众自己来担任的。一个人如果不是特别地妄自尊大或者孤芳自赏,是绝不会将自己神化的。而且,在一个由 12 人组成的团体中,即使有极个别人自我膨胀到要宣布自己为"全知全能"的上帝的程度,他的这种野心也会受到团体的束缚。

从陪审团的产生来看,它与民主的思想并无联系;相反,它是为了加强专制君主的权威而逐步推广的。但是,陪审团审判制度的产生是与放任自由主义的意识形态联系在一起的。它从一开始就体现着被告人有权选择法官的思想,当时的法官以及行政官员并没有清醒地意识到陪审团行使的是一种十分重要的权力,这是它在专制君主制度下能够得以产生的一个重要原因。当后来的统治者意识到这一点的时候,体现着放任自由主义思想的《自由大宪章》又阻碍并消解了他们废除陪审团审判制度的努力。认识到这一点,我们就可以知道,为什么陪审团审判制度能够体现民主并保障自由,最关键的问题在于它是放任自由主义的象征。

从陪审团司法功能的发展来看,这些发展无一不体现着放任自由主义意识形态的上升。这首先体现为大、小陪审团的分离,它和当事人争取申请陪审员回避的权利密切地联系在一起,与起诉与裁判相分离的思想密切地联系在一起,与自然正义中任何人不得担任自己案件中的法官的原则密切地联系在一起。陪审团由证人身份向法官身份的转变,则代表着司法审判由广场化向剧场化的转变。这种转变使陪审团由最初对被告人品行的评价改变为对被告人罪行有无的评价。

惩罚陪审团制度的消亡经历了漫长的时期,但是这种制度的消亡恰恰反映了放任自由主义意识形态的发展,因为它意味着统治者终于承认:由代表民意的陪审员作出的裁决具有至高无上和不受审查的性质。陪审团取消法律的权力最终得到确认,也是民意对立法的最终否决权的体现。它肯定的是社区的意识形态,否定的是国家作为整体拥有规定特定地区之居民如何作出自己的道德判断的权力。若由此观之,则陪审团组成之地域限制或许并非为了发现真实的方便,而是为了加强陪审团裁决在当地的可接受性。其潜在的意义在于这一设置将决断被告人是否有罪的权力交给与犯罪行为相关的当地居民来行使。其更深层次的意义则在于它体现着这一深刻的刑罚观念:认定犯罪与施加惩罚本质上都是对一个人主观状态的道德评价,而这种评价无疑具有极强的地方色彩——恰如吉尔兹所言:

法律是一种地方性知识。同样的一种行为,在一个地方被视为犯罪,在另一个地方也许被视为勇敢甚或善举。威廉国王和亨利国王在英国实行陪审团制度,至少在一定程度上是因为他们不希望,或者不愿意让人认为自己希望,他们要将诺曼底人的价值观强加在英格兰人身上。而陪审团由当地居民组成,或者至少一部分陪审员必须来自案件发生地的制度设置,恰恰满足了这一心理需要。从政治上说,国王的这种举措也许意在收买人心;从法律效果上说,它体现了以相同的而非外来的社区价值规范来约束并评价该社区成员之行为的思想,它是对国家及其政府推行其意识形态的一种强有力的抵抗。

对纠问式诉讼的考察则说明,纠问式诉讼实际上是积极行动主义意识形态的结果。

英国在陪审团审判制度下,其诉讼程序没有滑入纠问式诉讼。尽管历史学家们都承认,英国从13世纪到18世纪,一直都是实行弹劾式诉讼,但作为第四章论证的前提,本书还是对英国在这段时期内实行的诉讼程序进行了历史的考证。其结论则是,在欧洲大陆普遍实行纠问式诉讼的时候,英国的刑事诉讼程序依然保留着弹劾式诉讼的基本特征。这些特征包括起诉与审判相分离、普遍实行私人起诉;双方当事人地位平等、当事人选择法官;审判实行直接言辞原则、陪审团评议实行无罪推定原则;等等。从这些特征来看,13世纪至18世纪之间,若以埃斯曼之概念分析,其诉讼无疑属于弹劾式诉讼;若以帕卡之术语观察,其诉讼当属"非犯罪控制程序";若以达马斯卡之理论分析,则其程序应当属于放任自由主义意识形态之下的纠纷解决模式和同位模式之下的争斗模式。

不仅如此。同位模式的司法官僚结构不仅对诉讼的风格产生影响,而且也对决定诉讼模式的意识形态产生反作用。英国没有走上纠问式诉讼的道路固然是由于放任自由主义因素在起着主要的作用,但是,英国并不是没有积极行动主义。只不过,由于陪审团审判这种诉讼形式体现了放任自由主义的意识形态,并且对于保障放任自由主义意识形态的贯彻执行发挥着积极的、不容抹杀的作用,所以,虽然积极行动主义曾有抬头之趋势,它在诉讼当中却一直没有占据主导地位。所以,一方面,陪审团审判是放任自由主义的体现者;另一方面,陪审团还是放任自由主义的保护者。陪审团在保障法官独立与法官中立方面,在保障无罪推定的诉讼思想转变为具体的现实方面,发挥着决定性的作用。这样,同位模式的司法官僚体制不仅决定着审判的风格,而且也在一定程度上决定着放任自由主义意识形态所规定的原则或规则能否在诉讼中得到执行。换句话说,如果司法官僚体制是纯粹的同位模式的,即实行陪审团审判制度的,那么,即使当时的意识形态具有积极行动主义的特征,或者具有积极行动主义的趋势,其诉讼制度也会在很大程度上体现了放任自由主义意识形态所决定的诉讼模式的特征。

对陪审团移植情况的考察进一步加强了我的这一信念。通过对以法国为代表之欧洲大陆国家陪审团移植的经过及其实施情况的考察与分析,我发现,陪审团审判制度在法国的实施并不像有些学者描述的那么糟糕。事实上,陪审团在法国的实施表明它基本上发挥了在英国所具备的功能。它的确体现了放任自由主义的意识形态,虽然它是激进革命运动的结果。众多历史学家都承认,在实行陪审团审判期间,法国没有将一个无辜的被告人定罪,这正是放任自由主义追求的目标。它在实施的过程中的确将很多被告人释放,但这也正是放任自由主义必须付出的代价,放任自由主义愿意付出这个代价(积极行动主义愿意付出的代价,则是以牺牲自由来保障安全)。

应当说,陪审团在欧洲大陆衰落的原因是多方面的,但是其中最重要的一点就是对放任自由主义的误解。法国革命的时候是以满腔的热情追求民主和自由的,也是以满腔的热情移植陪审团审判制度的。但是,法国人并没有完全意识到,或者没有清醒地意识到,自由和民主都是要付出代价的,这个代价就是一定程度的不安全,在刑事诉讼中也就是将一定数量的有罪被告人无罪释放,也就是牺牲一部分事实真相。在第五章我们可以更清楚地看到,陪审团审判程序不是一个发现真实的程序,虽然它也能发现真实。陪审团审判主要是一个保障程序的正义、保障放任自由主义意识形态的原则得到实施的程序。如果说欧洲大陆接受不了陪审团审判,其根本原因则在于他们接受不了放任自由主义的意识形态。一旦他们发现了放任自由主义的弊端,就弃之如敝履,同时也就展开了对放任自由主义意识形态之忠实体现者——陪审团审判制度的肆意攻击。所以,如果将陪审团在欧洲大陆的经历定义为一种失败的话,那么,与其说它是陪审团审判制度的失败,不如说是放任自由主义在欧洲大陆的失败。

另外,陪审团在欧洲大陆的衰落也与专制制度的统治有关。历史事实反复地向我们证明:只要是专制的政府,没有不痛恨陪审团审判的;只要是民主的政府,(在民主和自由的意识形态处于上升阶段的时候)没有不喜欢陪审团审判的。这些事实也使本书引导出更进一步的结论:尽管陪审团审判有利于保障放任自由主义规定之原则的实现,但是,它本身并不足以抵制积极行动主义以及专制主义的侵略,尤其是当这些意识形态比较强大的时候。或者说,如果一个国家实行陪审团审判制度,这一制度必然能发挥其放任自由主义的功能;但是,如果这个国家要废除这个制度,该制度本身保护不了自己。这并非制度本身的错误,虽然痛恨它的人总是说这就是它的错误。

美国对陪审团的移植向世人昭示了陪审团审判制度的光辉历程,也使我们更清楚地看到了陪审团制度的优点,同时,陪审团在其他国家和地区的移植则生出很多陪审团的变种。虽然其形式可谓变化多端，但是，只要基本的相关制度得到移植，陪审团就能够很好地发挥其作用；相反，如果基本的制度没有得到保留，则即使陪审团审判制度得到移植，它在实施中也只有陪审团审判之名，并无陪审团审判之实。

南非和日本的情况有力地证明了这一观点。陪审团在南非和日本的移植仅仅是移植了陪审团的"外壳"，对于体现和保障放任自由主义意识形态的制度"内核"，移植者却有意识地抛弃了。在移植陪审团的时代，统治者已经领教了陪审团审判制度的巨大威力，他们不再愿意主动地将司法审判的权力交给普通民众来行使，不愿意再让与被告人"身份平等之人"（peers）掌握对被告人定罪和释放的大权。所以，在南非，陪审员几乎全是白人；在日本，则最需要陪审团审判的被告人被剥夺了接受陪审团审判的资格。这些导致陪审团审判制度在这些国家的名声受到败坏。同样，这也不是陪审团审判制度本身不可克服的缺陷。

由于陪审团本身代表着一种保守的力量而不是变革的力量，所以，并不是由于陪审团审判才产生了证据规则。陪审团审判对于证据规则的产生只起着一种间接的作用。对抗式诉讼产生了证据规则，而律师的介入产生了对抗式诉讼。证据规则与陪审团的联系来自两个方面：一方面，律师的介入使得诉讼程序变得复杂化，法庭辩论变得精致化，从而对陪审团理解和消化法庭辩论的能力产生了怀疑；为防止陪审团出现可能的错误，从而设立了证据规则；另一方面，法官控制陪审团的能力降低，使得通过证据规则对陪审团进行控制成为必要，其中，第二个原因才是证据规则产生之更为重要的原因。所以，证据规则是法学家的创造，并非陪审团的创造。但是，进入现代以来，很多证据规则，尤其是非法证据排除规则，都是放任自由主义意识形态继续上升的结果。陪审团在实施这些制度方面，发挥着不可替代的作用。

　　英美证据制度的发展情况也显示了陪审团在保守平常观念方面所具有的功能。在陪审团审判制度之下,英美法系发展出了"排除合理怀疑"这一证明标准,它实际上是对人类认识能力的中肯评价,是面对人类有限认识能力与外部世界之丰富多彩之鸿沟所作的一种正确的妥协。对案件事实的认识是否可以达到绝对确定的程度,即排除一切合理怀疑的程度?这个问题实际上是一个事实问题而不是价值问题。如果我认为不能达到绝对确定,这并不意味着我认为绝对确定不好,而仅仅表明我认为它不切实际。从价值判断而言,绝对的真实当然要优于相对真实,正如对女人而言绝对漂亮要胜过相对漂亮一样,但是,要求每一个母亲生下的女儿都绝对漂亮是不现实的。同理,要求每个案件的证明程度都达到绝对确信也是不现实的。在文学作品中,大部分的女主人公都是美女,这给人以一种错觉,仿佛满世界都是美女。而实际上,现实生活中美女在所有女人中仅占一少部分。同样,在中国传统的戏剧和小说中,凡是以侦破为题材的,大都真相大白、水落石出,仿佛"世上无难事,只怕有心人"这句话也适用于刑事诉讼。这种传统延续至今。这也给人一种错觉:以为事实就在某个角落等着我们,只要"蓦然回首",那事"就在灯火阑珊处";而一个法官只要不具备发现真实的超凡能耐,他就是一个不称职的法官。所有冤错案件,都要拿他是问。比较起来,我们看到,英美的陪审团审判之下,由于陪审员的常人身份,证据法上从来没有要求达到绝对真实,从而发展出比较现实的"排除合理怀疑"这一要求。陪审团审判这一制度时刻提醒人们注意,人类是有缺陷的,客观世界是无边无际的,认识客观世界是有限的,甚至可能会犯错误。因此,需要对人类可能的缺陷进行约束,需要对人类有限的认识能力进行预先防范。正是在这一思维模式之下,英美法系发展出了以预先防范为基本目标的严格而复杂的排除规则。因此,证据规则既非陪审团之创造,又是陪审团之贡献。在没有陪审团的情况下,人们要么以为自己是神,从而不需要约束;要么将证明标准定得极高,同时又为了防止主观臆断而设置出证明力的种种规则,结果却导致了非人道的刑讯逼供。历史给我们的教训是深刻的,陪审团给我们的印象也是深刻的。

虽然证据法给陪审团的要求是一个认识能力有限而客观世界无限之妥协的产物,但是这并不表明陪审团可以以很低的证明标准给被告人定罪。事实上,陪审团掌握的定罪标准一向高于法官的标准,这不仅由芝加哥研究项目得到证明,而且与陪审团定罪之裁决机制存在着内在联系。我们说陪审团最主要的功能是保障自由,其中一个重要的机制,就是必须全体陪审员一致同意,才能对被告人定罪。这一机制的效果,就是抬高了给被告人定罪的证明标准。陪审团审判是以每个正常人都具有理性、具有人类普遍之认识能力为假设前提的,因此,每个陪审员都将对证据是否已达"排除合理怀疑"之要求进行独立的判断。毋庸置疑,在很多情况下,对于一个特定事实(有罪事实)的证明,是否已经达到"排除合理怀疑"的程度,不同的人会作出不同的判断。一般情况下,大多数人都会得出大致相同的结论,但不可否认的是,每增加一个判断的主体,在这个判断群体中出现不同意见的可能性也就增加一分。而只要一个不同意见就足以导致全体的判断均归于无效的机制,相应地增加了证明主体的证明责任,从而提高了证明的标准。在保持判断群体不变的条件下,改变一致同意规则,自然也就意味着证明标准的降低。证明标准的降低,势必导致更多的被告人被定罪。如果我们同意:被告人被无罪释放的比例越高的社会,其自由度也就相应越高;那么,我们也就必然承认:在一个定罪率趋于上升的国度,其人民的自由度也就趋于下降。如果人民的自由度趋于下降,则反映了人们对于安全和秩序的价值追求也就越强烈。由此观之,在中世纪英国,人们对于自由的向往压倒了对于秩序的追求;而英国以及美国的有些州,随着多数裁决机制的确立,人们对于秩序的向往正在压倒对于自由的追求。

　　不过,这种趋势尽管已有苗头但仍然并不明显。对当代英美法系之陪审团审判程序与其他形式的审判程序之间的比较说明,大陆法系与英美法系的区别仍然存在。在英美法系陪审团审判程序与大陆法系混合庭审判程序之间,二者的区别主要在于:英美法系的法官比大陆法系的法官更为保守;陪审团审判为定罪设置了更多的障碍;英美法系的律师比大陆法系的律师更为积极;英美法系的审判比大陆法系的审判更富于辩论风格。其中,前两个区别是由于陪审团这种极端形式的同位模式的司法官僚体制对放任自由主义的意识形态的反作用所形成的;后两个区别则是同位模式的司法官僚体制对争斗风格的诉讼模式的决定作用所形成的。这样的区别,不仅存在于英美法系与大陆法系的诉讼程序之间,而且也存在于英美法系的陪审团审判程序与非陪审团审判程序之间。这些区别进一步验证了本书第四章得出的结论:陪审团审判制度不仅决定着诉讼程序的风格,并且对决定诉讼模式的意识形态具有很强的能动作用。

　　必须指出,无论是英美法系还是大陆法系,其诉讼程序都只有量的区别而没有质的区别。在英美法系,尤其是在英国,其诉讼程序也受到大陆法系的影响,指导诉讼程序的意识形态中也含有一些积极行动主义的成分,但是以放任自由主义的意识形态为主;在大陆法系,尤其是法国,其诉讼程序受英美法系的影响比较明显,指导诉讼程序的意识形态中既有积极行动主义的成分,也有放任自由主义的成分,从总体上看,其放任自由主义的成分也要多于积极行动主义的成分,但是比起英美法系的诉讼程序,其放任自由主义的成分又相对较少一些。是什么决定了较多和较少之间的区别呢？主要就是陪审团决定了这样的区别。

综上所述,陪审团审判与非陪审团审判的对立,就是对抗式诉讼与非对抗式诉讼的对立。在中世纪,对抗式诉讼是从古老的弹劾式诉讼发展而来,并且保留着古老的弹劾式诉讼的因素。但是由于国家建立从而介入刑事诉讼,这种弹劾式诉讼又加入了一些纠问式诉讼的特征。但是这些特征仅仅存在于审前程序,并且由于陪审团审判的存在,它对于审判程序的影响并不强烈。在同一个时期,与对抗式诉讼相对立的是欧洲大陆的纠问式诉讼。其核心就是国家取代当事人而主持一切,包办一切,其最恶劣的后果就是侵犯人权。

陪审团审判的运用越来越少,而对抗式诉讼在陪审团的孕育下却发展得越来越精致。在对抗式诉讼之下,对被告人的保护已经无微不至,其中最为显著的特征就是其内容繁多的证据规则。与之形成对照的仍然是欧洲大陆的刑事诉讼程序,但是现代和当代欧洲大陆的刑事诉讼程序已经不再是纠问式的了,因为法官的主动性已经大大降低,审前程序对审判程序的影响也大大削弱,大陆法系有些国家也谨慎地引进了少许证据规则,他们也在强调要保障人权。所以,我们称其诉讼程序为非对抗式诉讼。它区别于英美法系实行的陪审团审判制度下的对抗式诉讼,也区别于欧洲大陆中世纪时代的纠问式诉讼。

还有一种诉讼程序是英美法系实行的无陪审团审判的诉讼程序,它本质上仍然是对抗式的,但是对抗的成分较陪审团审判下的诉讼程序而言要少得多。如果要说纯粹的对抗式诉讼(它包括完全消极中立的法律与事实裁判者、近乎极端的当事人主义、积极热心的律师辩护、完整适用的证据规则、极富戏剧性的法庭审判等),只有陪审团审判可以说得上是绝对正宗。正是从这个意义上,本书认为,哪里有陪审团审判,哪里就有对抗式诉讼;没有陪审团审判,就没有对抗式诉讼。

我已经声明,这个命题是一个经验性命题,而不是逻辑性命题。它是对过去的历史和现存的制度进行比较后得出的结论,而不是通过逻辑的推理得出的结论。它的方法主要是归纳式的而不是演绎式的。所以,它被推翻的可能性也就不是没有。只要有任何一个例子,证明在哪个国家不实行陪审团审判但是其诉讼程序却具有更多的对抗式特征,那么,本书的命题就面临崩溃。但是至少在笔者的知识范围内,还没有发现这样的案例。

另外,由于这是一个经验性命题,它也就不会否认在没有陪审团审判的情况下建立对抗式诉讼的可能性。尤其是它不认为在不实行陪审团审判的国家,其刑事诉讼程序就不可能具备一些起码的对抗式特征。但是,本书认为,由于陪审团审判在建立和保持对抗式诉讼的各项原则与各种因素方面所具有之得天独厚的条件,那些希望引进对抗式诉讼的国家,如能同时引进陪审团审判制度,当可收事半功倍之绩效。

我们也看到,陪审团正日益受到不公正的对待。批评者常常把矛头对准陪审团。很多批评其实是很不"费厄泼赖"(fair play)的。它就好比一个战士对着一个已经没有还手之力的人开枪。当然,这仅仅是批评陪审团的动机之一。陪审团受到批评是因为它自身的确不是一种完美的制度,在实践中也存在很多问题,面对新事物的时候,它似乎也显得有点力不从心。但是,世界上从来都没有完美的制度。对陪审团的批评实际上体现了人们追求完美的天性。陪审团不完美,但是它的功能目前还没有其他制度可以替代。而且,由于其功能的不可替代性,一些国家正在积极地引进陪审团,有些已经废除陪审团审判制度的国家已经重新引进了陪审团,有一些曾经引进过但是由于专制主义的因素废除陪审团的国家,正在积极考虑重新引进陪审团审判。

所以,陪审团仍然有其生命力在。它依然是放任自由主义意识形态的忠实体现者,它为放任自由主义的非法证据排除规则的执行设置了保障,它更多地维护了当事人在诉讼中的尊严,它从各个角度加强了法庭审判的辩论风格。这既是陪审团在英美法系仍然作为自由和正义的守护神而存在的最根本原因,也是其他一些移植和准备移植陪审团审判制度的国家的根本出发点。人类在与自然斗争的过程中已经取得了无数伟大的成就,但是在与权力和滥用权力作斗争的历程上则涛声依旧。许多天才的理论家设计出许多天才的制度,但是,陪审团审判制度则是历史造就的一种约束权力、保障自由的制度。聪明的人们在赞美它,愚蠢的人则去抨击它。

参考文献

一、英文文献

(一) 著作

1. A. Esmein, *A History of Continental Criminal Procedure-With Special Reference to France*, translated by John Simpson, The Lawbook Exchange Ltd., New Jersey, 2000.

2. Akhil Reed Amar, *The Constitution and Criminal Procedure: First Principles*, Yale University Press, New Haven and London, 1997.

3. Alfredo Garcia, *The Fifth Amendment: A comprehensive Approach*, Greenwood Press, Westport, Connecticut · London, 2002.

4. Anon Gilbert Geoffrey, *The Law of Evidence*, Dublin, 1754

5. Barbara J. Shapiro, *Beyond Reasonable Doubt and Probable Cause: Historical Perspectives on the Anglo-American Law of Evidence*, University of California Press, London, 1991.

6. Clay S. Conrad, *Jury Nullification: The Evolution of A Doctrine*, Carolina Academic Press, Durham, North Carolina, 1998.

7. Edmund Morgan, *Some Principles of Proof under the Anglo-American System of Litigation*, New York, 1956.

8. F. Pollock, F. W. Maitland, *The History of English Law*, Vol. 1, Bridge Press, 1895.

9. Glanville Williams, *The Proof of Guilt: A Study of the English Criminal Trial*, Stevens & Sons, Third Edition, London, 1963.

10. H. H. Marshall, *Natural Justice*, The Eastern Press Ltd. of London and Reading, 1959.

11. Hamilton et al., *The Federalist Papers*, in Clinton Rossiter, ed., Penguin, 1961.

12. Harry Kalven Jr. and Hans Zeisel, *The American Jury*, Chicago University Press, Chicago, 1971.

13. J. B. Thayer, *A Preliminary Treaties on Evidence at the Common Law* (1898), Augustus M. Kelley Publishers, New York, 1969.

14. J. F. Stephen, *A History of the Criminal Law of England*, Vol. 1, MacMillan and Co., 1883.

15. J. H. Baker, *An Introduction to English Legal History*, Third Edition, Butterworths, London, 1990.

16. J. S. Cockburn, Green, Thomas, *Twelve Good Men and True: The Criminal Trial Jury in England, 1200-1800*, Princeton University Press, Princeton, New Jersey, 1988.

17. J. S. Cockburn, *A History of English Assizes: 1558-1714*, Cambridge Univercty Press, 1972.

18. John D. Jackson, Sean Doron, *Judge Without Jury: Diplock Trials in the Adversary System*, Clarendon Press, Oxford, 1995.

19. James A. Brundage, *Medieval Canon Law*, Longman Group Limited, 1995.

20. James Gobert, *Justice, Democracy and the Jury*, Published by Dartmouth Publishing Company Ltd., Ashgate Publishing House, Gower House, 1997.

21. John H. Langbein, *Prosecuting Crime in the Renaissance*, Harvard University Press, Cambridge, Massachusetts, 1974.

22. John H. Langbein, *The Origins of Adversary Criminal Trial*, Oxford University Press, 2003.

23. John H. Wigmore, *Evidence in Trials at Common Law*, Peter Tillers Rev., Little Brown and Company, Boston, Toronto, 1983.

24. John Huxley Buzzard, Richard May, M. N. Howard, *Phipson on Evidence*, 13th Edition, Sweet & Maxwell, 1982.

25. John Sprack, *Emmins on Criminal Procedure*, Blackstone Press Limited, 8th Edition, 2000.

26. Leonard W. Levy, *Origins of the Bill of Rights*, Yale University Press, New Haven and London, 1999.

27. Leonard W. Levy, *Origins of the Fifth Amendment: The Right Against Self-Incrimination*, Ivan R. Dee, 1999.

28. Leonard W. Levy, *The Palladium of Justice: Origins of Trial by Jury*, Ivan R. Dee, Chicago 1999.

29. Lysander Spooner, *An Essay on the Trial by Jury*, 1852.

30. Lysander Spooner, *Trial by Jury: Its History, True Purpose and Modern Relevance,* Scorpio Recording Company Ltd., London, Second Edition, revised, 2000.

31. Mark Reutlinger, *Evidence: Essential Terms and Concepts*, Aspen Law & Business, 1996.

32. Mathew Hale, *A History of the Common Law of England*, 1712.

33. Mirjan R. Damaska, *Evidence Law Adrift*, Yale University Press, New Haven and London, 1997.

34. Mirjan Damaska, *Faces of Justice and State Authority*, New

Haven and London, Yale University Press, 1986.

35. Patrick Devlin, *Trial By Jury*, Stevens & Sons Limited, London, Sixth Impression, 1978.

36. Peter Murphy, *Murphy on Evidence*, Seventh Edition, Blackstone Press Limited, London, 2000.

37. *Proceedings And Papers Of The Sixth Commonwealth Law Conference*, Lagos, Nigeria, 1980.

38. R. H. Helmholz et al., *The Privilege Against Self-Incrimination: Its Origins and Development*, The University of Chicago Press, 1997.

39. Richard May, *Criminal Evidence*, Sweet & Maxwell, 1990.

40. Robert Bartlett, *Trial by Fire and Water: The Medieval Judicial Ordeal*, Clarendon Press, Oxford, 1986.

41. *Selection Essays in Anglo-American Legal History*, Vol. I. Wildly & Sons Ltd., London 1968.

42. Seymour Wishman, *Confessions Of A Criminal Lawyer* 201 (1981).

43. Sir Rupert Cross, Colin Tapper, *Cross on Evidence*, 7th Edition, Butterworths, 1990.

44. Stephen J. Adler, *The Jury: Trial and Error in the American Courtroom*, Times Books, New York, September 1994.

45. Theodore Frank Thomas Plucknett, *A Concise History of the Common Law*, The Lawbook Exchange, Ltd., 5th Edition, September 2001.

46. Thomas Andrew Green, *Verdict According to Conscience: Perspectives on the English Criminal Trial Jury: 120-1800*, University of Chicago Press, Chicago and London, 1985.

47. W. R. Cornish, *The Jury*, Allen Lane the Penguin Press, London, 1968.

48. W. S. Holdsworth, *A History of English Law*, Vol. 1, Methuen & Co Ltd., Sweet & Maxwell Ltd., London, 1956.

49. William Blackstone, *Commentaries on Laws of England*, Vol. 4, University of Chicago Press, November 1979.

50. William Craddock Bolland, *The General Eyre: Lectures Delivered in the University of London at the Request of the Faculty of Laws*, Cambridge University Press, 1922.

51. William L.Dwyer, *In the Hands of the People: The Trial Jury's Origins, Triumphs, Troubles, and Future in American Democracy*, Thomas Dunne Books St. Martin's Press, New York, 2002.

52. William Twining, *Rethinking Evidence: Exploratory Essays*, Northwestern University Press, 1994.

53. Winston Churchill, *A History of the English-Speaking Peoples*, Cassell & Co., London, 1998.

(二)论文

54. A. Leo Levin, Harold K. Cohen, *The Exclusionary Rules in Nonjury Criminal Cases,* 119 U. Pa. L. Rev. 905 (1971).

55. Abraham S. Goldstein, *Reflection on Two Models: Inquisitional Themes in American Criminal Procedure,* 26 Stan. L. Rev. 1009 (1974).

56. Adam L. Van Grack, *Serious Error with "Serious Error": Repairing a Broken System of Capital Punishment,* 79 Wash. U. L. Q. 973 (2001).

57. Akhil Reed Amar, *Reinventing Juries: Ten Suggested Reforms,* 28 U. C. Davis L. Rev. 1169 (1995).

58. Albert W. Alschuler, *Andrew G. Deiss, A Brief History of Criminal Jury in the United States,* 61 U. Chi. L. Rev. 867 (1994).

59. Albert W. Alschuler, *Implementing the Criminal Defendant's Right to Trial: Alternatives to the Plea Bargaining System,* 50 U. Chi. L. Rev. 931 (1983).

60. Albert W. Alschuler, *The Supreme Court and the Jury: Voir Dire Peremptory Challenges, and the Review of Jury Verdicts,* 56 U. Chi. L. Rev. 153 (1989).

61. Arthur Taylor von Mehren, *The Importance of Structures and Ideologies for the Administration of Justice,* 97 Yale L. J. 341 (1987).

62. Barry Latzer, James N. G. Cauthen, *Capital Appeals Revisited,* 84 Judicature 64 (2000).

63. Barry Latzer, James N. G. Cauthen, *The Meaning of Capital Appeals: A Rejoinder to Liebman, Fagan, and West,* 84 Judicature 142 (2000).

64. Charles Nesson, *The Evidence Or The Event? On Judicial Proof And The Acceptability Of Verdicts,* 98 Harv. L. Rev. 1357 (1985).

65. Christopher B. Mueller, *Post-Modern Hearsay Reform: The Importance Of Complexity,* 76 Minn. L. Rev. 367 (1992).

66. Detlev Vagts, Mathias Reimann, *The Faces of Justice and State Authority: A Comparative Approach to the Legal Process,* in 82 Am. J. Int'l L. 1988;

67. Douglas G. Smith, *Structural and Functional Aspects of the Jury: Comparative Analysis and Proposals for Reform,* 48 Ala. L. Rev. 441 (1997).

68. Ellen E. Sward, *Values, Ideology and the Evolution of the Ad-*

versary System, 64 Ind. L. J. 301 (1989).

69. Ennio Amodio, Eugenio Selvaggi, *An Accusatorial System in a Civil Law Country: The 1988 Italian Code of Criminal Procedure,* 62 Temp. L. Rev. 1211 (1989).

70. G. D. Nokes, *The English Jury and the Law of Evidence,* 31 Tulane L. R. 153 (1956).

71. Gerald Casper, Hans Zeisel, *Lay Judges in the German Criminal Courts,* 1 J. Legal Stud. 135 (1972).

72. Glenn H. Weiss, Steve Scheck, *Jury Selection: The Second Decalogue,* 69 Fla. B. J. 97 (1995).

73. Gordon L.Roberts, Hon. Timothy R. Hanson, *Jury Selection,* 8 Utah B. J. 14 (1995).

74. Gordon Van Kessel, *The Suspect as a Source of Testimonial Evidence: A Comparison of the English and American Approaches,* 38 HAST. L. J. 1, 32-33 (1986).

75. Graig M. Bradley, *The Exclusionary Rule in Germany,* 96 Harv. L. Rev. 1032 (1983).

76. Guy Goldberg, Gena Bunn, *Balancing Fairness & Finality: A Comprehensive Review of the Texas Death Penalty,* 5 Tex. Rev. L. & Pol. 49 (2000).

77. Heath R. Patterson, *Jury Selection: Prosecution's Final Frontier,* 35 Prosecutor 29 (2001).

78. Hector L. MacQueen, *Mixed Jurisdictions and Convergence: Scotland,* 29 Int'l J. Legal Info. 309 (2001).

79. Herbert Packer, *Two Models of the Criminal Procedure,* 113 U. Pa. L. Rev. 1(1964).

80. Inga Markovits, *Playing the Opposite Game: On Mirjan Damaska's The Faces of Justice and State Authority,* 41 Stan. L. Rev. 1313 (1989).

81. International Association of Defense Counsel, *Jury Trial in Civil Actions in England,* 60 Def. Couns. J. 314, 1993.

82. J. A. Chubb, *Some Notes on the Commonwealth and Empire Law Conference, 1955, and an Address on the Jury System,* 73 S. Afr. L. J. 191 (1956).

83. James D. Rice, *The Criminal Trial before and after the Lawyers: Authority, Law, and Culture in Maryland Jury Trials,* 1681–1837, 40 Am. J. Legal Hist. 455 (1996).

84. James S. Liebman, Jeffrey Fagan, *Valerie West and Jonathan Lloyd, Capital Attrition: Error Rates in Capital Cases,* 1973–1995, 78 Tex. L. Rev. 1839 (2000).

85. James S. Liebman, *Jeffrey Fagan and Valerie West, Death Matters, A Reply to Latzer and Cauthen,* 84 Judicature 72 (2000).

86. James S. Liebman et al., *A Broken System: Error Rates in Capital Cases,* 1973–1995 (2000), available at: http://www.law.columbia.edu/broken system2/.

87. James W. Diehm, *The Introduction of Jury Trials and Adversarial Elements into the Former Soviet Union and Other Inquisitorial Countries,* 11 J. Transnat'l L. & Pol'y 1 (2001).

88. Jamie Sneider, *Statistics Fail Activists,* Columbia Daily Spectator, Feb. 6, 2001.

89. Jeffery Fagan, *James S. Liebman and Valerie West, Death Is the Whole Ball Game,* 84 Judicature 144, Nov./Dec., 2000.

90. John A. Wasowicz, *Exclusionary Rule: A 20th Century Invention,* 34-FEB Trial 79, 1998.

91. John D. Jackson, Sean Doran, *Conventional Trials in Unconventional Times: The Diplock Court Experience,* 4 Crim. L. F. 503 (1993).

92. John F. Deters, *The Exclusionary* Rule, in 89 Geo. L. J. 1216.

93. John H. Langbein, *Historical Foundations of the Law of Evidence: A View from the Ryder Sources,* 96 Colum. L. Rev. 1168 (1996).

94. John H. Langbein, *The Criminal Trial before the Lawyers,* 45 U. Chi. L. Rev. 263 (1978).

95. John H. Langbein, *The German Advantage in Civil Procedure,* 52 U. Chi. L. Rev. 823 (1985).

96. John Marshall Mitnick, *From Neighbor-Witness to Judge of Proofs: The Transformation of the English Civil Juror,* 32 Am. J. Legal Hist. 201 (1988).

97. Joseph L. Hoffman, *Violence and the Truth,* 76 Ind. L. J. 939 (2001).

98. Laurence Naughton, *Taking Back Our Streets: Attempts In The 104th Congress To Reform The Exclusionary Rule,* 38 B. C. L. Rev. 205.

99. Lester W. Kiss, *Reviving The Criminal Jury in Japan,* 62 Law & Contemp. Probs. 261 (1999).

100. Letitia D. Utley, *The Exclusionary Rule, Twenty-Fourth Annual Review Of Criminal Procedure: United States Supreme Court And Courts Of Appeals* 1993-1994 *I. Investigation And Police Practices* , 83 Geo. L. J. 824, 1995.

101. Lisa KernGriffin, " *The Image We See Is Our Own* " : *Defending*

The Jury's Territory at the Heart of the Democratic Process, 75 Neb. L. Rev. 332 (1996).

102. Luke M. Froeb, Bruce H.Kobayashi, *Naive, Biased, Yet Bayesian: Can Juries Interpret Selectively Produced Evidence?* 12 J. L. Econ. & Org. 257 (1996).

103. Marshall S. Huebner, *Who Decides? Restructuring Criminal Justice for a Democratic South Africa*, 102 Yale L. J. 961 (1992).

104. Marvin E. Frankel, *The Search for Truth: An Umpireal View*, 123 U. Pa. L. Rev. 1031 (1975).

105. Michael Chesterman, *Criminal Trial Juries in Australia: From Penal Colonies to a Federal Democracy*, 62 Law & Contemp. Probs. 69 (1999).

106. Michael H. Glasser, *Letting the Supermajority Rule: Nonunanimous Jury Verdicts in Criminal Trials*, 24 Fla. St. U. L. Rev. 659 (1997).

107. Mirjan Damaska, *Presentation of Evidence and Factfinding Precision*, 123 U. Pa. L. Rev. 1083 (1975).

108. Mirjan Damaska, *Structure of Authority and Comparative Criminal Procedure*, 84 Yale L. J. 480 (1975).

109. Mirjan Damaska, *Evidentiary Barriers to Conviction and Two Models of Criminal Procedure: A Comparative Study*, 121 U. Pa. L. Rev. 506 (1973).

110. Neil Cameron, Susan Potter and Young Warren, *The New Zealand Jury*, 62 Law & Contemp. Probs. 103 (1999).

111. Note, *The Right To A Nonjury Trial*, 74 HVLR, 1961.

112. Note, *The Theoretical Foundation of the Hearsay Rules*, 93 Harv. L. Rev.

113. Peter Duff, Mark Findlay, *Jury Reform: of Myths and Moral Panics,* 25 Intl. J. Soc. Law 363 (1997).

114. Raymond J. Broderick, *Why the Peremptory Challenge Should Be Abolished,* 65 Temple L. Rev. 369 (1992).

115. Renee B. Lettow, *New Trial for Verdict against Law: Judge-Jury Relations in Early Nineteenth-Century America,* 71 Notre Dame L. Rev. 505 (1996).

116. Richard Frase, *Comparative Criminal Justice as a Guide to American Law Reform: How Do the French Do It, How Can We Find Out, and Why Should We Care?*, 78 Cal. L. Rev. 539 (1990).

117. Rogelio A. Lasso, *The Jury: Trial And Error in the American Courtroom,* 36 Santa Clara L. Rev. 655 (1996).

118. Ronald J. Tabak, *Finality Without Fairness: Why We Are Moving Towards Moratoria on Executions, and the Potential Abolition of Capital Punishment,* 33 Conn. L. Rev. 733 (2001).

119. Ronald J. Tabak, *Report: Ineffective Assistance of Counsel and Lack of Due Process in Death Penalty Cases,* 22 Hum. Rts. 36 (1995).

120. Ronan E. Degnan, *The Law of Federal Evidence Reform,* 76 Harv. L. Rev. 275 (1962).

121. Rudolf J. Gerber, *On Dispensing Injustice,* 43 Ariz. L. Rev. 135 (2001).

122. Sean Doran, *John D. Jackson and Michael L. Seigel, Rethinking Adversariness in Nonjury Criminal Trials,* 23 Am. J. Crim. L. 1 (1995).

123. *Sourcebook of criminal justice statistics Online,* http://www.albany.edu/ sourcebook/1995/pdf/t190.pdf., Visited by 20 Nov. 2002.

124. Stephan Landsman, *The Civil Jury in America*, 62 Law & Contemp. Probs. 285 (1999).

125. Stephen A. Landsman, *A Brief Survey of the Development of the Adversary System*, 44 Ohio St. L. J. 713 (1983).

126. Stephen C. Thaman, *Europe's New Jury Systems: The Cases of Spain and Russia*, 62 Law & Contemp. Probs. 233 (1999).

127. Stephen C. Thaman, *The Resurrection Of Trial By Jury In Russia*, 31 Stan. J. Int'l L. 61 (1995).

128. Stephen J. Markman, *Six Observations On The Exclusionary Rule*, 20 Harv. J. L. & Pub. Pol'y 425 (1997).

129. Stephen J. Schulhofer, *Is Plea Bargaining Inevitable?*, 97 Harv. L. Rev. 1037 (1984).

130. Stephen P. Freccero, *An Introduction to the New Italian Criminal Procedure*, 21 Am. J. Crim. L. 345 (1994).

131. Steven R. Plotkin, *The Jury Trial in Russia*, 2 Tul. J. Int'l & Comp. L. 1 (1994).

132. Susan C. Towne, *The Historical Origins of Bench Trial for Serious Crime*, in 26 Am. J. Legal Hist., p. 124.

133. Tena Jamison Lee, *Anatomy of a Death Penalty Case: Did Florida Almost Execute An Innocent Man?*, 23 Hum. Rts. 18 (1996).

134. Tracy Gilstrap Weiss, *The Great Democratizing Principle: The Effect On South Africa Of Planning A Democracy Without A Jury System*, 11 Temp. Int'l & Comp. L. J. 107 (1997).

135. Valerie West, Jeffrey Fagan and James S. Liebman, *Look Who's Extrapolating: A Reply to Hoffman*, 76 Ind. L. J. 951 (2001).

136. Van Kesse, Gordon, *Adversary Excesses in the American Crim-*

inal Trial, 67 Notre Dame L. Rev. 403 (1992).

137. William B. Enright, *The Much Maligned Criminal Lawyer and/or the Stake of the Profession in Criminal Justice,* 46 Cal. St. B. J. 720 (1971).

138. William Savitt, *Villainous Verdicts? Rethinking The Nineteenth-Century French Jury,* 96 Colum. L. Rev. 1019, 1025 (1996).

139. Wolchover, *Should Judges Sum Up on the Facts?*, Crim. L. Rev. 783 (1989).

二、中文文献

140. 〔比〕R. C. 范·卡内冈:《英国普通法的诞生》,李红海译,中国政法大学出版社 2003 年版。

141. 〔德〕卡尔·拉伦茨:《法学方法论》,陈爱娥译,商务印书馆 2003 年版。

142. 〔德〕马克思·韦伯:《经济与社会》(上、下),林荣远译,商务印书馆 1998 年版。

143. 〔德〕萨维尼:《论立法与法学的当代使命》,许章润译,中国法制出版社 2001 年版。

144. 〔法〕罗伯斯庇尔:《革命法制和审判》,赵涵舆译,商务印书馆 1997 年版。

145. 〔法〕孟德斯鸠:《论法的精神》(2 卷本),张雁深译,商务印书馆 1963 年版。

146. 〔法〕米歇尔·福柯:《规训与惩罚》,刘北成、杨远婴译,生活·读书·新知三联书店 1999 年版。

147. 〔法〕托克维尔:《论美国的民主》,董果良译,商务印书馆 1988 年版。

148.〔美〕哈罗德·J.伯尔曼:《法律与革命》,贺卫方等译,中国大百科全书出版社 1993 年版。

149.〔美〕菲利普·李·拉尔夫、〔美〕罗伯特·E.勒纳、〔美〕斯坦迪什·米查姆、〔美〕爱德华·伯恩斯:《世界文明史》(上卷),赵丰等译,商务印书馆 1998 年版。

150.〔美〕汉密尔顿、〔美〕杰伊、〔美〕麦迪逊:《联邦党人文集》,程逢如、在汉、舒逊译,商务印书馆 1980 年版。

151.〔美〕科恩:《论民主》,聂崇信、朱秀贤译,商务印书馆 2004 年版。

152.〔英〕爱德华·伯曼:《宗教裁判所:异端之锤》,何开松译,辽宁教育出版社 2001 年版。

153.〔英〕迈克·麦康威尔:《英国刑事诉讼导言》,程味秋等译,载中国政法大学刑事法律研究中心编译:《英国刑事诉讼法(选编)》,中国政法大学出版社 2001 年版。

154.〔英〕S.F.C.密尔松:《普通法的历史基础》,李显冬等译,中国大百科全书出版社 1999 年版。

155.陈光中、王万华:《程序正义与实体正义》,载陈光中、江伟主编:《诉讼法论丛》(第 3 卷),法律出版社 1999 年版。

156.李心鉴:《刑事诉讼构造论》,中国政法大学出版社 1992 年版。

157.梁治平编:《法律的文化解释》(增订本),生活·读书·新知三联书店 1994 年版。

158.刘军宁:《保守主义》,中国社会科学出版社 1998 年版。

159.彭小瑜:《教会法研究》,商务印书馆 2003 年版。

160.舒国滢:《从司法的广场化到司法的剧场化——一个符号学的视角》,载《政法论坛》1999 年第 3 期。

161. 谢鸿飞:《萨维尼的历史主义与反历史主义》,载《清华法学》2003 年第 2 期。

162. 赵宇红:《陪审团审判在美国和中国香港的运作》,载《法学家》1998 年第 6 期。